KANBAN

看板方法

Successful Evolutionary Change for Your Technology Business

科技企业渐进变革成功之道

[美] David J. Anderson 著

章显洲 译　路宁 审校

华中科技大学出版社
http://www.hustp.com

内 容 提 要

本书由看板方法创始人 David J. Anderson 亲自编写,是看板方法的奠基之作。看板方法脱胎于丰田生产方式和约束理论,是精益方法的进一步延伸。它将软件开发过程视为一种价值流,并且相信拉动式的管理能产生更好的结果。它通过限制在制品的数量等一系列简单可行的技巧,发现和缓解软件开发过程中的压力和瓶颈,提高生产效率。看板方法的奇妙之处,在于它与企业原有的开发流程无缝结合,在不知不觉中提高生产效率。换句话说,它是一种渐进式的改良,不是翻天覆地的革命,因而更容易被企业接受。

Original English Language Edition Copyright © 2010 by David J. Anderson.
The Chinese Translation Edition Copyright © 2014 by HUAZHONG UNIVERSITY OF SCIENCE AND TECHNOLOGY PRESS in arrangement with BLUE HOLE PRESS.

湖北省版权局著作权合同登记　图字:17-2012-008 号

图书在版编目(CIP)数据

看板方法:科技企业渐进变革成功之道 /(美)David J. Anderson 著; 章显洲译; 路宁 审校.
—武汉:华中科技大学出版社,2013.9(2025.1重印)
ISBN 978-7-5609-9404-8

Ⅰ.①看… Ⅱ.①安… ②章… Ⅲ.①高技术企业-企业管理-研究 Ⅳ.①F276.44

中国版本图书馆 CIP 数据核字(2013)第 233874 号

看板方法:科技企业渐进变革成功之道　　［美］David J. Anderson　著
　　　　　　　　　　　　　　　　　　　章显洲　译　　路宁　审校

策划编辑:徐定翔
责任编辑:陈元玉
责任校对:祝　菲
责任监印:周治超

出版发行:华中科技大学出版社(中国·武汉)
　　　　　武昌喻家山　　邮编:430074　　电话:(027)81321913
录　　排:武汉金睿泰广告有限公司
印　　刷:湖北新华印务有限公司
开　　本:787mm×960mm　1/16
印　　张:17.5
字　　数:353 千字
版　　次:2025 年 1 月第 1 版第 7 次印刷
定　　价:69.00 元

本书若有印装质量问题,请向出版社营销中心调换
全国免费服务热线:400-6679-118　竭诚为您服务
版权所有　侵权必究

对本书的赞誉

大卫·安德森在看板系统上所做的工作，对我的软件开发方法产生了重大影响，改变了我对软件过程的思考方式。以往，我以"用户故事""点数"和"时间盒"等看待软件开发工作；现在，我则会从"在制品""流动"和"节奏"的视角出发看待软件开发工作。作为一本里程碑著作，本书将向更多读者传递此种视角。如果你希望创建可持续发展的开发团队，本书不可错过。

> 卡尔·斯科特兰德（Karl Scotland）
> EMC 咨询公司，资深实践顾问

看板是一个有难度的写作主题，因为每个人在实施看板时，都要根据自身具体的工作流程和瓶颈进行调整。但是，大卫·安德森确实做到了这一点，他在提供坚实理论框架的同时，又切实确保了其中的可操作性。通过实施书中介绍的这些方法，读者将取得实实在在的成果。

> 克里斯·西蒙斯（Chris Simmons）
> Sophos 公司，开发经理

大卫·安德森的《看板方法：科技企业渐进变革成功之道》一书没有停留在诸如"看板是如何驱动变革的"这种介绍性层面上。在书中，他不但清晰地解释了其中的细节，还给出了丰富的实例和具体的实践精要。企业工作场所中涌现的"自治 (autonomy)"，是现代管理领域中最令人兴奋的一个新的发展趋势，面向知识工作的看板方法对此提供了强大的支持。

> 克里斯蒂娜·斯卡斯芙（Christina Skaskiw）
> 敏捷教练

最近十年间，这是我在软件行业中所看到的最好的变革管理方法。

> 大卫·巴尔金（David A. Bulkin）
> Lithespeed 有限责任公司，副总裁

献给 *Nicola* 和 *Natalie*！

推荐序

看板在软件开发领域已获得越来越多的应用，而大卫·安德森是这个领域当之无愧的领导者，《看板方法：科技企业渐进变革成功之道》是他系统深入阐述看板方法的重要著作，是了解和实践看板的必备读物。

看板将软件开发带入到队列管理与流动的世界，它与其他敏捷方法的显著区别在于它是一种变革管理方法，在组织级渐进变革方面尤其具有优势。看板基于现状对现有方法做系统的渐进改良，阻力小，具有很强的暴露问题和提示改进机会的能力，能有效提高组织在完整价值流上的关注程度和绩效表现。在看板带来的渐进变革中可以结合其他敏捷方法，从而发展出更为适合企业自身特点的独特方法。

翻译是一项非常辛苦的工作，译者章显洲的辛勤工作加上他在看板方面的扎实实践确保了本书翻译的质量。我有幸审校本书的译稿，这对我来说更像是个学习的机会。本书非常容易阅读，读者可以从中找到许多实用的技巧。大卫对看板体系的搭建和使用极具洞察力，甚至一些不起眼的选择背后也饱含实践者的智慧，值得细细体会。如果你已经是敏捷的实践者，无论是在应用 Scrum 或是 XP，并在实践中遇到困惑，本书的不少内容会给你启发和指导。

我自认为在看板方面有颇多实践和思考，但参加大卫·安德森的培训，接触他本人，再认真审校《看板方法：科技企业渐进变革成功之道》译稿后我发现自己还远没有发挥出看板方法的威力。看板方法比大部分人想象的要系统和深入，这是一个值得深入学习的领域。审校本书对我来说是个转折点，我开始在已经应用看板的团队中对其做深入改造，并尝试在新团队和新项目中使用深入的看板方法。我利用看板建模过程分析团队信息，发掘真实流程。通过刨根问底式的沟通挖掘团队规则，借助工作项分类、服务分类以及队列的拉入条件将规则显示出来。我和团队一起识别看板系统的范围（可以为队列设置约束的那部分流程），针对看板系统建立推迟承诺的工作项拉入机制，并度量工作项在看板系统的前置时间，让每个人都看到自己的努力如何改善整个系统的表现。有了对现状的深入洞察，通过本书介绍的方法发现改进机会，我们开启了渐进式的变良过程。

看板方法：科技企业渐进变革成功之道

团队追求前置时间的可预测性，这需要综合的努力和强大的问题解决能力，据此形成可信的服务承诺。我发现这会降低对时间盒迭代的依赖，避免追求迭代承诺时的一些副作用。团队追求看板系统的范围向下游扩展，按用户期望的频率部署，向上游扩展，利用看板的承诺方式改变用户与团队互动的方法，增进信任关系，利用推迟承诺为用户带来选择和灵活性。

我在组织层面开始尝试利用电子系统呈现和度量完整的价值流，价值流经团队所代表的服务。度量各个服务以前置时间反映的服务水平，评价通过前置时间分布反映的可预测性，以及以控制图反映的内部协作水平。组织内价值流的视角能够帮我们发现最值得改进的杠杆点，避免局部优化，也更容易把用户、团队、中层和高层管理者协调到同一个目标上来。

看板实践让我收获颇丰，也让我更加坚信看板方法将会给软件开发领域，特别是大型组织带来真正意义上的变革。相信读者在认真阅读、实践和思考后一定会获得与我类似的感受。

大卫·安德森对我说，经过最近几年的探索，他对看板方法有了进一步的理解，也对本书中的很多主题有了新的认识，现在的看板体系比以往更深入、更具体，这些从他最新的培训和演讲中便能看得出来。我很期待新版的《看板方法》能尽早面世。

路宁

2013 年 11 月于深圳

Agilean 联合创始人，咨询师，Lean-Kanban University 认证讲师

译序

自有软件开发活动以来，在软件工程界和软件开发社区中，一直有不少先行者和实践者在积极探索如何更高效地组织团队进行高质量的软件开发活动。敏捷方法和精益方法正是近十几年来，从这波潮流中涌现的最精彩夺目的两项成果。敏捷方法和精益方法的大伞，覆盖多种软件开发方法学，其中最具代表性的有 Scrum、极限编程等，它们以《敏捷宣言》定义的价值观为基石，构成了这张大伞的一半幅面，另外一半幅面则由以精益价值观为基石的方法学组成，其中最具代表性的是由 Poppendieck 夫妇共同创立的精益软件开发方法（lean software devleopment）。本书所介绍的看板方法，则是精益阵营中涌现的一种不可忽视的新方法。

看板方法，由 David Anderson 创立，它脱胎于大野耐一所创立的丰田生产方式（TPS），以及埃利亚胡·高德拉特（Eli Goldratt）的约束理论（TOC），并结合统计质量控制（SQC）、排队论（QT）、工业工程（IE）、软件成熟度模型（CMMI）等多个领域的知识，在软件开发社区中获得了极高的关注度，并迅速传播开来。

David 在从事软件开发管理的实践经历中，发现商业组织中的软件开发团队经常产生过载现象。这对软件开发者带来了深深的伤害，反过来也伤害了商业组织，因此他期望找到一种双赢的软件开发模式，寻找到一种系统性的途径，能够带来可持续的步调，既有利于软件从业者，也有利于商业组织。同时，作为变革推动者，David 还发现，在团队中导入新技术总是不可避免地会遭遇到阻力。他领悟到，必须寻找到一种能够使变革阻力最小化的方法才行，最好的策略便是从团队当前状况出发，采取逐步改善的变革引导方式。这两个方面，是 David 创立看板方法的两个基本动机。

看板方法采用了精益的思维范式，将软件开发视为一个价值流（value stream），并且基于拉模式来驱动其流动。"价值流"是精益思想和看板方法的基础隐喻，基于这个隐喻，引申出来的是一系列其他元素，例如，拉动（pull）、在制品（WIP）、批量规模（batch size）、前置时间（lead time）、阻塞（block）、瓶颈（bottleneck）、缓冲区（buffer）、吞吐量（throughput）、改善（kaizen）等。改善是精益和看板方法的精髓，它旨在通过持续性地实施系统性变更来优化生产系统。

看板方法的各种设计元素，为质量和过程中的问题提供了可见性，能够迅速暴露价值流中影响效能的问题，从而引导团队专注于解决问题以维持稳定的流动。通过帮助软件团队建立稳定的工作节奏，实现始终如一的可靠交付，看板方法能够在开发团队与客户、相关部门、供应商、价值流下游合作伙伴之间建立信任关系，从而建立具有高度协作、高度信任、高度授权和持续改进特征的组织文化。

　　软件开发中的看板方法本身还在不断发展过程中。作为本书的中文版译者，我非常荣幸能够把这本奠基之作介绍给中国的敏捷和精益软件开发社区。期待本书能够给社区带来新的视角和启迪，更期待国内社区对看板方法的实践能够反过来促进看板方法的进一步发展。

　　祝大家都能够精通保持平衡和持续改善的艺术！

章显洲

支付宝高级技术专家

2013 年 11 月 5 日于杭州古荡

序 Foreword

我一直关注大卫·安德森的工作。第一次与他接触是在2003年10月，那次他送给我一本他的书《软件工程的敏捷管理：应用约束理论获得商业成功》[1]。正如书名所示，这本书受到了艾利·高德拉特（Eli Goldratt）"约束理论（theory of constraints，TOC）"的深刻影响。后来，在2005年3月，我造访微软公司和他见面，那时他正在进行的研究工作给我留下了深刻印象，在其中他使用了累积流图（cumulative flow diagrams）的概念。再以后，2007年4月，我有机会考察了他在Corbis公司实施的看板系统，深叹其突破性。

这里之所以罗列这些，是因为要说明一点，大卫的管理思想一直在不断发展，没有停歇。他不是停留在某个单一的理念上，然后试图迫使外部世界来适应这一理念。相反，他高度重视正在试图解决的问题的整体，对各种可能的不同解决方案保持开放的态度，通过实践不断地对它们进行检验，并反思其中的有效机制。在他的这本新书中，读者可以看见他经由这种方法所取得的成果。

显而易见，只有当方向正确了，速度才是最有用的。我相信大卫正在正确的方向上前进。这本关于看板系统的最新著作，令我特别激动。我在研究中也屡屡发现，较之TOC，精益制造中的诸多理念对于产品开发更为直接有效。事实上，在2003年10月，我写信给大卫时就曾提及，"TOC一个最大的不足之处，便是它忽略了'批量规模（batch-size）'的重要性。如果第一优先级是找到和减少约束，那么一般而言，你正在解决的是一个错误的问题。"现在，我仍然相信这个判断是正确的。

2005年我们见面时，我再次鼓励大卫超越TOC中"关注瓶颈"的思想。我向他解释说，"丰田生产方式（Toyota production system，TPS）"所取得的巨大成功，与发现和消除瓶颈无关。丰田是通过降低批量规模和变异性（variability），进而降低在制品库存（work-in-process inventory）来实现效能提升的。降低了库存，便可释放资金占用，带来经济效益，而正是看板这样的"在制品约束系统（WIP-constraining system）"，使其成为可能。

2007年参观Corbis公司时，我看到了看板系统的一个具体实例，令人印象深

---

[1] 译注：英文书名为《Agile Management for Software Engineering: Applying Theory of Constraints for Business Results》，国内由机械工业出版社于2004年出版中文版，是机械工业出版社的"软件工程技术丛书"之"前沿论题系列"中的一本，译者为韩柯等。

刻。我向大卫指出，这已经远远超越了丰田式的看板方法。为什么这么说？虽然丰田生产系统经历过反复优化，几近完美，但它用于处理的是那些重复（repetitive）和可预测（predictable）的任务，这些任务的工期和延迟成本（delay cost）是类似的。在这种情况下，使用像"先进先出（first-in-first-out, FIFO）"这样的排程方法是正确的。当在制品达到限额时，在入口处阻挡新工作进入处理流也是正确的做法。但是，当要处理的工作非重复、不可预测、具有不同的延迟成本和任务工期时，这些方法就不是最优的了，这些情况恰恰是在产品开发中必须应对的。我们需要更先进的系统，本书正是在实践细节层面上对这些系统进行描述的第一本著作。

我想先简要提醒读者几点。

第一，如果你认为自己已经理解看板系统的工作方式，那么你理解的很可能就是和精益制造中使用的看板系统一样的那种方式。本书中的理念，远远超出了使用像静态的"在制品限制"、"先进先出调度（FIFO scheduling）"、单一的"服务分类（classes of service）"这样的简单系统。请仔细留意这些差别。

第二，不要认为这种方法只是一个可视化控制系统。使用一块看板（kanban board）[2]的方式，确实能够显著提升在制品的可见性，但这只是看板方法中很小的一个方面。仔细阅读本书，你会找到更多深层的内容。真正的洞见，寓含在诸如"到达和离开过程（arrival and departure processes）"的设计、"不可替代（non-fungible）资源"的管理，以及"服务分类"的使用等方面。千万不要受"可视化"部分的干扰而错过了其中诸多微妙之处。

第三，不要因为这些方法看上去十分简易便生轻慢之心。看板方法的易用性，来自大卫对"什么能以最小的成本创建最大的效益"的深刻洞见。他已经敏锐地意识到实践者的需求，对方法中真正有效的部分给予了高度重视。最简单的方法最不容易遭到破坏，并且几乎总能产生最大的持续性收益（sustained benefits）。

这是一本令人振奋的重要著作，值得细细参读。读者从中的收获，将取决于阅读时的认真程度。对于这些先进理念，本书给出了最好的阐释。祝读者诸君如我一般深享书中的思想和乐趣！

唐·雷纳特森（Don Reinertsen）
2010 年 2 月 7 日于加州雷东多海滩（Redondo Beach），
《产品开发流的原则（The Principles of Product Development Flow）》作者

---

[2] 译注：此处的"看板"，真的是一块板（board），常用白板或墙面等来制作。本书中"Kanban/kanban"有多种意思，请读者详参第 2 章中的相关阐述。

目录
Contents

第一部分 导论

第1章 解决敏捷管理者的困境 3
1.1 我对可持续步调的探索 4
1.2 我对成功变革管理的探索 5
1.3 从"鼓-缓冲-绳"转向"看板" 7
1.4 看板方法的出现 8
1.5 看板方法被社区采纳的过程 9
1.6 看板的价值是反直觉的 9

第2章 什么是看板方法 13
2.1 什么是看板系统？ 15
2.2 把看板应用于软件开发中 15
2.3 为什么使用看板系统？ 16
2.4 看板方法模型 17
2.5 识别看板方法的应用实施 17
2.6 作为权限授予者的看板 18

第二部分 看板方法的益处

第3章 一种成功秘诀 23
3.1 使用秘诀 24
3.2 成功秘诀和看板方法 35

第4章 在五个季度内，从最差变为最好 37
4.1 问题 38
4.2 可视化工作流程 38
4.3 影响效能的因素 39
4.4 明确过程策略 40
4.5 估算是一种浪费 41
4.6 限制在制品 41

4.7	建立输入节奏	42
4.8	达成新契约	43
4.9	实施变革	44
4.10	调整策略	44
4.11	寻求进一步的改善	45
4.12	成果	46

第 5 章　持续改进的文化ㅤ51

5.1	改善文化	51
5.2	看板方法会加速组织成熟度和能力的提升	52
5.3	社会学变革	57
5.4	文化变革也许是看板方法带来的最大好处	60

第三部分　实施看板方法

第 6 章　价值流映射ㅤ65

6.1	定义控制起点和终点	66
6.2	工作项类型	66
6.3	绘制卡片墙	67
6.4	请求分析	70
6.5	根据请求分配产能	71
6.6	工作项卡片详解	72
6.7	电子跟踪	74
6.8	设置输入和输出边界	75
6.9	应对并行活动	76
6.10	应对次序无关的活动	77

第 7 章　使用看板进行协调ㅤ81

7.1	可视化控制和拉动	81
7.2	电子跟踪	83
7.3	每日站立会议	84
7.4	会后讨论	85
7.5	队列填充会议	85
7.6	发布规划会议	87
7.7	鉴别分类	88
7.8	问题日志的审查与升级	89
7.9	现场贴纸代理	90
7.10	跨多个地理位置保持同步	90

第 8 章　建立交付节奏 93
8.1　交付的协调成本 95
8.2　交付的事务成本 96
8.3　交付效率 98
8.4　确定交付节奏 99
8.5　通过提高效率来提升交付节奏 99
8.6　进行随需或临时交付 100

第 9 章　建立输入节奏 105
9.1　优先级排序的协调成本 105
9.2　确定优先级排序节奏 107
9.3　优先级排序的效率 108
9.4　优先级排序的事务成本 109
9.5　提高效率以支持更频繁的优先级排序节奏 109
9.6　进行随需或临时性的优先级排序 110

第 10 章　设置在制品限额 115
10.1　工作任务的限额 115
10.2　排队队列中的限额 116
10.3　瓶颈前的缓冲 117
10.4　输入队列大小 118
10.5　工作流中不设 WIP 限额的区域 119
10.6　不要使组织压力过大 120
10.7　不设置在制品限额是错误的 121
10.8　产能分配 122

第 11 章　建立服务水平协议 125
11.1　服务类别的一种典型定义 126
11.2　为服务类别设置规则条款 131
11.3　确定服务交付目标 134
11.4　设置服务类别 135
11.5　应用服务类别 136
11.6　根据服务类别来配置产能 136

第 12 章　度量和管理报告 141
12.1　跟踪在制品 142
12.2　前置时间 142
12.3　准时交付率 144
12.4　交付速率 144
12.5　问题和受阻工作项 145

12.6	流动效率	146
12.7	初始质量	147
12.8	破坏负载	148

第 13 章 使用两层系统扩展看板 151

13.1	层次化的需求	152
13.2	将价值交付和工作项的变异性解耦	153
13.3	两层卡片墙	155
13.4	引入泳道	156
13.5	应对规模变异性的另外一种方法	157
13.6	和服务类别结合在一起	157
13.7	系统集成	158
13.8	管理共享资源	158

第 14 章 运营回顾 161

14.1	会前准备	161
14.2	在开始时设置好业务基调	162
14.3	邀请嘉宾扩大听众范围并带来附加价值	162
14.4	主要议程	163
14.5	精益转型的基础	164
14.6	适宜的节奏	164
14.7	体现管理者的价值	165
14.8	组织层面的专注能培育改善文化	166
14.9	一个早期案例	166

第 15 章 启动看板变革 169

15.1	看板系统的首要目标	170
15.2	看板系统的次要目标	170
15.3	理解目标,阐明益处	175
15.4	实施步骤	176
15.5	看板方法带来新的谈判模式	177
15.6	启动看板实施的谈判	179

第四部分 继续改进

第 16 章 三类改进机会 189

| 16.1 | 瓶颈、消除浪费和降低变异性 | 190 |
| 16.2 | 看板方法与公司文化的适配 | 194 |

第 17 章 瓶颈和非即时可用资源 197
- 17.1 能力受限资源 199
- 17.2 非即时可用资源 204

第 18 章 精益的一种经济学模型 213
- 18.1 重新定义"浪费" 213
- 18.2 事务成本 214
- 18.3 协调成本 216
- 18.4 如何识别一项活动是否是成本 217
- 18.5 破坏负载 218

第 19 章 变异性的根源 221
- 19.1 变异性的内部根源 223
- 19.2 变异性的外部根源 227

第 20 章 问题管理和升级策略 235
- 20.1 对问题的管理 236
- 20.2 问题升级 237
- 20.3 问题跟踪和报告 238

参考文献 241

致谢 245

索引 249

关于作者 263

❖ 第一部分 ❖

导 论
Introduction

第 1 章
解决敏捷管理者的困境
Solving an Agile Manager's Dilemma

2002 年，我是摩托罗拉公司个人通信产品事业部（PCS）手机部门的一名开发经理，公司位于美国华盛顿州西雅图市的一个偏远小镇。我所在的部门原本属于一家创业公司，后被摩托罗拉公司收购。我们开发的是网络服务器软件，面向无线数据服务如空中（over-the-air）数据下载和空中设备管理服务等。这些网络服务器应用软件，和手机上的客户端应用紧密协同工作，是整个集成化系统的一部分；另外需要一起协同工作的，还包括电信运营商的网络以及后台基础设施中的其他组成要素，如计费系统等。公司管理人员无视工程复杂性、风险和项目的规模，为我们的项目完成时间定死了最后期限。我们写的代码是从原创业公司写的代码演变过来的，为了图快，开发人员走了许多捷径。一位资深开发人员坚持认为我们的产品只能算是一个"原型"。为了满足业务的需求，提高生产力和质量对于我们而言已迫在眉睫。

2002 年，我在日常工作中和写作前一本书时，一直在思考我所面临的两个主要挑战。第一，如何实现现在敏捷社区所称的可持续步调（sustainable pace），保护团队免受业务部门提出的无穷无尽的需求的困扰？第二，如何克服其中不可避免的变革阻力，将敏捷方法成功推广到整个企业内？

1.1 我对可持续步调的探索
My Search for Sustainable Pace

2002 年，敏捷社区将可持续步调简单解释为"每周工作 40 小时"。《敏捷宣言的原则》告诉我们："敏捷过程倡导可持续开发。出资人、开发者和用户应共同维持一个长期稳定的步调"。两年前，Sprint PCS 公司的团队已经普遍认同了我的观点，"大型软件开发是一场马拉松，不是短跑冲刺"。如果要求项目成员在持续 18 个月之久的长期项目中保持步调，那么绝不能让他们在头一两个月就精疲力竭。必须为项目制订计划、预算成本、进行调度和估算，以确保团队成员每天合理的工作时间，避免他们过度疲劳。作为经理的我，所面临的挑战是，在实现这一目标的同时，还要能够确保满足所有的业务需求。

1991 年，我首次在一家成立已经 5 年的创业公司里从事管理工作，该公司主要制造面向个人计算机与其他小型计算机的视频采集卡。我从 CEO 那里获得的反馈信息是，领导认为我"非常消极"。我们的开发能力已经达到极限，而领导却仍然要求增加更多的产品特性，这时我总是以"不行"断然拒绝他们。2002 年以前，我形成了一种明显的模式：一直以"不行"这种拒绝的方式，抵挡来自业务方持续不断和善变的需求。

软件团队和 IT 部门似乎总会遭遇被其他组织任意摆布的悲惨命运。即使计划已经做得无懈可击、公正客观，这些组织仍然会对他们极尽软磨硬泡、恐吓威逼之能事。即使是基于深入分析、有多年历史数据支持的计划，在这些组织面前也会变得脆弱不堪。大多数团队则是既没有透彻的分析方法，又没有任何历史数据支持，在那些想要迫使他们承诺未知的（通常是完全不合理的）交付期限的权术手腕下，他们无疑势单力薄而只能任其摆布。

与此同时，软件工程师也已经基本上接受了疯狂的进度表和献身工作的荒谬言论，并对此司空见惯。软件工程师好像本不该拥有社交活动和家庭生活似的，这真是莫大的羞辱！我知道有太多人因献身工作而影响了和家庭成员的关系，并因此蒙受了不可弥补的损失。但要人们对那些身处主流的软件开发极客（geek）表示同情却很难。在我居住的美国华盛顿州，软件工程师的年收入仅次于牙医。就像 20 世纪 20 年代福特汽车装配线上的那些工人一样，其收入是美国平均工资的五倍，由于他们的报酬丰厚，没有人会考虑他们工作的单调性或身心的幸福感。很难想象，在诸如软件开发这样的知识工作领域会涌现出劳工组织；没人会从根本上去解决软件开发者日常遭遇的生理和心理方面疾病的问题。有些雇主很聪明地增加了额外的医疗保健福利，例如，按摩和心理治疗，偶尔还提供"心理健康"方面的病假，但他们不会去寻找这个问题的根本原因。一位供职于一家知名软件公司的技术作家，曾给出如是评论："服用抗抑郁药并不涉耻辱，因为每个人都在这么做！"对于此种局面，软件工程师倾向于忍气吞声地接受命令，一边领取令人艳羡的高薪，一边默默承受身心之痛。

我想打破这种模式，想找到一种双赢（win-win）的方法，让我在说"好的"的同时，又能通过促进形成可持续步调来保护团队成员。我想回馈我的团队成员，让他们能够重返社交活动和家庭生活；通过改善环境，让那些开发人员不至于在年纪轻轻时，就因压力过大产生健康方面的问题。所以我坚定决心，尝试做些能改善这些问题的事情。

1.2 我对成功变革管理的探索
My Search for Successful Change Management

我思考的第二件事情是，在大型组织中引领变革这一挑战。在 Sprint PCS 公司以及后来的摩托罗拉公司，我均担任开发经理之职。在这两家公司中，确实都需要创建一种更为敏捷的工作方式。但在这两家公司中，当我努力想将敏捷方法扩展到其他团队中时，却都感到颇为艰辛。

在这两个案例中，我并没有强势要求团队进行变革的权力。我都是应高级领导层的要求，试图去影响和推动变革，但我并没有任何行政职务上的权力。领导要求我在团队中对工作伙伴施加影响，就像我以前在自己的团队中所实施的那些变革一样。但是，那些在我的团队中明显奏效的方法，在其他团队中却遭遇抵制。存在这种阻力的原因，可能有很多方面，但最常见的原因是，其他每个团队的具体情况有所不同，在我的团队中使用的方法，必须根据其他团队特有的需求进行修改和裁剪。到 2002 年年中的时候，我得出了这样的结论：将某种软件开发过程强行施加在一个开发团队上，是无法奏效的。

一个过程需要根据每种具体情况进行适配调整。要做到这一点，需要每个团队拥有积极的领导者，而这点往往是团队所缺乏的。即使有了正确的领导者，如果没有框架指引裁剪过程来适应不同的环境，我依然怀疑能否发生什么重大的有益变革。如果领导者、教练或过程改进工程师缺乏这种引导，就很可能会基于自己盲目的信仰，主观地将变化强加给团队。这与因强行施加不适宜的流程模板而招致更大的愤怒和反对，是同样的道理。

在我写作《软件工程的敏捷管理》（Agile Management for Software Engineering）一书时，就已经开始着手解决这个问题。那时候我思考，"为什么敏捷开发方法能比传统方法产生更好的经济效益呢？"我试图用约束理论的框架对此进行研究。

在研究和写作那本书时我明白了，在某种程度上，每种情况都是独一无二的。怎么可能每个团队的每个项目会在同一时间同一地点遇到瓶颈呢？每个团队都是不同的：不同的技能要求、不同的团队能力和不同的经验。每个项目也都是不同的：不同的成本预算、进度、规模和风险状况。每一个组织也是不同的：不同的市场、不同的价值链环节。如图1.1所示，对我而言，这可能为研究变革阻力提供了一条线索。如果所倡导的工作实践和行为的变革，并没有带来能够被感知到的实际益处，人们就会抵制它。如果这些变化并没有改善团队成员感知到的约束或限制因素，那么他们一定会抵制这些变化。简而言之，脱离具体情境的变革建议，将会遭到身在其中、了解项目具体状况的工作者的拒绝和抵制。

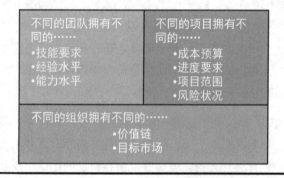

图1.1 为什么"一刀切"的开发方法学是无法奏效的

由此可知，由消除一个又一个瓶颈来不断演化发展出一个新过程，是最好的做法。这是艾利·高德拉特的约束理论（Theory of Constraints）的核心主题。尽管我认识到其中有很多东西可以学习，也感觉到约束理论的那些材料很有价值，但我还是按原定计划继续埋首于我的书稿写作之中。我十分清楚，那本书中并没有提供如何在更大规模上扩展实施这些理念的方法，因为关于变革管理的具体建议，书中几乎没有涉及。

本书第16章，将会解释艾利·高德拉特提出的方法。该方法的主旨是：识别并设法减少瓶颈因素，直到瓶颈因素不再对效能产生约束；消除一个瓶颈之后，又会涌现出另外一个新的瓶颈，如此循环不已。这种方法以迭代方式，通过识别和消除瓶颈，系统性地提升效能。

我认识到，可以将这项技术和精益方法中的一些理念合成（synthesize）在一起。首先以价值流（value stream）对软件开发生命周期的工作流程进行建模，然后建立一个可视化跟踪系统，此后，当新工作"流"经该系统时，通过跟踪其状态的变化，便可识别出瓶颈。在约束理论的基本模型中，具备识别瓶颈的能力是第一步。艾利·高德拉特已经针对"流"的问题（flow problems）开发出了约束理论的一种应用方法，并很别扭地将之称为鼓-缓冲-绳（drum-buffer-rope）。尽管名字有些别扭，但我意识到，也可将一种简化的鼓-缓冲-绳方案应用于软件开发中。

鼓-缓冲-绳一般被看成是拉动系统（pull system）这类解决方案的一个具体实例。正如将在第2章中看到的，看板系统是拉动系统的另外一个实例。拉动系统的一个有趣副效应是，它们通过将在制品限制在一定的数量范围内，来防止工作者的工作量过载。此外，只有瓶颈区域的工作者会维持满负荷，其他人则应该会有富余时间（slack time）。我意识到，拉动系统也许可以解决我面临的两个挑战。拉动系统可以让我逐步实施过程变革，（我希望）它能够显著减小阻力，同时有利于形成可持续步调。我决定尽早建立一个"鼓-缓冲-绳"拉动系统。我想去尝试增量式的过程演化，看它是否既能形成可持续步调又能减小对变革的抵制。

2004年秋，我在微软公司工作的时候，机会来了。第4章的案例分析中将对此进行详细介绍。

1.3 从"鼓-缓冲-绳"转向"看板"
From Drum-Buffer-Rope to Kanban

在微软公司实施的"鼓-缓冲-绳"解决方案行之有效。变革阻力很小，生产力提高了两倍多，前置时间（lead time）下降了90%，而可预测性则提高了98%。2005年秋，我在巴塞罗那的一次会议上汇报了数据结果；还有一次是在2006年的冬天。我的工作引起了唐纳德·赖纳特森的注意，他专程造访我位于华盛顿雷蒙德的办公室。他想说服我，实施一个完整看板系统的各项条件已经成熟。

看板（kan-ban）是一个日语词汇，英文字面意思是"信号卡"。在生产制造环境中，这种卡片作为一种信号，通知生产过程中的上游工序继续生产。在这种生产过程中，除非从下游工序中获得看板信号，否则每个工序中的工人不准进行额外生产。虽然我了解这种机制，但是不确信将之应用在知识工作领域，尤其是在软件工程中，是否有用或可行。我明白，看板系统可以促成可持续步调。但是，我未曾注意到它作为一种能促进增量式过程改进的方法已享有盛誉。我也没留意到丰田生产方式（Toyota Production System）的创建者之一大野耐一（Taiichi Ohno）曾说过："丰田生产方式的两大支柱，是及时生产（just-in-time）和有人工介入的自动化（autonomation）。驱动这个体系运转的工具，便是看板。"换言之，看板是丰田公司所使用的改善（kaizen，持续改进）过程的基础。正是这种机制，使得丰田生产方式可以运行起来。据我近五年的经验，现在对此已经确信无疑。

幸运的是，唐纳德取得了令人信服的论据，表明我应该从"鼓-缓冲-绳"实施方法转向看板系统，因为有一个深奥的理由：相比"鼓-缓冲-绳"系统，看板系统可以更为优雅地从一个瓶颈区域中恢复中断。但是，能否理解这点，对读者能否读懂本书来说并不重要。

回顾我在微软公司实施的最后一种解决方案，我意识到，如果一开始将之作为看板系统来看待，其结果也将是相同的。两种不同的方法产生同样的结果，这令我感到非常惊讶。既然过程的最终结果是一样的，就没有必要将之专门看成是"鼓-缓冲-绳"的具体实施。

于是我倾向于使用"看板"这个术语，而不是"鼓-缓冲-绳"。看板已经应用于精益制造（或丰田生产方式）中。相比约束理论，看板的知识体系已经被广泛采纳和接受。虽然看板是一个日语词汇，相比"鼓-缓冲-绳"，其含义也不够明显，但是看板更容易发音，更容易解释，而且事实也证明它更便于传授和实施，因此最终确定使用"看板"这一术语。

1.4 看板方法的出现
Emergence of the Kanban Method

2006年9月，我离开微软公司接管Corbis公司的软件工程部门。Corbis公司位于西雅图市中心，是一家私人持股公司，主营业务是图像和知识产权。受到在微软公司实施改进所取得的结果的鼓舞，我决定在 Corbis 公司实施一个看板拉动系统。结果令人鼓舞，由此也产生了本书中所展示的大部分理念。正是这些理念的扩展，包括可视化工作流程、工作项类型、节奏、服务类别、专门的管理报告和运营回顾等，共同定义了看板方法（kanban method）。

本书其余部分将要描述的看板（Kanban）（大写字母"K"开头）方法，是一种渐进式的变革方法，其中采用了看板（小写字母"k"开头）拉动系统、可视化和其他工具，促成将精益思想引入技术开发和 IT 运营中。这是一个渐进的（evolutionary）

和增量式的（incremental）过程。采用看板方法，你可以根据具体情况实施过程优化流程，将变革的阻力降至最低，同时让参与者在工作中能够维持可持续的步调。

1.5　看板方法被社区采纳的过程
Kanban's Community Adoption

2007 年 5 月，瑞克·嘉伯（Rick Garber）和我在芝加哥召开的"精益新产品开发大会"上，向 55 名听众展示了来自 Corbis 公司的早期成果。同年夏天，在华盛顿特区召开的 2007 年敏捷大会上，我组织了一次开放空间会谈（open-space session）来讨论看板系统，大约有 25 人参与。两天后，与会者阿罗·贝尔斯（Arlo Belshee）在一次闪电演讲（lightning talk）中分享了他的"Naked Planning"规划技术。显然已经有其他人在实施拉动系统了。后来，我们组建了一个雅虎讨论小组，小组成员很快就增长到 100 多人。至写作本书时，讨论组已经有 1000 多名成员。开放空间会谈的数位参与者承诺，他们会在自己的工作中尝试应用看板方法，且他们的团队基本上都使用过 Scrum。那些早期采纳者中，最值得称道的是卡尔·斯科特兰德（Karl Scotland）、亚伦·桑德斯（Aaron Sanders）和乔·阿诺德（Joe Arnold），他们都来自雅虎公司。很快地，他们便把看板方法带到了分处三大洲的十多个团队中。开放空间汇谈中另一位需要提及的参与者是平谷贤治（Kenji Hiranabe），此前他已在日本着手开发看板解决方案。不久之后，他为 InfoQ 就此主题写了两篇文章，受到了高度关注和重视。2007 年秋天，《敏捷项目管理》的作者和敏捷项目领导力网络（APLN）的创始人圣杰夫·奥古斯丁（Sanjiv Augustine）到西雅图访问 Corbis 公司时，称我们的看板系统是"近五年内见到的第一种新型敏捷方法"。

2008 年，在多伦多召开的 2008 年敏捷大会共计有六场在不同环境中应用看板解决方案的演讲。其中一位是约书亚·克里夫斯基（Joshua Kerievsky），他来自 Industrial Logic（一家极限编程的咨询和培训公司），在演讲中他展示了如何根据业务环境来以类似的理念对极限编程进行调整和改善。那年，敏捷联盟提名将戈登·帕斯克奖（Gordon Pask Award）颁发给阿罗·贝尔斯（Arlo Belshee）和平谷贤治，以肯定他们对敏捷社区所作出的贡献。他们俩对看板方法都作出了有目共睹的贡献。

1.6　看板的价值是反直觉的
The Value of Kanban is Counter-Intuitive

在许多方面，知识性工作是和重复性的生产活动对立的。软件开发和制造业之间的差异在很多方面都表现出很大的不同。制造业具有低变异性（variability）；而软件开发极其易变，它利用变异性，通过设计上的创新来产生价值。软件天然是"软"的，一般能够很容易地以低成本进行变化，而制造业则围绕着很难变化的"硬"件开展工作。

人们怀疑看板系统在软件开发和其他IT工作中的价值，这是十分自然的。在过去这些年中，整个社区已经深切体会到看板方法是一种反直觉的（counter-intuitive）方法。无人预见，在Corbis公司，看板方法能够对企业文化和改善跨职能协作产生很大的作用（参见第5章）。

我希望能够展示"看板确实有效！"我希望能够说服读者，通过采用看板的简单规则，可以提高生产力、可预测性和客户满意度，同时还可以缩短交货时间。与此同时，随着协作性工作的增加，将有助于在整个组织中建立更多更好的跨职能协作关系，从而带来组织文化上的变化。

总 结

- 看板系统来自一系列称为拉动系统的实践方法。

- 埃利亚胡·高德拉特的"鼓-缓冲-绳"作为约束理论的一种应用，是拉动系统的实施方法之一。

- 我之所以探索拉动系统，来自两方面的动机：一方面是寻找一种系统性的途径，使团队在工作中实现可持续的步调；另一方面是寻找一种方法，能够以最小的阻力引入过程变革。

- 看板是丰田生产方式及其改善方法的支撑机制，能够带来持续改进。

- 第一个虚拟的软件工程看板系统，是从2004年开始在微软公司实施的。

- 从早期的看板实施来看，结果令人鼓舞。看板确实可以实现可持续步调，通过渐进增量的方式，最大限度地降低变革阻力，并产生显著的经济效益。

- 作为一种变革技术的看板方法，自2007年8月在华盛顿特区召开的2007年敏捷大会展示之后，开始广受社区关注。

- 在本书中，看板（kanban）（小写字母"k"开头）指的是信号卡，看板系统（kanban system）（小写字母"k"开头）指的是使用（虚拟）信号卡实施的拉动系统。

- 看板（Kanban）（大写字母"K"开头）方法指的是自 2006—2008 年间在 Corbis 公司涌现的渐进增量式的过程改进方法学。这些年来，看板方法在更为广泛的精益软件开发社区中得到了持续深入的发展。

第 2 章
什么是看板方法
What Is the Kanban Method?

2005年4月初的时候，我在日本东京度假，恰逢春天樱花盛开之季。为了欣赏美景，我打算和家人第二次游览位于东京市区的皇居东御苑公园。正是在这里，我受到启发——看板并不只供制造业使用。

2005年4月9日，周六，我和家人走过位于竹桥（Takebashi）地铁站附近的护城河桥，经由北面入口进入公园。周六的早晨阳光明媚，许多东京市民正尽情享受公园的宁静与樱花之美。

所谓花见（hanami），指的是坐在樱花树下一边野餐一边欣赏落英缤纷。在日本，这是一种古老的传统，也是一种感悟生命的美丽、柔弱与短暂的机缘。樱花短暂的生命，也是我们自身生命的某种写照，在浩瀚的宇宙中，我们的生命亦显短暂、柔弱和美丽。

盛开的樱花，与东京市区灰色的建筑形成鲜明的对比。东京市区十分喧嚣，人群熙熙攘攘，声音嘈杂，而公园却宛如水泥森林中心的绿洲。当我和家人跨过护城河桥准备入园时，一位肩上挎着包的日本老人走到我们身边。他从包中掏出一把塑料卡片，给我们每人发了一张。当看见我胸前兜着3个月大的女儿时，他迟疑了下，想是否也要给她发一张卡片。最后老人认为我女儿也需要，于是递给了我两张卡片。老人没有说什么，而我的日语也有限，所以我们没有交谈。走进公园后，我们找了一块地方开始享用家庭野餐。

在阳光的照耀下我们度过了一个愉快的上午，两小时后，我们收拾起野餐的东西，朝位于大手町的东门口走去。近出口时，我们加入了一列在小亭子前排队通行的队伍中。随着队伍前移，我看到人们正在交还塑料入园卡。于是我在口袋里摸索了一会，找到了入园时发给我的塑料入园卡。走近亭子，我看见里面有一位穿着整齐制服的日本女士。我们之间隔着一面玻璃，在台面位置上有一个半圆形的洞，类

似于影院或游乐场的入场处。我把塑料入园卡通过柜台上的洞口递给了这位女士。她手上戴着白手套，把我的塑料入园卡接过去后与其他入园卡一起放在了货架上并向我低头微笑致谢。没有收费，也没有解释为什么两小时前进来时要带塑料入园卡在身边。

这些入园卡是怎么回事？如果不是为了收费，何必发一张入园卡？我的第一直觉是，这肯定是一种安防方案（security scheme）。当傍晚公园闭园的时候，只需通过计算所有返回的入园卡，管理员就能够确知是否还有游客在园内逗留。转瞬间，我感觉如果真是这样，那这将是一个非常糟糕的安全系统。如果只给我一张而不是两张入园卡，似乎也可以。那么我那三个月大的女儿是作为行李看待还是作为游客看待呢？在这个系统中，似乎有太多变异性（variability）。有太多种出错的机会了！

如果这是一种安防方案，那么肯定起不到作用，每天都会误报有走失的游客。（顺便说一句，这样的系统不会轻易产生假阴性，因为那样还要生产额外的入园卡才行。这是看板系统很有用的一个基本属性。）与此同时，安防人员可能需要每晚出动，在灌木丛中搜寻走失的游客。不，这种做法肯定另有意图。随后，我明白了，皇居东御苑公园正在使用的是一个看板系统。

这次顿悟极大地启发我跳出制造业来看待看板系统。看起来，在各种管理场景中，看板令牌（kanban token）可能都有用处。

（感谢Thomas Blomseth拍摄了这些照片）

2.1 什么是看板系统？
What is a Kanban System?

看板（或卡片）的数量，等价于系统设置（核定）的流通能力。一张卡片与一个工作项关联。每张卡片都充当一种信号机制。只有获得一张自由卡片（free card）后，才可以开始新的工作项。这张卡片与该工作项关联在一起，跟随工作项在整个系统中一起流转。当自由卡片没有剩余时，就不能开始额外的工作。任何新到达的工作项必须在队列中等待，直到可以获得新的自由卡片。在某项工作完成后，和它关联在一起的卡片就与之分离而被回收。有了自由卡片，队列中的新工作项就又可以启动。

这种机制就是所谓的拉动系统（pull system），这是因为系统只有具备了处理的能力才能拉入新工作项，而不是基于需求将工作项推入系统中。由于流通中的信号卡数量表征了系统能力，所以只要恰当地设置能力阈值，拉动系统就不会出现过载（overloaded）现象。

在皇居东御苑公园案例中，公园本身就是一个拉动系统，游客便是在制品（work-in-progress），由流通中的入园卡数量限定系统能力。仅当有入园卡可供发放时，新到的游客才能入园。普通的日子，公园接待游客没有一点问题。然而，在繁忙的日子，如假日或樱花盛开季节的某个周六，公园就很受游客青睐。当所有的入园卡发放完时，新到的游客必须在园外的桥上排队等候，等待其他游客离园后回收的入园卡。看板系统提供一种简单、成本低廉和易于实施的方法，通过限制入园人数，来控制园内人数。这种技术可以让公园一直保持良好状态，避免因游客过多或拥挤对公园造成破坏。

2.2 把看板应用于软件开发中
Kanban Applied in Software Development

在软件开发中，使用虚拟看板系统来限制在制品数量。尽管"看板"的原意为信号卡（signal card），而且在大多数软件开发的看板实施中使用的也是卡片，但这些卡片实际上并没有作为一种信号起到拉入更多工作的作用。相反，它们仅起到代表工作项的作用。之所以称为虚拟的（virtual），是因为并没有使用物理的信号卡。拉入新工作的指示信号，是通过在制品限制指标（或系统能力上限）与以可视化方式表示的在制品数量之差推算出来的。有些实践者通过使用诸如便事贴或位于一块板上的物理插槽来实现物理看板。更多时候，信号是从工作跟踪软件系统中产生出来的。在第 6 章中，将描述一个把看板机制应用于 IT 工作的案例。

卡片墙已经成为敏捷软件开发中流行的可视化控制机制，如图 2.1 所示。无论是使用在软木公告板上钉索引卡片（index card）的方式，还是通过在白板上贴便事贴的方式来跟踪进行中的工作（WIP），都已经是司空见惯的事情了。值得留意的是，这些卡片墙本身并不是看板系统。它们仅仅是可视化控制系统（visual control system）。它们让团队以可视化的方式观察在制品并进行自组织（self-organize），无需项目经理或产品经理的指令，便可自行分派任务，将工作从待办项列表中移向完成状态。但是，如果其中并没有明确限制在制品数量，也不能在系统中发送信号拉动新工作项，那么这个系统并不能算是一个看板系统。第 7 章中会对此有更详细的介绍。

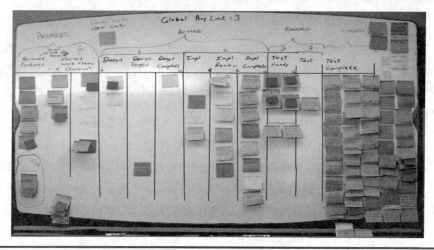

图 2.1　一个看板卡片墙

2.3　为什么使用看板系统？
Why Use a Kanban System?

后续章节将逐渐说明，通过使用看板系统，我们将团队的在制品工作项限制在一个设定的能力阈值内，根据已交付工作的交付速率来平衡提交给团队的工作需求（demand on the team）。这样做可以获得可持续开发的步调，让所有人都可以实现工作与生活之间的平衡。正如你将看到的，看板能迅速暴露那些影响效能的问题，因此，目前团队所面临的挑战是专注于解决问题以维持稳定的工作流。看板为质量和过程中出现的问题提供了可见性，使得缺陷、瓶颈、变异性以及经济成本等因素对流动与交付速率的影响变得更明显。单就使用看板来限制在制品工作项这一做法，就能促成更高的质量和更高的效能。流程改进和更好的质量结合在一起，有助于缩短前置时间（lead time），提高可预测性和准时交付能力。通过建立稳定的发布节奏，实现始终如一的可靠交付，看板能够帮助团队与客户、依赖的相关部门、供应商、价值流下游合作伙伴建立信任关系。

看板有助于实现组织文化的演进。通过暴露问题，引导组织聚焦于解决这些问题并消除其对未来的影响，看板能促进高度协作、高度信任、高度授权和持续改进的组织文化的形成。

事实表明，通过定期、可信赖、高质量地发布有价值的软件，看板能够提升客户满意度。事实还表明，看板能够提高生产率、质量，缩短前置时间。此外，有证据显示，在演进式文化变革中将涌现出更为敏捷的组织，看板在其中起到了关键的催化剂作用。

本书将致力于帮助读者了解如何在软件开发中使用看板系统，以及介绍如何和团队一起来实施这样的系统，以获得其带来的各项益处。

2.4 看板方法模型
A Model for the Kanban Method

为了能够在书中以文档方式记录看板方法（kanban method），我发现有必要正式地介绍模型。自看板出来至今，过去4年中虽然一直在不断演化，但我从来没有想过要进行这样的定义，直到今天。我担心它可能会因此变得僵化，也担心人们将之作为看板过程的真髓而教条式地引用，或者将之作为一种检验"我们在做看板吗"的测试方法，从而形成教条主义的思维模式。我希望，当试图定义看板方法的时候，也能够鼓励大家保持开放性思维，同时我们自己的认识仍将继续深化。我还会在 Limited WIP Society（http://www.limitedwipsociety.org）站点上维护看板方法最新的定义。

2.5 识别看板方法的应用实施
Recognizing a Kanban Method Implementation

遵循看板方法的团队，会展现出5项核心特性。迄今为止，这5项特性已经在所有成功的实施实例中展现出来，包括我2004年在微软公司实施的"鼓-缓冲-绳"案例。

1. 可视化工作流程。
2. 限制进行中的工作（work-in-progress）。
3. 度量和管理流动。
4. 明确过程策略。
5. 使用模型[1]来识别改进机会。

看板方法还有 5 个附加的特性，我们期待能够在看板实施案例中发现它们。所有这些特性已在 Corbis 公司的实施案例中展现出来，过去 2 年内，在技术大会上曾展示过的和社区内有文档记录的大部分实施案例中，也已经展现出其中若干特性。

1. 根据延迟（机会）成本进行工作项的优先级排序。
2. 通过服务分类来优化价值。
3. 通过产能分配（capacity allocation）来管理风险。
4. 鼓励工艺和过程创新。
5. 定量化管理。

2.6 作为权限授予者的看板
Kanban as a Permission Giver

看板并不是一种软件开发生命周期的方法学，也不是一种项目管理的方法。实施看板时，需要当前已经有一些在运行的过程，这样便可应用看板来逐步改变当前运行的过程。

在敏捷软件开发社区中，对于这种提倡增量变化的渐进式方法一直存有争议。争议在于，看板方法建议开发团队不要采用一组预定义的方法或流程模板。但是，围绕两种流行的敏捷开发方法的一部分实践集合，相关的服务与工具行业已经发展起来。现在由于有了看板，个人和团队便具有开发自己独特的过程解决方案的权限，这便有可能削弱对这类服务的需求，产生对另外一套新工具的需求。事实上，看板也确实推动了一波新的工具厂商的兴起，它们迫切地想以一些新工具来代替现有的敏捷项目管理工具。相比较而言，新工具具备更强的可视化功能和可编程能力，可以随时根据特定的工作流进行调整配置。

---

[1] 看板方法中使用的通用模型包括约束理论、系统思考、对 W. 爱德华兹·戴明（W. Edwards Deming）在变异性（variability）方面的教导的解读，以及丰田生产方式中的浪费（muda）概念。在看板方法中使用的模型也处于不断发展的演化中，来自其他领域如社会学、心理学以及风险管理等方面的一些理念，在一些实施案例中也有所体现。

在敏捷软件开发方法发展初期，各种方法为何有效，社区的领导者们也常常不甚明了。大家提出了生态系统（ecosystems）的说法，并建议实施者遵循全部的实践，否则该解决方案有可能会失败。最近几年，出现了进一步鼓吹这种思维的负面倾向。一些公司已经发布了敏捷成熟度模型（agile maturity models），以设法评估实践的采纳状况。在 Scrum 社区有一种基于实践的测试，通常称之为诺基亚测试（Nokia test）。这些基于实践的评估方法的设计，旨在推动一致性和遵循度，而否认根据具体情境进行适应性变化的需要。看板方法则允许市场忽略这些基于实践的评估方案，它鼓励多样性（diversity）。

2007 年，有人到我在 Corbis 公司的办公室参观看板的具体实施情况。其中和敏捷软件开发社区关系密切的参观者都问及一个具有代表性的问题，"大卫，我们在这里转了一圈，已经看了 7 个看板，每个看板都不一样，每个团队遵循的是不同的过程，这么复杂，你怎么应付得过来？"对这种问题我一直是不屑回答的："每个看板当然会不一样，每个团队的情况不同。他们必须演化过程，以适应自己的具体情境。"但我知道，这些过程均派生自同样的原则，由于团队成员都理解这些基本的原则，因此，即使将他们从一个团队转派到另外一个团队，他们也能够适应性地进行调整。

随着越来越多的人尝试看板，他们意识到，看板有助于解决在组织中推行变革管理时所遭遇的问题。看板可让团队、项目和组织展现出更好的敏捷性。我们认识到，在行业中，看板授予了一种权力，允许你创建根据具体的情境进行裁剪与适配的更优化的过程。看板授予了人们联系自身具体实际进行思考的权力。看板授予了人们保持与众不同的权力：你的团队可以不同于同一楼层的团队，可以不同于隔壁楼层的团队，可以不同于旁边建筑里的团队，可以不同于隔壁公司里的团队。看板也授予了人们不死守教科书里那些条条框框的权力。看板方法最大的好处是，提供了一种工具，让我们可以解释（和辩护）为什么与众不同更好，为什么在那种情境下某种与众不同的选择才是正确的选择。受到谢帕德·费尔雷（Shepard Fairey）设计的奥

巴马（Obama）竞选海报的灵感激发，为了强调这种选择策略，在为 Limited WIP Society 设计 T 恤衫的时候，我选用了丰田看板系统的创建者大野耐一（Taiichi Ohno）的头像作为图案。而设计"Yes We Kanban"的口号，是为了强调人们拥有这些权力。你有尝试看板的权力，你有修改自身过程的权力，你有保持与众不同的权力。你的具体环境是独特的，因此你应该根据自己的业务领域、价值流、需要管理的风险、团队技能和客户需求，进行剪裁、适配和优化，开发一种独特的过程定义。

总　　结

- 任何情况下，都可以使用看板来限制系统内的某些事物的数量。
- 东京皇居东御苑公园使用了看板系统来控制公园内的游客数量。
- 可供流通的"看板"信号卡数量为在制品（进行中的工作项）设置了限额。
- 当前工作项或任务完成时，信号卡便被收回，用于将新的工作项拉入流程中。
- 在 IT 工作中，由于没有实际的物理卡片用于传递和定义在制品限额，所以我们（通常）使用虚拟的看板系统。
- 在敏捷软件开发中，常见的卡片墙并不是看板系统。
- 看板系统在工作场所中创建了一种积极张力，驱动大家去讨论问题。
- 看板方法（大写字母"K"开头的"Kanban"）利用看板系统（kanban system）作为改进的催化剂。
- 看板方法要求对过程中的规则进行明确的定义。
- 看板使用来自不同知识领域的工具，鼓励分析问题和探索解决方案。
- 通过不断探索发现影响过程效能的问题，看板方法可以实现增量式的过程改进。
- 可以通过 Limited WIP Society 的在线站点 http://www.limitedwipsociety.org/ 获取关于看板方法的最新定义。
- 在软件开发行业，看板起到权限授予者（permission giver）的作用，鼓励团队根据具体情境制订过程解决方案，而不是教条式地遵循某种软件开发生命周期过程定义或模板。

❖ 第二部分 ❖

看板方法的益处
Benefits of Kanban

第 3 章
一种成功秘诀
A Recipe for Success

过去 10 年间,我曾被要求回答这样的问题:"作为一名经理,当你接手一个现有的团队,尤其当这个团队并非以敏捷的方式进行工作,成员能力也参差不齐,甚至已经彻底陷入瘫痪时,应该采取什么样的行动?"通常,我被放在变革推动者(change agent)的管理职位上,因此,我只有面对挑战,发起积极的变革并迅速在两三个月内就取得成效。

作为大型组织中的管理者,我一直没能招聘属于自己的团队。我总是被要求接手已有的团队,以最小的人事变动启动一场变革,来提升组织效能。我认为,对于管理者而言,相比招聘一个全新的团队,这种情况更为常见。

在这个过程中,我逐渐形成了一种管理变革的方法。这种方法基于经验而来,其中包括从失败中汲取的诸多经验教训。这些失败教训,主要是指借助职权强制推行某些过程和工作流程。强制推行的管理方法往往会失败。当我要求团队成员改变他们的行为,去使用某种敏捷方法如特征驱动开发(feature driven development)时,我遇到了阻力。我回应说,大家都无需害怕,因为我会提供必要的培训和辅导。然而,这样做,即使是最好的情况下,我也只能得到些默然的接受而已,而非取得真正深刻的制度化的变革成果。要求团队成员改变行为会令他们产生恐惧,降低他们的自信心,因为其中传达出的信息表明,现有技能的价值已经不再被看重。

我琢磨出了一种用来解决这些问题的方法，我将之称为成功秘诀（recipse for success）。成功秘诀中包含新任管理者对现有团队可以采取的若干行动指南。遵循这些秘诀，能够快速改善团队现状，而来自团队成员的阻力会很小。在这里，我要感谢唐纳德·赖纳特森（Donald Reinertsen）对我的直接影响，他贡献了秘诀里前面两步和最后一步，以及来自艾利·高德拉特（Eli Goldratt）的间接影响，他关于约束理论的相关著作和五步聚焦法（Five Focusing Steps）极大地影响了秘诀中的第四步和第五步。

秘诀中包含的六个步骤如下：

- 专注于质量；
- 减少进行中的工作（work-in-progress）；
- 频繁交付；
- 根据交付速率来平衡需求（demand）请求量；
- 进行优先级排序；
- 消除变异性的根源，提升可预测性。

3.1 使用秘诀
Implementing the Recipe

秘诀中的各项内容，是按照技术职能经理能够依之操作的顺序排列的。"专注于质量"列在第一步，因为这是像开发经理或测试经理这样的管理者，或者其上司如拥有类似"工程总监"头衔的管理者，所能单方面控制和施加影响的。沿着列表向下，到"进行优先级排序"这一步，可控制性将逐步降低，而和其他上下游群体进行合作的要求则会逐步加强。优先级排序是业务部门的本职工作，而不是技术组织的工作，因此，不应该是技术经理职责范围内要考虑的事情。不幸的是，业务管理人员没能承担起这一责任，而把工作优先级排序扔给技术经理来做，然后反过来又责备技术经理做出糟糕的选择，这样的事情也相当常见。"消除变异性的根源，提升可预测性"之所以处在列表的末尾，是为了减少某些类型的变异性，必须进行行为改变。而要求人们改变行为是很困难的。因此，最好把消除变异性留在后面，等前面的步骤成功实施且组织氛围有所改变之后再行实施。如同第 4 章中将会看到的，为了促成那些先期步骤的成功实施，有时候需要先消除一些变异性的根源。其中的诀窍在于，要挑选那些几乎不需要行为改变而能为人们所欣然接受的变异性根源，须从它们开始入手。

"专注于质量"是最容易的一步,因为它是职能经理能够操控的一项技术性实践。其他步骤具有更大的挑战性,因为它们依赖于与其他团队彼此间的协议和合作。实施这些步骤,要求你具备口才、谈判、心理学、社会学和情商等方面的多项技能。就"根据交付速率来平衡需求请求量"达成共识,是至关重要的一步。而要解决团队成员之间在角色和职责方面的机能障碍问题,则需要更强的交际和谈判技能。因此,先寻找那些在你直接掌控之下,并且也知道解决它们对团队与业务效能将能产生积极影响的事情,这种做法是很有道理的。

能与其他团队建立相互的信任,可使很多艰难的改进成为可能。构建和提交缺陷很少的高质量代码,能够增进彼此的信任。通过有规律的构建活动来发布高质量的代码,也可以增加更多的信任。随着信任的增长,管理者便能收获得更多的政治资本(political capital)。这便能促进朝向秘诀的下一步前进。最终,大家都尊重你的团队成员,从而让你能够影响产品所有者(product owner)、市场营销团队、业务出资方(business sponsors)去改变他们的行为,大家一起协作,根据价值大小对开发工作进行优先级排序。

"消除变异性的根源,提升可预测性"是很难的一步。在一个团队变得更为成熟和效能水平提升到某种水平之前,都不应该进入这一步中。秘诀中的前四步,都能产生显著的影响。实施这些步骤,能够为一名新任经理带来成功。但是,要真正形成一种具有创新和持续改进的文化氛围,就必须在过程中不断消除变异性的根源。因此,秘诀中的最后一步是加分项。也正是这一步,将真正杰出的技术领导者与勉强胜任的普通管理者区别开来。

专注于质量
Focus on Quality

尽管"敏捷宣言的原则"一文谈及了技艺(craftsmanship),其中隐含表明了对质量的关注,但是,敏捷宣言本身并没有提及质量。质量如果在宣言中都没出现过,为什么在成功秘诀中会处于第一位呢?简单来说,缺陷过多是软件开发中最大的浪费。这方面的数字相当惊人,有证据表明,其间可以有数个数量级的差异。卡珀斯·琼斯(Capers Jones)在2000年报道说,在网络泡沫期间,他调查北美软件团队的质量水平的结果显示,最多的每项功能有6个缺陷,最少的每100项功能少于3个缺陷,质量水平相差200倍。平均水平大约每0.6~1项功能有1个缺陷。这意味着,团队花费超过百分之九十的精力在修复缺陷上是一种普遍现象。有一个直接的证据,2007年年底,看板方法的一位早期支持者亚伦·桑德斯(Aaron Sanders)曾在

"Kanbandev"雅虎用户讨论组里报告说,他那时所在的团队,百分之九十的可用资源都花在了与缺陷修复相关的工作上。

鼓励提高初始质量(initial quality),会对高缺陷率团队的生产力和交付速率产生巨大影响。获得2~4倍的交付速率提升是很有可能的。如果团队真的很糟糕,那么通过"专注于质量"的做法,甚至都有可能获得10倍的交付速率提升。

软件质量有待提高是一个众所周知的问题。

不管是敏捷开发方法还是传统方法,对提高质量都有可取之处。应该综合使用它们。专业的测试人员应该做好测试。让测试人员来发现缺陷,防止缺陷遗留在代码中。要求开发人员编写单元测试代码,使单元测试代码自动化,以提供自动化的回归测试,这样也可以产生巨大的效果。看起来,要求开发人员先编写测试代码具有心理学上的好处。测试驱动开发(TDD)似乎确实能带来使测试覆盖更为完整的好处。但值得指出的是,我曾带领的纪律良好的团队,他们在功能编码之后再编写测试代码,质量也达到了业界领先的水平。然而,很明显,对于普通的团队,在功能编码前先编写测试代码,能够提高代码质量。

代码检查能够提高质量。无论是结对编程、同行评审、代码走查,或者完整的费根式检查(Fagan inspections),进行代码检查都是很有效的。代码检查能够帮助改善外部的代码质量和内部的代码质量。代码检查最好经常做,并且以小批量进行为好。我建议团队成员每天至少花30分钟进行代码检查。

协作式的分析和设计,能够提高质量。团队一起分析问题和设计解决方案,产出的质量会更高。我建议团队成员召开协作式的分析与设计建模会议。设计建模会议应该以小批量的方式每天进行。斯科特·安布勒(Scott Ambler)将此称为敏捷建模(Agile modeling)。

使用设计模式(design patterns)能够提高质量。设计模式总结了对已知问题的已知解决方案。使用设计模式能够确保更早地获取更多的信息,使设计缺陷在软件生命周期的早期就得以消除。

使用现代开发工具也能够提高质量。许多现代开发工具都包括静态代码分析和动态代码分析的功能。对每个项目,应该把代码分析的开关打开,不断进行代码优化。这些分析工具,可以防止程序员犯低级错误,如安全漏洞这类众所周知的问题。

更为奇特的现代开发工具,如软件产品线(software product lines)(或软件工厂)和领域专用语言(domain specific languages)也能够减少缺陷。软件工厂可将设计模式封装为代码片段,从而降低在录入代码时引入缺陷的概率。它们还可以用于自动化编码，取代重复性的编码任务，这样，在代码录入时引入缺陷的概率又进一步降低了。使用软件工厂还可以减少对代码检查的依赖，由于以软件工厂方式自动产生的代码其质量是已知的，因此并不需要对之重新进行检查。

这些建议中的后面几个确实已经属于整个秘诀实施过程中"降低变异性"的部分。使用软件工厂，甚至是仅使用设计模式，就是在要求开发者改变行为。而使用专业测试人员、测试先行、自动化回归测试以及进行代码检查，则可以获得更多的回报。

减少进行中的设计（design-in-progress）的数量，能够提升软件质量。

减少在制品并频繁交付
Reduce Work-in-Progress and Deliver Often

2004 年，我在摩托罗拉公司曾和两个团队一起共事。两个团队都为手机应用程序编写网络服务器端代码。一个团队的工作任务是开发服务器端软件，面向铃声、游戏和其他应用与数据的空中（over-the-air，OTA）下载。另外一个团队的工作任务是开发面向空中设备管理（OTA DM）的服务器端软件。两个团队都使用特性驱动开发（FDD）方法。两个团队的规模也大致相同，包含 8 名开发人员、1 名架构师、5 名测试人员，以及 1 名项目经理。他们都与市场人员共同工作，由团队自身负责分析和设计工作。此外，还有相应的团队为这两个项目团队提供用户体验设计和用户文档（技术写作）服务。

在制品、前置时间和缺陷

图 3.1 所示的是 OTA 下载团队项目工作的累积流图。累积流图是描绘处于某个给定状态的工作量的面积图（area graph）。这幅图中显示的状态包括：库存（Inventory），是指待办项或队列中那些尚未开始的需求项；已开始（Started），是指已经向开发人员解释的需求；已设计（Designed），是特指那些 UML 序列图已经绘制好的需求项；编码完成（Coded），是指那些已经实现了序列图上的方法的需求项；完成（Complete），是指需求项的所有单元测试已经通过，代码也已经进行了同行评审，并且团队主开发人员也已经认可编码，并且确认其可进入测试。

图 3.1 的第一条曲线，显示的是项目范围内的需求特性数量。需求特性分两个批次由业务方送来。第二条曲线显示的是已开始（Started）的特性数量。第三条曲线显示的是已设计（Designed）的特性数量。第四条曲线显示的是编码完成（Coded）的特性数量。第五条曲线显示的则是已经编码完成准备进行测试的特性数量。

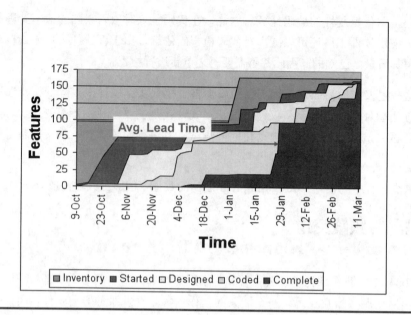

图 3.1　OTA 下载团队项目工作，从 2003 年秋到 2004 年冬的累积流图

任意一天中第二条曲线和第五条曲线之间的纵向高度，显示的是当时的在制品，即进行中工作（work-in-progress）的数量；而第二条曲线和第五条曲线之间的横向距离，显示的则是一个特性从开始到结束的平均前置时间（average lead time）。有一点需要特别说明，横向距离为平均前置时间，并不是某个特定特性的具体前置时间。累积流图并不跟踪特定的特性。第 55 个特性的工作开始的时候，可能第 30 个特性的工作已经完成。曲线的纵轴和列表中的某个具体特性之间，并没有任何关联性。

OTA 下载服务器开发团队缺乏纪律性，或者不太认可使用 FDD 方法，没有像 FDD 方法所要求的那样进行协同工作。他们为每个开发人员安排大量的开发工作。通常情况下，在任意时间点，每个开发人员手上同时会有 10 项特性开发工作处于"进行中"状态。OTA DM 开发团队则遵循 FDD 方法所要求的那样很好地进行协同工作。他们为全部的功能特性都编写单元测试。最重要的是，他们同时只进行小批量的特性开发工作，通常情况下，在任意时间点，整个团队进行中的特性开发工作只有 5~10 项。FDD 中的一个基准（benchmark）数据是，一般每个特性的代码量规模为 1.6~2.0 个功能点。

OTA 下载服务器开发团队位于华盛顿州西雅图市，从一个特性开始开发到完成开发并将之移交给位于伊利诺伊州香槟市的团队进行集成测试为止，该团队的平均前置时间大约为 3 个月，如图 3.1 所示。OTA DM 开发团队每个单元特性的平均前置时间为 5~10 天，如图 3.2 所示。对遗漏在系统或集成测试中的逃逸缺陷（escaped defect）进行度量后，发现两个团队的初始质量相差 30 多倍。OTA DM 开发团队初始质量达到业内领先水平，每 100 个特性仅有两三个缺陷，而 OTA 下载服务器开发团队的初始质量仅为业内平均水平，大约每个特性有两个缺陷。

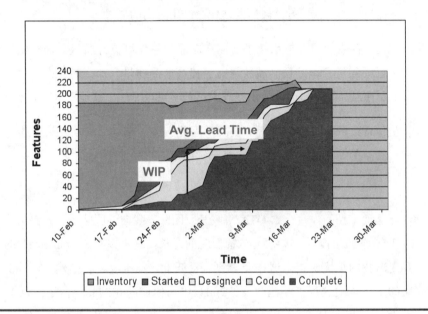

图 3.2　OTA DM 开发团队在 2004 年冬季的累积流图

仔细查看图形，可以发现，在制品数量与前置时间直接相关。图 3.2 清楚表明，当在制品数量减少时，平均前置时间也随之减少。高峰期，平均前置时间为 12 天。项目后期，随着在制品数量越来越少，平均前置时间仅为 4 天。

在制品数量和平均前置时间之间存在相关性，而且是线性相关。在制造业中，这种关系称为利特尔定理（Little's Law）。摩托罗拉公司这两支团队的资料表明，前置时间和质量之间存在相关性，前置时间增加，则质量会下降。前置时间越长，质量越会显著下降。事实上，平均前置时间增加约 6.5 倍，便会导致初始缺陷超过 30 倍的攀升。在制品数量越多，平均前置时间越长。因此，提高质量的管理杠杆点

（leverage point）是减少在制品数量。通过对这些资料的分析，我已经将管理在制品数量作为控制质量的手段，对在制品数量与初始质量之间的关联性坚信不疑。然而，当我写作本书的时候，还没有科学的证据来支持这种基于经验观察所获得的结果。

减少在制品的数量或缩短迭代的长度，将对初始质量产生重大影响。很明显，在制品数量与初始质量之间是非线性的关系，也就是说，随着在制品数量的增加，缺陷数量会不成比例地增加。为期2周的迭代比4周的迭代好是很有道理的。为期1周的迭代会比2周的迭代更好。较短的迭代会产出更高的质量。

综上所述，仅需使用看板系统来限制在制品数量便可提升质量，这种做法更有道理。如果已经知道管理好在制品数量能够提高产品质量，那么为什么不引入明确的规则来限制在制品数量，而解放出管理人员使其可以专注于其他活动呢？

由于在制品数量和质量之间紧密相关，因此应该一起实施成功秘诀中的第一步和第二步，或者在成功实施第一步后，马上实施第二步。

谁更好？

2003年圣诞节期间，我介入OTA下载开发团队，我向该团队负责人提出建议，进行中的工作（在制品）太多，会导致前置时间太长，真正完成（completed）的工作很少。我提出我的担忧，指出这样会导致质量低下。他听取了我的建议，2004年1月对团队的工作方式进行了一些改变。2004年，他们的在制品数量下降，前置时间也明显缩短。但是这个改变来得太晚，已经无法改变团队产生大量缺陷的情况。

本来该项目计划在2004年3月中旬完成，但事实上一直持续到同年7月中旬才告结束。OTA DM开发团队有一半人员被调离原来的项目加入OTA下载开发团队修复缺陷。2004年7月，尽管产品质量处于堪忧状态，该事业部总经理还是宣布产品已经开发完毕，并把该产品移交给现场实施团队。但是，后来多达百分之五十的客户因质量上的原因撤销了实施。尽管现场实施团队与产品研发团队一直维持良好的关系，但他们不信任产品研发团队的专业水平。现场实施团队认为，如果产品的质量差，那么我们也无法交付更好的东西。

很具讽刺意味的是，如果你走进西雅图 SODO[1]询问那些开发人员，"这里哪些人最聪明？"他们会说是 OTA 下载开发团队。如果你再问他们，"谁经验最丰富？"也会得到同样的答案。如果你仔细看简历会发现，OTA 下载开发团队成员的平均工作经验超过 OTA DM 开发团队 3 年。从简历上看，OTA 下载开发团队成员的表现也应该比 OTA DM 开发团队成员的更好。直到今天，还有人认为他们是最好的，尽管所有的证据表明情况与此相反。

根据自身多年的管理和辅导经验，我可以这样来理解，OTA DM 开发团队的一些成员对自身的专业缺乏自信，他们担心自己的天赋比不上其他聪明的同事。但是，OTA DM 开发团队的生产效率是 OTA 下载开发团队的 5.5 倍，初始质量是他们的 30 倍。正确的流程、良好的纪律性、强有力的管理及良好的领导力，这些因素加在一起，使得两者的最终结果迥然不同。这个例子说明，并非只有拥有最好的人才才能产出世界一流的成果。敏捷社区里有些人持有这样一种信念，在敏捷开发中要想取得成功，需要的是一个由真正的好手组成的小团队。我将之称为技艺势利眼（craftsmanship snobbery）。但是，这个案例表明，一个成员能力参差不齐的团队也能够产出世界一流的成果。

频繁发布能够建立起信任

减少在制品数量能够缩短前置时间。缩短前置时间，意味着可以更为频繁地发布可用的代码。频繁地发布代码，能够与外部团队，尤其是与市场营销团队或业务方之间建立信任。信任是一种很难定义的事物。社会学家将之称为社会资本（social capital）。他们发现，信任是由事件驱动的，小而频繁的表现（gestures）或活动，较之那些大但只是偶尔发生的表现或活动而言，更能增进信任的产生。

在课堂上，我会设问女学员与某位男士第一次约会后的感觉。我会假设她的那次约会很愉快，但是之后两个星期他都没有给她打电话；而某一天，他忽然满脸歉意地拿着一束鲜花出现在她的家门口。我要她把这位男士和另外一种类型的男士进行比较。另外一种类型的男士，会在当晚约会回家的路上给她发短信说，"今晚和你在一起的时光太美妙了，我真的很想能够再次见到你。明天给你打电话可以吗？"并且第二天真的打了电话过来。猜猜女学员更喜欢哪一位？微小表现往往不费分文，较之那些大而昂贵（甚至夸张）但偶尔发生的表现而言，能够建立起更多的信任。

---

[1] 译注：SODO，是紧临西雅图市中心区南面的一个工业区。

在软件开发上也如此。规模虽小但是频繁、高质量地发布交付，较之规模大但频率低很多的发布，更能够在团队合作上建立起信任。

小规模的发布表明，软件开发团队具有交付能力，并能够一直致力于产出价值。软件开发团队能和市场营销团队与业务方之间建立起信任。高质量的代码发布，能够使团队与上下游合作团队，如运营、技术支持、外部工程实施和销售等之间建立起信任。

隐性知识

为什么以小批量的方式进行编码能够提高产品质量？这点其实很容易理解。在知识工作中，随着进行中工作项数量的增加，问题的复杂性也会呈指数级增加。与此同时，我们的大脑需要全力来应付所有这些复杂性问题。在软件开发中，有很多的知识迁移（knowledge transfer）和信息发现（information discovery）活动，它们是隐性的，而且都是在面对面的协作过程中发生的。虽然这些信息具备口头表述性（verbal）和可视性（visual）的特征，但它们大多以像画在白板上的草图之类的非正式形态存在。我们的大脑要全部存储这些隐性知识是不可能的，即使记住，也会很快遗忘。我们无法记得确切的细节，并会因此犯错。但是，如果团队成员在一起工作并互相帮助，通过讨论或利用群体的共享记忆（shared memory），就可以解决记忆丢失（memory loss）的问题。因此，共用一个工作空间的敏捷团队，更有可能长久地保存隐性知识。尽管如此，随着时间的流逝，隐性知识也会不断被遗忘，因此，对于隐性知识处理活动而言，更短的前置时间是至关重要的。我们知道，减少进行中的工作项，能够直接缩短前置时间。由此可以推断，如果减少进行中的工作项，则能减少隐性知识的遗忘，从而获得更高质量的产品。

总之，减少进行中的工作项，能够提高产品质量，并促进更为频繁的发布。更为频繁地发布更高质量的代码，则能增进与外部团队之间的信任。

根据交付速率来平衡需求请求量
Balance Demand against Throughput

根据交付速率来平衡需求请求量，意味着要根据交付可工作代码的速率，来设置新需求进入软件开发管道的速率。这样便可有效地将进行中工作项的数量固定在某个值。在有工作项交付后，便会从需求提请者那里拉入新的工作项（或需求）。因此，任何对新工作的优先级排序，只可能在现有工作项被交付的情境下才发生。

这一变化具有深远的影响。流程的交付速率会受限于某个瓶颈，想要知道这个瓶颈位于何处几乎是不可能的。事实上，价值流中的每个人都会声称自己已经超载（overloaded）。然而，一旦根据交付速率来平衡进入的需求请求量，在价值流中限制在制品，就会有意想不到的情况发生。只有瓶颈资源才会保持满负荷的状况。很快，处于价值流中其他环节的员工都会发现，他们有了富余能力（slack capacity）。同时，那些在瓶颈处的员工的工作会很忙，但不会过载且会被掩盖。这或许是近几年中团队第一次出现不再过载的情况，很多人也会体验到他们职业生涯中罕见的状态，终于感觉到手头有时间了。

产生富余时间

人们只有释放组织中的大部分压力，才能够集中精力准确高质量地完成工作。他们会以自己的工作为傲，越来越享受其中的感觉。那些手上有富余时间的工作者，会开始将精力投向于环境改造。他们可能会整理工作区或参加一些培训，可能会开始不断提升自身技能，改进使用的工具，改善与上下游间的沟通协作方式。随着时间的推移，一个小的改善会引发另外一些改善，人们发现，团队在持续进行改善。进而整个文化氛围都会得到改变。通过限制在制品以及只当有可用产能时才拉入新工作的做法，将能产生富余时间，这种富余时间能带来此前无法想象的改善行动。

想要进行持续改善，就要具备富余时间。为了产生富余时间，要做到根据交付速率来平衡需求请求量，限制在制品的数量。

直觉上，人们认为必须要消除这些富余时间。因此，在根据交付速率来平衡需求请求量而限制在制品数量后，人们会倾向于通过调整资源来平衡生产线（balance the line），使得每项资源都被充分有效地利用起来。虽然这么做看起来也许效率很高，也符合 20 世纪管理会计的典型做法，但它会阻碍改善文化的发展。为了能够得到持续改善，需要具备富余时间。为了具备富余时间，就必须允许价值流保持不平衡，允许有一项瓶颈资源存在。以提高资源利用率为目的的优化，是不可取的。

优先级排序
Prioritize

如果秘诀中的前三步都已经实施，那么整体应该运行得比较顺畅，应该能够做到频繁发布高品质的代码。随着在制品数量被约束，开发前置时间应该也会缩短。只有当现有工作完成、产能被释放出来时，才能将新工作拉入开发流中。这时，管理重心应该转向优先级排序，而不仅仅只是交付的代码数量。当交付方面尚缺乏可预测性时，很少有人会去关注优先级排序的问题。当需求的交付次序不可靠时，为什么要浪费精力去排定它们的输入次序呢？在解决这个问题之前，最好将管理精力重点用于改善交付能力和交付的可预测性上。一旦能够真正做到按照需求请求的大致次序交付需求，就应该把思考转向如何对输入的需求进行优先级排序。

影响力

优先级排序本不由工程技术部门来控制，因此，也不应由工程技术管理层所掌控。要改进优先级排序，需要产品负责人、业务方或市场营销部门改变他们的行为。最好的情况下，工程技术管理层也只在优先级排序上具有一定的影响力。

为了获得政治资本和社会资本以影响变化，应该先在彼此间建立起一种相当水平的信任关系。如果不具备定期交付高质量代码的能力，就不可能建立起信任关系，因此，在优先级排序上具备影响力的可能性也会很小，也就无法进一步优化软件团队交付的价值。

目前，业务价值优化（business-value optimization）在敏捷社区中已经成为一个流行的话题，而可工作代码的生产率（称为软件开发的"速度"）已经不再是一个重要的度量指标。这是因为已交付的业务价值才是真正成功的衡量标准。从某种意义上讲，虽然也许确实如此，但是不要忽视很重要的一点，团队的能力成熟度只能循序渐进，拾阶而上，不可能一蹴而就。大多数组织都存在能力不足的情况，无法衡量和报告自身到底已交付了多少业务价值。在尝试更大的挑战之前，他们必须先建立和完善那些基本的技能。

循序渐进地构建成熟度

我认为，一个团队应该这样逐步迈向成熟。第一，要学习构建高质量的代码。第二，减少进行中的工作项数量，缩短前置时间，并频繁发布。第三，根据交付速率来平衡需求请求量，对在制品设置限额，进而产生富余时间并释放个体的创造力（free up bandwidth），促进改善行为的发生。第四，随着软件开发的顺畅运转和能力优化，通过改善优先级排序来优化交付的价值。期望一步实现优化业务价值，只是一种不切实际的美好愿望。遵循成功的秘诀（the recipe for success）并采取行动，才能逐步达到期望的成熟度水平。

消除变异性的根源，提升可预测性
Attack Sources of Variability to Improve Predictability

变异性产生的影响和如何减少过程中的变异性，这两者都是高阶的主题。为了降低软件开发中的变异性，知识工作者需要改变他们的工作方式，学习新的技术，并改变他们的个体行为。所有这一切都很困难。因此，它并不适合初学者或还不成熟的组织。

变异性会导致更多的在制品及更长的前置时间。第 19 章会有更详细的介绍。变异性要求非瓶颈资源具有更多的富余时间，以应对工作流中的波动，而富余时间又影响流经价值流中的工作流负载量。要想全面了解这点，要具备统计过程控制（statistical process control）和排队论（queuing theory）方面的一些背景知识，这已经超出了本书的范围。我个人喜欢唐纳德•惠勒（Donald Wheeler）和唐纳德•赖纳特森（Donald Reinertsen）在变异性和排队论方面的工作。如果读者想知道更多关于这些主题的信息，可以从他们的工作成果入手。

现在只要相信一点，即需求规模上的差异性，以及在分析、设计、编码、测试、集成构建和交付工作量上的变异性，会对流程的交付速率以及运转整个软件开发价值流所需的开销方面产生不利的影响。

然而，一些变异性的根源是由于糟糕的策略选择无意间被设计到过程中所致。第 4 章的案例研究中会重点介绍：每月的重新规划、对于估算活动的服务级别协议（service-level agreement，SLA），以及产品文本更改的优先级排序。这三个例子中的策略规则都是可以改变的。仅需改变现有过程策略规则，便能够从根源上显著降低变异性，从而提高可预测性。

3.2 成功秘诀和看板方法
Recipe for Success and Kanban

看板方法能够促进成功秘诀中所有六步的实施。看板方法能够使成功秘诀得以成功实施，而实施了成功秘诀，则能够为管理人员带来各种好处。反过来，成功秘诀也说明了为什么看板方法是一门极富价值的技术。

总　　结

- 看板方法包含了成功秘诀的所有方面。
- 成功秘诀解释了看板方法为什么具有价值。
- 质量低下是软件开发中最大的浪费。
- 减少在制品即进行中的工作项数量,能够提高产品质量。
- 提高质量能够增进与下游合作伙伴如运维部门等之间的信任。
- 频繁发布能够增进与上游合作伙伴如市场营销部门等之间的信任。
- 可以通过拉动系统,根据交付速率来平衡需求请求量。
- 拉动系统能够暴露瓶颈所在,并在非瓶颈处产生富余时间。
- 对于运作良好的软件开发价值链,高质量的优先级排序活动能够使交付的价值最大化。
- 如果没有良好的初始质量,交付上也缺乏可预测性,那么优先级排序几乎毫无价值。
- 为了降低变异性而进行的改变,需要富余时间。
- 降低变异性能够减少对富余时间的需要。
- 降低变异性有利于实现资源平衡(并潜在地降低对人数的需求)。
- 降低变异性能够降低对资源的需求。
- 降低变异性能够减少看板令牌(kanban tokens)、减少在制品数量,最终体现为平均前置时间下降。
- 富余时间能够使更多的改进机会成为可能。
- 过程改进能够带来更高的生产率和更好的可预测性。

第 4 章
在五个季度内，从最差变为最好
From Worst to Best in Five Quarters

2004 年 10 月，扎格斯·杜米特（Dragos Dumitriu）还是微软公司的一名程序经理。他刚刚接管一个部门的工作。在微软公司所有的 IT 部门里，该部门的口碑最差，可谓是声名狼藉。

微软公司的"程序经理"一职，很像其他公司的项目经理，而且通常还需要承担分析和架构方面的一些职责。程序经理会被安排到一些刚刚起步的项目或产品上，负责一个特性或一组特性的开发交付。为了完成工作任务，程序经理会从开发和测试等职能领域招聘新的成员加入团队。扎格斯的团队那时负责 XIT 事业部的软件维护工作。团队的主要成员（见图 4.1）来自印度一家评级为 CMMI 5 级的供应商，其中包括 3 名开发人员、3 名测试人员和 1 名当地管理人员。他们负责为 80 多个跨职能的 IT 应用进行小规模升级开发和产品缺陷修复的工作，这些应用供微软公司全球员工使用。那时，我刚好也在微软公司工作。

图 4.1 2004 年底，该团队在印度海德拉巴（Hyderabad），从左边数第四位是扎格斯

4.1 问题
The Problem

扎格斯是主动申请负责带领这个团队的。在微软公司内部，该团队在客户服务上的口碑是最差的。作为变革推动者，他决心解决前置时间过长以及团队目标设置方面很糟糕的问题，但是他的工作颇受当时公司内部政治气氛的约束。该职位的几位前任程序经理，仍然是同一个业务部门内的同事，只是现在他们在负责其他项目的工作。他们也有顾虑，一旦该团队的效能在扎格斯的领导下得到提升，就会显得他们的能力不足。

当时，微软公司在合同中明确要求，为微软公司工作的程序员和测试人员都要遵循软件工程研究所（SEI）的个人软件过程/团队软件过程（PSP/TSP）方法。那时乔恩·德·范（Jon De Vaan）直接向比尔·盖茨（Bill Gates）汇报工作，他也是 SEI 瓦茨·汉弗莱（Watts Humphrey）的忠实拥趸。作为微软公司工程卓越计划（Engineering Excellence）的负责人，他负责指定微软公司 IT 部门及其供应商要遵循的过程。这意味着，扎格斯想要改变使用的软件开发生命周期方法（SDLC）是不可能的。

扎格斯意识到，无论是 PSP/TSP 方法，还是供应商的 CMMI 评级，都不是问题的根源所在。事实上，该小组的产出也并不比所要求的少，而且质量也很高。然而，他们的变更请求（change request）前置时间却长达 5 个月，随着请求待办项列表（request backlog）堆积的越来越长，情况就会逐渐变得不可控。外部便会对这个团队产生一种成见，认为这个团队的组织和管理十分糟糕。因此，高级管理人员也没有意向提供更多的经费来解决这个问题。

变革受到了来自政治、财务和公司政策等多方面因素的制约。于是，扎格斯来征询我的建议。

4.2 可视化工作流程
Visualize the Workflow

我要求扎格斯画出工作流程图。他画了一幅简图来描述变更请求处理的生命周期过程，他一边画，我们一边讨论问题。图 4.2 即是他所画简图的一张摹本。图上的程序经理小人代表扎格斯本人。

请求的到达是不受控制的。4 名产品经理分别代表各自的客户并负责控制预算，这些客户是 XIT 维护的应用软件的所有者。他们会提出新的请求，其中包括遗留的

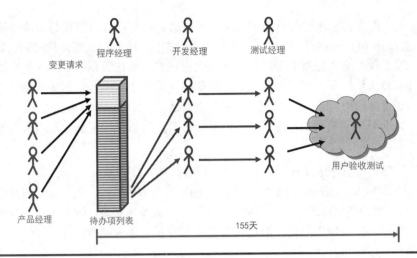

图 4.2 XIT 维护工程：最初的工作流程，展示了所需的前置时间

（在使用现场才发现的）产品缺陷。这些缺陷并不是由维护团队造成的，而是应用程序开发团队在产品开发过程中产生的。在新系统发布一个月后，这些应用程序开发团队一般都会解散，而源代码则转交到维护团队手上。

4.3 影响效能的因素
Factors Affecting Performance

当请求到达时，扎格斯会将其发送到印度进行估算。估算的规则是，必须在 48 小时内完成并返回估算结果给业务方。这将有助于业务方进行投资回报率（ROI）计算，然后决定是否要提交这个请求以进行后续处理。扎格斯每月会和产品经理及其他干系人（stakeholders）会面一次，调整待办项优先级，并根据排序结果创建一个项目计划。

那时，每月可以完成处理的请求项大约有 7 个。待办项列表中的请求项有 80 多个甚至更多，而且数目还在不断增长。这意味着，每月需要对其中 70 多个请求项重新进行优先级排序和重新制订计划，而这些请求项平均需要 4 个多月才能够处理完毕。这就是导致客户满意度下降的根本原因。不断地重新排列优先级，也意味着请求者将会屡次失望。

这些请求项是通过一个称为 Product Studio 的工具进行跟踪的。该工具的升级版本，就是后来公开发行的 Team Foundation Server 工作项跟踪系统。我在教学和咨询工作中经常见到像 XIT 维护团队这样的组织，他们拥有大量的数据，但却从不使用这些数据。扎格斯开始对数据进行挖掘，结果发现，一个请求项所需的工程处理时间平均是 11 天。但是，前置时间一般却需要 125~155 天。超过 90% 的前置时间花在了排队等待（queuing）和其他形式的浪费上了。

对加入的新需求进行估算花了团队很多精力。尽管已经声明仅是粗略量级估算（rough order of magnitude，ROM），实际上客户却仍将之视为是非常精确的估算，因此团队成员便学会了进行充分准备、谨慎做出估算的做法。每个开发人员和测试人员都会花费大约一天的时间进行估算。我们快速计算了一下，单消耗在估算上的开销，占去整体产能的 33%，糟糕月份里甚至高达 40%。这些产能优先分配用于估算工作，而非编码和测试工作上。另外，对新请求进行估算也极易导致该月份的既定计划变得紊乱。

除了变更请求，团队还要处理另外一种类型的工作，这种工作称为产品文本变更（production text change，PTC），主要是图形与文本的修改，或者一些涉及表格或 XML 文件中的数值修改。这些变更并不需要开发人员来处理，通常由业务负责人、产品经理或程序经理来完成，但是这些变更也需要通过正规的测试，因此这些工作会影响到测试人员。

PTC 工作的到达，事前一般没有什么征兆，通常而言，完成 PTC 工作会比完成其他工作或估算工作要快得多。PTC 工作通常是零星地分批抵达，它们也会导致该月份的其他计划变得紊乱（见图 4.3）。

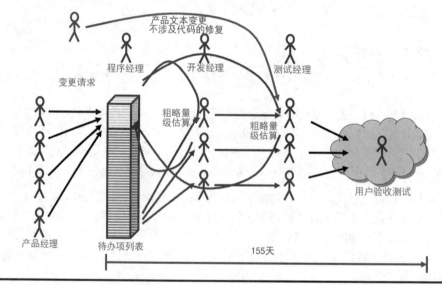

图 4.3 包含粗略量级估算（ROM）和产品文本变更（PTC）输入的工作流程

4.4 明确过程策略
Make Process Policies Explicit

该小组遵循规定的过程要求，在这个过程中，包含许多由各级管理者做出的糟糟的策略决定（policy decision）。将过程视为主导行为的一组策略，是很重要的一种视角。这些策略是由管理层来管控的。例如，使用 PSP/TSP 的策略，就是由仅次于比尔·盖茨这一级别的执行副总裁所设置的，要改变这样的策略十分困难，甚至可以说是不可能的。然而，许多其他策略，如"估算工作的优先级要高于实际的编码和测试工作"这样的策略，则是由团队内部制定的，是由直接经理们共同授权的。这些策略在最初实施的时候可能是合情合理的，而当环境发生变化时，却没有精力去检查和更新这些主导团队运行方式的相关策略。

4.5 估算是一种浪费
Estimation Was a Waste

经过与同事及经理之间的一番讨论，扎格斯决定优先实施两项管理变化。首先，团队将停止估算活动。他想回收浪费在估算活动中的产能，将之用于软件开发和测试工作。消除因估算导致的计划紊乱现象，也能提高可预测性，他希望这两者结合在一起后，能够对客户满意度产生重大影响。

然而，取消估算也存在问题。这将影响投资回报率的计算，客户也可能会因此做出糟糕的优先级选择。此外，估算还有利于方便地进行跨部门的成本核算和预算转移。估算也被用于实施一种治理策略（governance policy）：只允许将小的请求归属为系统维护的需求；那些超过 15 个开发或测试天数的较大请求，必须作为正式项目提交立项，按项目管理办公室（PMO）正规的项目组合管理流程。稍后再回头看这些问题。

4.6 限制在制品
Limit Work-in-Progress

> 说明：在每一时刻都保持每位开发人员只对应一个变更请求的状态。这就是一种策略选择。此后仍然可以对这一策略进行修改。将过程视为一组策略的集合，是看板方法的一个关键点。

扎格斯决定做出的另一个改变是：限制在制品，并只在当前有工作项完成的情况下才从输入队列中拉入新的工作。他选择将在制品限定在 1 名开发人员对应 1 个请求项的水平上，对于测试人员也采用类似的规则。他在开发和测试之间插入了一个队列，以便于接收 PTC 类型请求，使开发与测试之间的工作流保持顺畅，如图 4.4 所示。可以利用一个缓冲区来平滑工作项在规模和开销上的变异性（variability），第 19 章会对这种方法进行讨论。

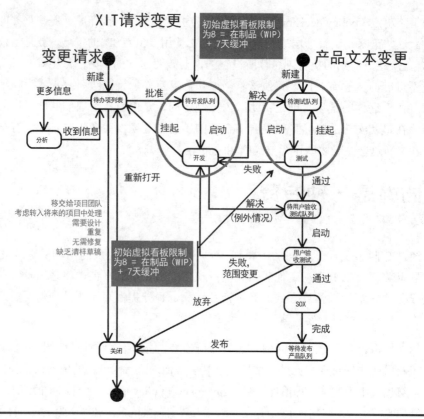

图 4.4 以限制在制品的方式形成的工作流状态图

4.7 建立输入节奏
Establishing an Input Cadence

> 说明：在看板方法中，节奏指的是某种活动发生的间隔周期规律。优先级排序、交付、回顾，以及其他任何循环往复发生的活动，都可以采用特定的不一样的节奏。

为了对在制品进行限制和建立拉动系统，扎格斯必须仔细考虑与产品经理之间交互的节奏。他认为，每周开一次例会是可行的方案，会议议题只专注于从待办项列表中选出待办项补充到输入队列中。一般来说，在队列中每周可能会有三个位置空出来。因此，讨论将围绕这个问题展开：待办项列表中的哪三项是你最期望在下一步交付的？图4.5描述了这种节奏。

扎格斯期望能够为客户提供一个确有保证（guaranteed）的交付期，在接收请求项进入输入队列开始计时的 25 天内完成交付。完成工作实际所需的平均工程处理时间

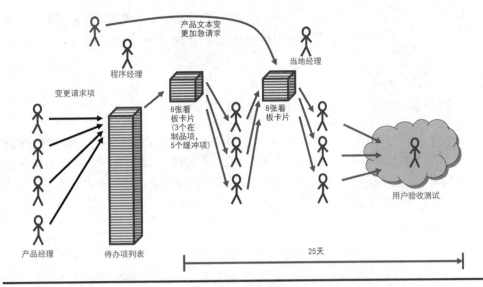

图 4.5　在看板中添加在制品限制与等待队列后的工作流程

（average engineering time）是 11 天。统计上的极端异常值是 30 天左右，但他估计这种情况很少发生；25 天听起来已经颇有吸引力，尤其当和目前 140 天左右的前置时间相比较时。他期望能够稳定地达成这一目标，与产品经理及客户之间建立信任关系。

4.8　达成新契约
Striking a New Bargain

扎格斯向产品经理提出了一项提议。他期望产品经理接受这样的方案：每周会面一次讨论优先级排序，而他会对在制品进行限制，并且团队不再进行估算活动。作为交换，他将确保交付期在 25 天之内，并且以此作为度量标准，报告准时交付的达成情况（due-date performance）。

而客户需要放弃投资回报率计算，以及基于每个请求的估算结果进行的跨部门预算转移（buget transfer）。作为交换，客户会获得前所未有的短交付期和可靠交付节奏。为了解决会计方面的问题，我们要接受将 11 天作为所有请求的平均工程处理时间。客户要接受"成本基本上是固定的"这一观点，要舍弃跨部门预算转移所基于的成本会计模式。

对这种变更可以给出合理的解释。该供应商和微软公司签订了为期 12 个月的合同，按月付款开票。供应商根据合同来分配人力资源，不管这些人是否在工作，事实上，他们都是按人头付费的。预算经费来自于 4 名产品经理，各按一定比例分配，每位产品经理摊派固定的额度费用。扎格斯保证会公平分配每位产品经理所能获得的产能。他们无须再花精力跟踪单个请求。如果他们能够接受，即他们花钱购买的是产能，而产能确实是有保障的，那么他们就可以丢弃原先基于部门成本与预算转移的偏见。可以建立一些简单的规则,来确定该将哪些请求选择出来补充进队列中以便公平地分配产能。通过一种简单的轮询方案,就可以达成这一目标。

4.9 实施变革
Implementing Changes

尽管 XIT 事业部的产品经理和许多同样从事管理工作的同事对此仍然持怀疑态度,但是大多数人都认为扎格斯应该尝试变革。毕竟,现状并不好,而且每况愈下。可以肯定的是,不管怎么变,情况都不会变得比当前更糟!是该有人去尝试变革了,大家也期望扎格斯能够带来变化。

因此,扎格斯就在团队中实施了这些变革。

变革开始产生了效果。提交的请求获得了受理,并被发布到了产品中。也实现了新约定确保交付期在 25 天内的承诺。每周例会运行也很顺畅,做到了每周一次补充满队列。与产品经理间的信任关系也开始建立起来。

4.10 调整策略
Adjusting Policies

你可能想,如果不再进行投资回报率计算,那么该如何确定优先级排序呢?实际结果表明,计算投资回报率并无必要。如果某个请求项十分重要且有价值,那么它会被选出并列入待办项队列中;如果它并不重要,那么就不会被选出。一段时间后,扎格斯意识到,需要有一项新的策略:任何处于待办项列表中已经超过六个月的请求项,都可以从列表中清除出去。如果一个请求项从提出至今已有六个月,但根据其优先级一直未能被选出进入开发队列,那么可以得出它是一个不重要的请求项的结论。如果真的很重要,该请求项仍然可以被再次提交。

说明:明确的策略、透明性和可视化这三者结合在一起,使授权团队成员自己进行决策和管理风险的做法成为可能。当管理层能够理解"过程是由各种策略构成"的时候,他们便会相信系统运行的有效性。这些策略的设计意图,便是管理风险和交付客户所期望的价值。策略明确,团队工作可透明跟踪,所有团队成员就能理解和知道如何使用这些策略。

那有什么样的治理策略,能够防止一个本该以大项目提请的需求项混入维护性质的开发工作中呢?解决这个问题的办法,就是接受一些可能会混入的大型需求。历史数据表明,这种类型的需求不足请求项总量的2%。开发人员接到指示,要求他们对此保持警惕,如果开始处理的新请求项过于庞大，其估算开发周期需要 15 天以上，则应该告知当地经理。这样做承担的风险和付出的成本，不足可用产能的 0.5%。这是一个重大的权衡。通过取消估算，团队冒着损失低于 1%产能的风险，获得超过 33%的产能增量。这种新策略授权开发人员来管理风险，并且他们可以在必要时毫无顾虑地指出问题！

前两项变革在六个月内得到落实。在此期间，也进行了一些微小的调整，补充了待办项列表的清除策略，取消了与产品负责人之间召开的每周例会。整个过程运行十分顺畅，进一步地，扎格斯修改了 Product Studio 工具，实现了一项新功能：当输入队列中出现一个空闲槽位时，系统就会向他发送一封电子邮件；然后，他会发送电子邮件通知产品经理，由产品经理自己决定下一步该选择哪个请求项进入输入队列中。在开发队列出现可用资源两小时内，待办项列表中的某个请求项便会被选出并补充到输入队列中。

4.11　寻求进一步的改善
Looking for Further Improvements

扎格斯开始寻求进一步的改善。他研究了团队测试人员生产效率的历史数据，并与 XIT 部门内来自同一家供应商的其他团队进行了比较。他认为测试人员的负载过轻，还有大量的富余产能。这意味着开发人员是主要瓶颈。他决定去印度对团队进行实地考察。从印度回来后，他指示供应商在人头分配上进行一些调整。他将测试团队从 3 个人减少到 2 个人，并增补了 1 名开发人员（见图 4.6）。这在生产效率上带来了近乎线性的提升，该季度完成处理的请求项从 45 个升级至 56 个。

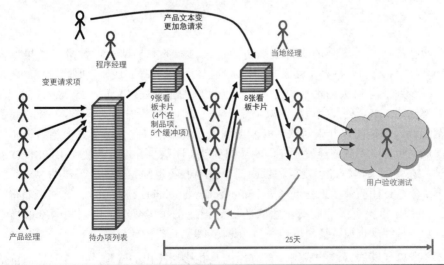

图 4.6　资源均衡化

在微软公司该财务年度结束之际，高级经理们注意到，XIT 维护（即软件维护）团队，在生产效率和稳定交付方面都有了显著提升。最后，扎格斯及其所应用的技术获得了管理层的信任。该部门分配到了增补 2 名人员的足额经费，于 2005 年 7 月新增了 1 名开发人员和 1 名测试人员。最终成果十分显著（见图 4.7）。

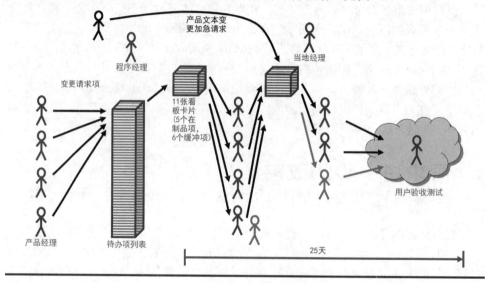

图 4.7　添加了额外的资源

4.12　成果
Results

增补的产能所提升的交付速率超过了来自业务方的请求项数量。结果如何？2005 年 11 月 22 日，待办项列表中的请求项已经全部处理完成。这时团队已经将前置时间减少到平均 14 天的水平，其中 11 天为实际的工程处理时间。25 天内准时交付的达成率高达 98%。处理完成的请求项提升 3 倍多，而前置时间则下降了 90%，可靠性大幅提高。这期间，并未对软件开发或测试过程做出任何修改。在海德拉巴工作的团队成员也感觉不到曾经发生任何明显的变动。团队也并没有改变使用 PSP/TSP 的方法，在管理条例、过程规范和供应商合约等方面也都完全满足公司的要求。2005 年下半年，该团队荣获工程卓越奖（Engineering Excellence Award）。扎格斯获得了奖励，并开始承担更多的职责。团队的日常管理工作移交给了原来在印度的当地经理，后来该经理也被调往华盛顿办公（见图 4.8）。

之所以能够取得这些成绩，部分原因是扎格斯杰出的管理才能，但是，价值流图、工作流分析、在制品设限及实施拉动系统等诸多基本因素，是其中关键的促成因素。如果没有使用"流"的思维范式和对在制品进行限制的看板方法,那么效能不可能取得如此大的提升。看板方法大大降低了政治风险和变革阻力,使得增量式的变革成为可能(见图4.9)。

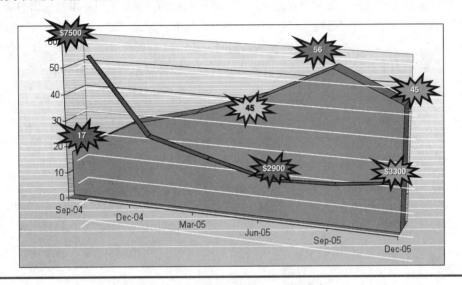

图 4.8 季度交付速率及单位成本

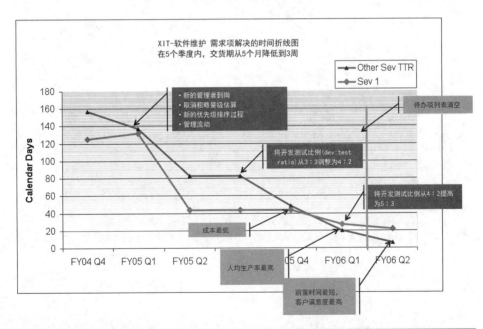

图 4.9 XIT 维护需求项解决的时间折线图,根据微软公司财政年度显示

XIT 案例展示了在一个使用离岸资源进行异地开发的项目中，实施在制品受限（WIP-limited）的拉动系统的方法，同时，在此过程中还使用一款电子化跟踪工具，以方便实施这一方法。在这个案例中，并没有可视化的故事板，很多本书介绍的看板方法的复杂特性也没有出现。尽管如此，生产率提升仍超出了 200%，前置时间缩短了 90%，可预测性获得了显著的提高，同时，政治风险和变革阻力则得以降到最低水平。对于这个案例中展现出的提升效果，其他经理自然无法再置若罔闻。

总　　结

- 第一个看板系统始于 2004 年，最早是在微软的 XIT 软件维护团队中实施的。
- 第一个看板系统中使用了电子化的跟踪工具。
- 第一个看板系统是在微软公司的一家离岸外包供应商团队中实施的，该供应商具有 CMMI 5 级资质，该团队在印度的海德拉巴办公。
- 应该将工作流绘制出来，以可视化的形式呈现工作流。
- 应该通过一组明确定义的策略来描述过程。
- 看板方法能够促成增量式的变革。
- 看板方法能够降低变革中的政治风险。
- 看板方法能够最小化变革过程中遭遇的阻力。
- 使用看板方法，能够发现改善的机会，而且其中不会涉及复杂的工程方法变更。
- 第一个看板系统的实施，在生产率上有了超过 200%的提升，前置时间减少了 90%，在可预测性上也有了大幅提升。
- 通过管理瓶颈、消除浪费和降低那些影响客户期望值与满意度的变异性，产生显著改善是很有可能的。
- 变革需要经历一段时间才能充分展现效果。第一个看板实施案例在 15 个月后才完全显现成效。

第 5 章
持续改进的文化
A Continuous Improvement Culture

在日语中,"kaizen"这个词的字面意思是"持续改善"。在工作中,如果全体员工能够持续专注于提高质量、生产率和客户满意度,那么这种文化便可称为改善文化(kaizen culture)。但很少有企业能够真正练成这样一种文化。在丰田公司,几乎所有员工都参与公司的改善行动,作为持续改善的一部分,平均每个员工每年都有一项改善建议被实施。像丰田这样的公司是十分罕见的。

在软件开发领域,美国卡内基梅隆大学的软件工程研究所(Software Engineering Institute,SEI)在其能力成熟度集成模型(capability maturity model integration,CMMI)中,将最高级别的成熟度定义为优化级(optimizing)。优化级意味着该组织能够持续不断地改进产品质量和效能。虽然在 CMMI 中没有明确指出这点,CMMI 对组织文化提及得很少,但是,在一个具有改善文化的组织中,更有可能发生那些能够达成优化级成熟度的行为。

5.1 改善文化
Kaizen Culture

想要了解构建改善文化为何如此之难,首先要了解这种文化的特征。只有这样,才能讨论为什么需要打造这样一种文化,以及它可能带来的好处。

在改善文化中，员工可以获得极大的授权。个体具有行动上的自由，能够自由地去做正确的事。员工会自发地聚在一起攻克难题，讨论各种可能方案，并进行修复和改善。在改善文化中，员工不会再有恐惧感。在改善文化中，管理的基本标准是，如果实验和创新是出于改善过程和提升效能的目的，就要能够承受其可能的失败。在改善文化中，个体能够围绕手头的工作和方法，自由地（在某些限制条件内）进行自组织。整个过程清晰可控，工作任务一般是由员工自愿选择完成，而不是由上级指派。在改善文化中，具有高层次的协作和共同主导的氛围，在这种文化中，大家会超越本位观念，一起去探索如何提升业务的整体效能。在改善文化中，团队进行局部改善时，同时也会专注于系统层面，致力于提高整体的效能。

改善文化拥有很高的社会资本（social capital）。在这样一种高信任度的文化中，不论在经营决策层中身处什么位置，成员间都能彼此相互尊重，尊重每个人所做出的贡献。相比低信任度的文化，高信任度的文化往往拥有更为扁平的组织结构。高度授权促成了扁平的组织结构，让工作更为高效。因此，改善文化能够消除因过多管理层次所产生的浪费，从而降低协调成本。

改善文化的许多方面，都和现代西方文明中已经建立的文化与社会规范相左。在西方，人们从小就被教导要具备竞争力（competitive）。教育体系，无论是学术上还是体育运动上，都鼓励竞争。即使在团队运动中，也会倾向于鼓励打造英雄明星，围绕一个或两个特别有天赋的队员来构建团队。在这样的社会规范中，首先关注的焦点是个体，它依赖杰出的个体来取得胜利或保护大众免遭伤害。因此，在工作中鼓励共同主导（collegial）的行为和系统层次上的思考与合作会十分吃力，这点也不难理解。

5.2 看板方法会加速组织成熟度和能力的提升
Kanban Accelerates Organizational Maturity and Capability

看板方法的设计初衷，是为了尽量减小变革的初始影响（initial impact），从而减小接纳变革的阻力。采用看板方法，能改善组织的文化，并帮助组织走向成熟。如果正确应用看板方法，那么组织会进化到随时准备采纳变革的状态，并善于实施变革和改进过程。SEI 在 CMMI 模型中将此称为组织创新和部署（organizational innovation and deployment，OID）的能力。事实表明，在变革管理方面具备这种高成熟度的组织，相比那些较低成熟度的组织，能够更快、更好地采纳敏捷开发方法，例如，Scrum 等。

开始实施看板方法，要先从寻求优化现有流程和改善组织文化入手，而不要抛弃现有流程转向也许会带来巨大经济效益的其他流程。这会招致一些批评，认为看板方法只是优化了一些需要改变的事物。但是，现在有重要的证据表明，在核心的高成熟度过程领域，如根因分析和解决（causal analysis and resolution，CAR）、组织创新和部署（organizational innovation and deployment，OID）等方面，看板方法能够促进组织成熟度和能力的加速提升。

当选择看板作为一种在组织内驱动变革的方法时，你肯定已经认同，对当前状态进行优化是较好的选择。因为那样做更容易，也更快捷。相比一开始就运作一场无论是从管理、工程还是名义上都要同时进行剧烈转变的变革，遭遇的阻力也会小很多。相比逐步改善现状，导入一场激进的变革要困难得多。还应该理解一点，看板方法中那些关于协作性博弈（collaborative game）方面的策略，将有助于企业在成熟度上产生重大转变。这一转变将会带来更为显著的变革，并进一步减小阻力。如果一开始就试图推进那些变革，则必会遭遇很大的阻力。选择看板方法是对组织能力、组织成熟度和组织文化的长期投资。不能简单把它视为是一种能够快速解决问题（quick fix）的方法。

案例分析：Corbis 公司的应用开发

2006 年，当我在 Corbis 公司引入看板系统时，我的目标是能够向其中导入 2004 年在微软公司 XIT 案例（见第 4 章）中已经展现出来的诸多机制。两个案例的初始应用领域是相同的，都由 IT 应用程序维护。当时我并不期待能够发生文化上或组织成熟度上的重大转变，也不期望从该项工作中演化出看板方法。

2010 年我在写作本书时，结论已经非常明确，看板方法十分适用于 IT 维护工作。但是，2006 年，对于这点我尚不清楚。看板系统的形式，对于解决系统维护工作中的机能障碍似乎相当合适。加入 Corbis 公司时，我并没有抱着实施看板（doing Kanban）这样的意图。我去那里只是期望能够提高客户对软件开发团队的满意度。令人高兴的一个巧合是，我要解决的第一个问题同样也是 IT 软件维护团队的交付缺乏可预测性。

背景和文化

2006年，作为一家私人控股公司，Corbis公司当时在全球拥有约1300名员工。它掌控许多迷人的艺术作品的数字版权，作为大约3000名专业摄影师的代理公司，向出版商和广告客户发放许可授权，是全球第二大商业摄影库公司。该公司同时还拥有其他业务，最有名的是许可授权业务，为名人名流代理其图片和名字的使用授权。IT部门大约有110人，分为软件工程与网络运维/系统维护两大块。随着重大项目的不断投入，公司规模持续扩张。2007年的高峰期，软件工程部门的雇员数达105名，包括在西雅图的35名临时雇员，以及在印度钦奈（Chennai）的供应商那里雇用的30名外包人员。大部分测试工作都由印度钦奈团队完成，使用的是非常传统的项目管理方法：通过任务依赖树来规划全部事情，并由计划管理办公室来负责跟踪和推进任务的执行。这是一个文化比较保守的公司，也是一个相对保守和发展相对缓慢的产业。在项目管理和软件工程生命周期上，所采用的也是保守的传统方法。

IT部门负责维护30多个各不相同的系统。有些是相当典型的会计和人力资源系统，有些是专门面向数字版权管理行业的应用，偶尔有些应用会让人琢磨不透。采用的技术、软件平台和语言分布也十分广泛。员工的忠诚度令人难以置信，IT部门的许多人已经在公司工作了8年多，还有一些人的服务年份甚至已达15年之久。一家公司已经走过17个年头，这不是坏事。当前过程采用的是传统的瀑布式软件开发方式，整个IT部门由一个业务分析部门、一个系统分析部门、一个开发部门以及一个离岸测试部门组成，这些年这种结构已经成为一种惯例。在这些部门里有很多专家，如一些具备会计专业背景、精于财务的分析师。有些开发人员也是专家，例如，负责维护JD Edwards会计软件的 J. D. Edwards 程序员。

虽然这一切都不甚理想，但这就是公司的真实状况，是事物本来面貌。我加入时，公司里有些员工有不安情绪，他们以为我可能会强行推广某种敏捷方法，并强迫他们改变自己的行为。虽然这也许行得通，但过于粗暴，并且在过渡期间可能会造成严重影响。我担心这样会让事情变得更糟，员工在接受新的培训和适应新的工作方式期间，项目会陷入瘫痪的境地。考虑到因过度专业化细分造成的工种分布过于精细的现状，我也担心会发生关键人员流失这样的状况。我选择引入看板系统，让系统维护的工作回到轨道上来，然后观察期间会发生哪些事情。

建立软件维护职能的需要

预算执行委员会已经批准为软件工程部门额外增加 10% 的人头预算，用于资助软件维护团队，或者按照内部叫法称为快速响应团队（rapid response team, RRT）。2006 年，这等同于新增 5 个人。在我来前不久，这 5 个人已经招聘就绪。考虑到所涉及系统的多样性，以及团队中高度专业化分工的现状，如果由 5 个人组成一个小组专门负责维护工作，这显然不是一种好的做法。因此，增设的 5 个人就被添加到总资源池中，其中包括 1 名项目经理、1 名分析师、1 名开发人员和 2 名测试人员。从管理角度出发，如何证明增补的 5 个人是真正投入在维护工作上而不是投入在主项目中，就成了件棘手的事情。

一种解决办法是让每个人都填写复杂的时间表，以表明团队 10% 的时间确实是用在维护工作上，但这增加了管理的负担。另外，这种办法也会严重干扰团队，但它通常会是中层管理人员应对此类问题的典型做法。另一种解决办法便是引入看板系统。

维护团队预设的期望是确保 Corbis 公司能够做到每两周便可对 IT 系统进行一次增量发布。在 Corbis 公司，一般通过主项目每三个月对主要系统进行一次升级和新系统发布。但是，随着业务的成熟，这些系统不可避免地变得越来越复杂，这种每季度进行一次主发布的节奏已经难以保持。此外，现有的一些系统事实上已经行将就木，到了不得不进行完全更换的最后关头。更换遗留系统是一个重大的挑战，而且通常项目周期会很长，需要投入大量的人力，直到新系统的功能和旧系统的差不多时，才能上线新系统而关闭旧系统（这种做法和进行系统优化相比，相差甚远，但是却屡见不鲜）。

因此，在 Corbis 公司的 IT 部门内，维护性发布正是看板可以提高业务敏捷性（business agility）的一个地方。

维护性小项目的形式不管用

现有系统的维护方法是以两周的跨度安排一系列短期项目来修复系统中发现的问题。有人可能会认为这是以两周一个迭代进行的敏捷软件开发，但事实并非如此。我刚加入时，碰上他们正在协商两周后的发布应包含哪些内容，这个协商过程竟然花了三周时间才完成。因此，每次发布的前期事务成本（transaction costs）远大于其中的增值工作（value-added work）。大约需要六周，才能真正将原本规划为每两周发布一次的维护工作最终完成。

实施变革

很显然，现状已经令人无法接受，必须做出改变。现有系统已经无法提供业务所要求的敏捷性。系统维护工作为我们提供了引入变革的理想切入点。一般而言，维护工作不是关键性的任务。但是，由于业务方直接确定优先级排序，所以在优先级排序上做出的选择，对于实现短期的业务目标具有非常重要的战术意义。因此，优先级排序必须做到高度可视化。系统维护是每个人都很关心并希望有效工作的区域。最后，还有一个令人信服的进行变革的理由，即大家对现状都很不满意。开发人员、测试人员和分析师需要浪费大量时间来协商工作内容，而且这种情况愈演愈烈，业务人员对最终结果也很不满意。

我们设计了一个看板系统，每两周定期进行一次发布，每次的发布时间都安排在第二周的周三下午 1 点钟。每周定期和业务人员一起召开优先级排序会议，时间安排在每周周一上午 10 点钟。因此，优先级排序以每周一次的节奏进行，发布以每两周一次的节奏进行。节奏上的这种选择，是通过与上下游合作伙伴之间共同进行讨论，基于各项活动的事务成本和协调成本所做出的决定，同时也做了其他一些调整。我们引入了一个工程就绪（engineering read）输入队列，将这个队列的在制品限额设置为 5 项，另外，对于整个生命周期中的"分析""开发""构建"和"系统测试"队列，也设置了在制品限额。对于"验收测试""集成"和"交付就绪"队列，则没有设置在制品限额，因为它们并无产能上的约束，一定程度上也在我们直接控制的范围之外。

变革的主要效果

引入看板系统带来的效果相当显著。我们做到了每两周进行一次发布。经过约三个迭代，期间都做到了定期发布，没有发生任何意外事件。质量很好，新代码进入生产环境中后，很少甚至几乎没有发生需要进行紧急修复的现象。用于发布调度和规划的开销大幅下降，开发团队和项目管理办公室之间的争吵也几乎完全消失。看板基本达到了预期的效果。我们能够以最低的管理开销定期稳定地进行高质量的发布。发布的事务成本和协调成本大大降低。开发小组能够完成更多的工作，更为高效地向客户交付工作。

引入看板带来的意外效果

2007 年 1 月，我们以在白板上使用便签纸的方式向开发团队引入物理看板墙。每天上午 9 时 30 分，我们在白板旁开 15 分钟的站立晨会。相比我们在微软公司时使用的电子跟踪工具，白板的影响更大。通过参加每天的站立晨会，团队成员时间维度上的工作流在白板上仿佛录像般清晰地展现出来。受阻的工作项会以粉红色的便签标识出来，整个团队开始更加专注于解决问题和维护流动性。生产率显著提升。

随着工作流在白板上变得可见，我开始关注流程运作的细节。随后，我在白板上做一些调整，团队中的管理人员也开始理解我所做的调整及其背后的原因。2007 年 3 月，团队成员已经能自己做出调整。接着，团队成员个体，包括开发人员、测试人员和分析师，也开始观察和理解个中的工作原理。到初夏的时候，团队中的每个成员都能勇于提出自己的建议。我发现，团队成员会自然形成小组（通常是跨职能领域）或参与到已有的小组中，讨论流程中的问题和遇到的挑战，一旦发现可以进行的调整，就会主动实施。一般他们事后才告诉管理线上的经理。大约 6 个月后，软件工程团队涌现出了一种改善的文化。团队成员有了充分的授权感。恐惧感消失了。他们为自己的专业水平和取得的成果感到十分自豪，并希望做得更好。

5.3 社会学变革
Sociological Change

除了 Corbis 公司的案例，行业内也出现了其他类似案例的报道。Indigo Blue 咨询公司的罗伯·哈撒韦（Rob Hathaway）在位于伦敦的 IPC Media 公司的 IT 组织内第一个真正重现了这些效果。其他人重现了我在 Corbis 公司所观察到的由看板方法带来的社会学效应，这一点使我相信，其既非巧合，也不是因我个人参与所带来的直接结果，其中一定存在某种原因。

到底是什么带来了这些社会学变革，我思考了很多。10 年中，敏捷方法为我们带来了在制品（进行中工作项）上的透明度，但是相较通常所说的敏捷软件开发团队，遵循看板方法的团队能够更快速有效地形成持续改善的文化。一般情况下，向现有敏捷方法中加入看板方法的团队，会发现团队成员之间的社会资本有了显著的提升。为什么会这样？

我的结论是，看板方法不但提供了工作上的透明度，还提供了过程（或工作流）上的透明度。通过展示工作是如何从一个小组传递到另一个小组，看板为团队带来了一种可见性。看板方法使得每一个干系人都能看到他们积极行动或者消极怠惰所产生的影响。如果一个工作项受阻，而有人有能力对阻塞进行疏导，那么看板会显示这一点。比如，也许是遇上了一个需求模糊的问题。通常情况下，能够解决需求模糊问题的专家可能希望收到邀请出席会议的电子邮件。后续电话跟进之后，最终会安排一次与他们日程匹配的会议，而这次会议也许被安排到了两个星期之后。

看板方法：科技企业渐进变革成功之道

有了看板和它所带来的可见性，专家就可以看到滞后行动带来的影响，就会考虑会议的优先级，也许就会重新安排日程以便当周召开会议，而不是拖延到两个星期之后才开会去解决这个问题。

除了过程流动上的可见性，限制在制品也能够驱动大家更快捷、更频繁地进行富有挑战性的互动。团队成员很难对一个受阻工作项视而不见、自顾自地继续做其他事情。看板方法的停止生产线（stop the line）机制，能够鼓励整个价值流中的人员产生群策群力、攻克难题的行为。当来自不同职能区域、不同职位的人共同围绕一个问题合力去寻找解决办法，以维持工作流的稳定顺畅和提高系统层面的效能时，社会资本和团队的信任水平便得到了极大提升。协作得到改善，进而会带来更高的信任水平，而经由更高的信任水平，则可消除组织对变革的恐惧感。

限制在制品，加上服务类别（将在第 11 章中介绍），能够授权个体根据自身情况安排计划，而无需管理人员的监督。授权行为表明上级信任下属自身能够做出高质量的决策，从而提高了社会资本。管理者也可以从监督个体工作的行为中解放出来，将其精力专注于其他方面，如过程效能、风险管理、员工发展以及提高客户和员工的满意度等。

看板极大地提升了团队的社会资本水平。信任水平的极大改善和恐惧感的消除，能够鼓励团队成员更好地协作创新和解决问题。这一切最终迅速促成了持续改善的文化。

协作的病毒式传播
Viral Spread of Collaboration

虽然看板明显改善了 Corbis 公司软件工程部门的气氛，但在该组织外所获得的成果才是最引人瞩目的。看板是如何以病毒传播的方式改善全公司范围内的协作水平的，值得分析。

案例分析：Corbis 公司的应用开发（续）

每周周一的上午 10 点，负责协调 IT 系统运维发布的项目经理戴安娜·科洛米耶茨（Diana Kolomiyets）会组织召开管理会议，讨论 RRT 工作的优先级排序。与会者一般是负责各事业部业务运营的副总裁，他们再汇报给高级副总裁或其他高管。换句话说，副总裁向执行委员会成员汇报。Corbis 公司当时比较小，高级管理人员可以做到出席每周例会。并且，会上要做出十分重要的战术决策，因此需要通过副总裁级别管理者的管理能力和影响力来确保做出好的决策。

通常，每位与会者会在会前一周的周五收到一封电子邮件。信的内容大意是："预计下周的队列中将有两个空位。烦请大家检查各自的待办项列表，选择候选项以供周一会议上讨论。"

讨价还价期

在新过程实施的最初数周内，有些与会者会带着谈判的预期来参加会议。有些与会者也许会说，"我知道只有一个空位，但我这边有两个小的待办项，能不能两个都处理？"这种讨价还价一般很少被接受。参加优先级排序会议还有其他成员，每人都必须遵循同样的规则。有些与会者可能会回应："我怎么知道它们是小的呢？不能由你自己说了算吧？"或者还有人会这样回应："我也有两个小需求。为什么不是选择我想做的这两个呢？"我将此阶段称为"讨价还价期"，它反映了发生在优先级排序会议上那种谈判式风格的协作状态。

民主期

大约过了 6 周，与向开发团队引入物理白板几乎发生在同一时间，优先级排序会议中开始引入一种民主投票制度。与会者是自发这样调整的，因为他们已经倦于在会议上争论，在会议上进行谈判是浪费时间。经过几轮完善后，这个民主投票制度最终落实下来。每位与会者可以为当周队列中的每个空位投一票。会议开始的时候，每位与会者都会提交一两个待办项作为候选。当候选的提交方式逐渐变得成熟时，有些人会带着 PowerPoint 幻灯片，有些人会通过电子表格来陈述业务提案。后来听说有些与会者会邀请同事一起吃午饭，席间对他们进行游说并达成一些交易，"如果我本周把票投给你的候选项，你下周会把票投给我的吗？"在优先级排序中新涌现的民主制度影响下，事业部副总裁层面的协作水平获得了提升，与此同时，整个公司层面的社会资本也增长了，虽然那时我们还没有意识到这点。当各事业部的领导者之间开始相互协作时，自身组织内的成员间的协作也会更紧密，他们会效仿各自的领导者。协作行为，加上可见性和透明性，能够培育出更多的协作行为。我将这个阶段称为"民主期"。

民主衰退期

虽然民主非常好，但是经过 4 个多月后，已经无法通过民主投票的方式产生最佳的候选项。公司付出了相当大的代价为东欧市场开发了一项电子商务功能。该项目提案作为一个主项目被提出,但其候选资格从一开始便遭到怀疑,有人质疑项目提案中数据的可靠性。经过多次努力,该功能最终获选通过并正式实施。它是 RRT 系统经手处理过的大型开发项目之一,许多人被卷入其中,项目广受关注。项目推出 2 个月后,商业智能部门总监对其带来的营业收入进行了数据挖掘。结果发现,原始商业提案中所做的业务承诺竟然存在一处缺陷,而如果根据已经投入的成本来计算,则预计投资回收期将需要 19 年。由于看板带来的透明性,许多干系人都开始察觉到这一点,大家因此开始讨论到底有多少宝贵的产能浪费在这个决策上,而本该可以做出更好的决策的。于是,民主期便就此结束。

协作期

替代方法值得称道。毕竟,优先级排序委员会的成员大多数都是公司副总裁级别的高管。他们在业务方面拥有大多数人都不具备的宽广视角。因此,在会议开始时,他们会询问"戴安娜,当前交付的前置时间是多久?"她也许会回答"从开始到产品发布,这一阶段平均需要 44 天。"然后,他们会问:"从今天开始 44 天后,公司最重要的战术性业务计划是什么?"大家会讨论一会,但通常会快速达成一致意见。"是在戛纳会议期间要开展的欧洲市场活动。""太好了!待办项列表中支持戛纳活动的有哪些候选项?"快速搜索之后,可能会产生一个包含 6 个待办项的清单。"那么,本周我们有 3 个空位,先从这 6 个中选出 3 个。其他几个下周再看。"很少再有争论。也没有讨价还价或者谈判。会议大约只需 20 分钟即可。我将此称为"协作期"。在我担任 Corbis 公司软件工程部门资深总监时期,这种状态反映了各个事业部之间所达到的最高的社会资本水平与信任水平。

5.4 文化变革也许是看板方法带来的最大好处
Cultural Change is Perhaps the Biggest Benefit of Kanban

观察这种文化变革的发展过程,观察它如何广泛地影响公司员工跟随副总裁级别的高管开始与其他事业部同事之间开展更多的协作,是一件很有趣的事情。这种变革具有十分深远的意义。因此,新任首席执行官加里·申克(Gary Shenk)把我叫去办公室,要我解释其中的原因。他告诉我,他观察到公司的资深员工间的协作水平和合作精神提升到了一个新的层次,并且以往存在敌对性的事业部间似乎也相处

5.4 文化变革也许是看板方法带来的最大好处

得越来越好了。他认为 RRT 过程对此功不可没。两年前，我肯定无法像现在写作本章时这样清晰地给出解释，但是他还是非常认同，看板系统极大地提升了协作水平，每个人都积极参与并协作，极大提升了组织的社会资本。

现在明确以看板方法（大写字母 K 开头的 Kanban）指称的实践，在改善文化方面的效果确实出人意料，它在许多方面都具有反直觉（counter-intuitive）的特点。加里·申克问道："为什么现在不以同样的方式实施所有的主项目呢？"为什么不呢？因此，我们便着手在主项目组合中实施看板方法。之所以这样做，是因为看板方法促成了持续改善的文化，并且，这种文化变革也十分重要，所以，尽管在实施看板方法的过程中，需要在优先级排序、计划调度、报告、交付等机制上付出变革成本，但这些是十分值得的。

总　　结

- ❖ kaizen 的意思是"持续改善"。
- ❖ 在持续改善的文化中，每个个体都有充分的授权感，能够毫不畏惧地行动，自动自发进行协作和创新。
- ❖ 在持续改善的文化中，无论成员身处组织结构中的哪个级别，彼此间都具备高度的社会资本和信任度。
- ❖ 工作在流行中流动，看板方法则同时为工作和流程提供了透明性。
- ❖ 过程的透明性使得所有干系人都能看到自己作为或不作为时所产生的影响。
- ❖ 当能够看到自己的影响效果时，个体会变得更乐于贡献时间和进行协作。
- ❖ 看板方法中对在制品设限的做法，能够使停止生产线（stop the line）的行为变为可能。
- ❖ 看板方法中对在制品设限的做法，鼓励集思广益共同解决问题。
- ❖ 通过共同解决问题和与外部利益相关者开展合作，团队的协作性得到了提升，最终提升了团队的社会资本水平和团队成员之间的信任程度。
- ❖ 看板方法中对在制品设限及服务分类的做法，能够授权个体主动拉动工作，进行优先级排序和计划调度决策，而无需管理人员进行监管。
- ❖ 授权水平的提升能够增加社会资本以及员工与管理人员之间的信任程度。
- ❖ 协作行为能够以病毒传播的方式扩散。
- ❖ 个体会跟随资深领导者。资深领导者之间的共担与协作行为，将影响全体员工的行为。

❖ 第三部分 ❖

实施看板方法
Implementing Kanban

第 6 章
价值流映射
Mapping the Value Stream

看板方法通过优化现有过程来驱动变革。启动看板方法的关键要义是，变化要越少越好。你必须要抵制住改变工作流程、职位名称、角色及其职责，以及当前在用的具体实践的诱惑。不要试图去改变团队成员与其他合作伙伴、参与者、干系人的内驱力、专业自豪感和自我心理（ego），主要要改变的是在制品的数量、与上下游业务间的接口及交互方式。因此，必须与团队一起把现有的价值流图描绘出来，不要试图去改变它或重新发明一种理想化的新过程。

在某些政治氛围中，可能已经存在一个实际上并未被遵循的官方过程。在尝试绘制价值流图时，团队成员可能会坚持认为仅需将官方过程重新描述一遍即可，而不是去绘制他们实际使用的流程。必须抵制这种做法，坚持要求团队画出他们实际使用的过程。如果不这么做，就不可能使用卡片墙实现过程的可视化，因为只有当卡片墙反映团队成员实际的做法和过程时，才能把卡片墙真正使用起来。

6.1 定义控制起点和终点
Defining a Start and End Point for Control

有必要确定哪里是进行过程可视化的起点和终点，并且，这样做时，要定义好和上下游合作伙伴的接口位置。在实施看板方法的早期阶段，处理好这一点十分重要。因为如果在早期做出了糟糕的选择，则可能会导致最终实施失败。成功的团队，坚持采用卡片使工作流程可视化，在自己能够主导控制的职务权力范围内设置在制品限额，并和直接关联的上下游合作伙伴协商确定新的交互方式。例如，如果具有掌控工程或软件开发的职能权限，并且可以控制分析、设计、测试和编码活动，或是对这些活动具有影响力，就可以针对这个过程绘制价值流图，并和提供需求、决定优先级与负责投资组合管理的上游业务伙伴，以及那些负责系统运维或产品维护职能的下游合作伙伴一起协商新的交互方式。以这种方式确定协作的边界之后，只需要求自己的团队对在制品实施限制即可。不必要求上游或下游的团队成员改变工作方式，也不必要求他们限制在制品和实施拉动系统。但是，必须要求他们能够以不同的方式和你们进行交互，以一种与你希望实施的拉动系统相兼容的方式进行交互。

6.2 工作项类型
Work Item Types

一旦选定工作流或价值流的起点，下一步要做的就是识别那些到达该点的工作项类型，以及其他已在工作流中并且需要对之进行限制的工作。例如，错误（bug）应该是工作流中已经存在的一种工作项类型。还可能要识别以开发为中心的其他类型的工作，如重构、系统维护、基础设施升级和相关返工工作。外部传入的工作项则可能包括如用户故事或用例、功能需求、特性等类型。某些情况下，传入的类型可能具有层次性，如一个大型故事（epic）便是由一系列用户故事构成的。

在采纳看板方法的团队中，已经发现的典型工作项类型包括但不限于以下所列。

- 需求（requirement）。
- 功能特性（feature）。
- 用户故事（user story）。
- 用例（use case）。

- 变更请求（change request）。
- 产品缺陷（production defect）。
- 维护工作（maintenance）。
- 重构（refactoring）。
- 错误（bug）。
- 改进建议（improvement suggestion）。
- 受阻问题（blocking issue）。

根据来源对工作项类型命名是一种很有用的做法，如调控性需求（regulatory requirement）、销售前线需求（field sales request）、战略规划需求（strategic planning requirement）等。命名约定给出具体情境，可以使工作请求来源透明化，让系统能够不断演化以服务于多种类型的客户。

可以根据工作项的来源、工作流或规模来定义不同的工作项类型。例如，在第 4 章中提及的微软公司案例中的 PTC，虽然它和变更请求（change request）的来源是相同的，但是它使用了不同的工作流。然而，对这两种类型的工作项分别单独建立看板系统没有意义，因为是同一个团队负责处理这些工作。在卡片墙上使用不同颜色的卡片或不同的行（泳道），可以很容易区分这些工作项类型。

6.3 绘制卡片墙
Drawing a Card Wall

卡片墙通常是用来呈现针对工作项所进行的活动，而不是用来描述特定的职能或职务的活动。在职能和活动这两者上，时常会出现严重的重叠现象。例如，分析师进行的是分析活动。在过去几年中，是对工作项建模，而不是对工作者、职能或不同职能部分间的工作切换建模，这已经成为软件项目中使用看板的惯例做法。

在绘制卡片墙对工作流进行可视化之前，先画一个草图对工作流进行建模会很有帮助（见图 6.1）。图 4.4 展示的是一个非常正式的模型，使用了状态机表示法对期望的工作流进行建模。在这个模型中，可以看到微软公司 XIT 软件维护工程团队在变更请求和产品文本变更中增加了等待队列。也许，你可能发现使用一种不太正式的方法也完全足够，类似第 4 章中所展示的使用一些贴纸小人、流程图或类似的方法。

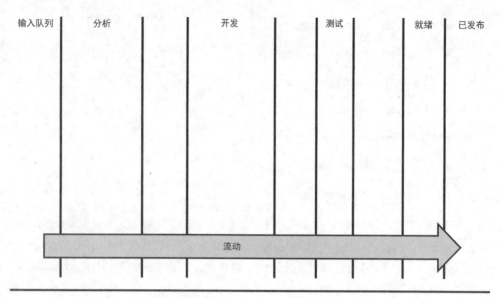

图 6.1 在卡片墙上勾勒出工作流（流的方向为从左向右）

  一旦通过绘制草图或建模的方式理解了工作流，就可以开始定义卡片墙，根据活动的执行次序在白板上画出多道分栏。最初画分栏时，可以先使用记号笔。记号笔画的这些线条可以很方便擦除。最初几周内，也许需要对工作流进行一些调整、修改。因此，最好使用可擦除的记号笔。但是，过一阵后，最终流程会稳定下来。这时，那种很窄的办公用的聚氯乙烯胶带便可派上用场。这种胶带可以用在白板上，如图 6.2 所示。在 Corbis 公司，在卡片墙上使用这种胶带来制作泳道的做法随处可见。这种做法现在已经被广泛采用，只是不同的团队标记泳道所用的胶带的档次和宽度有所不同而已。

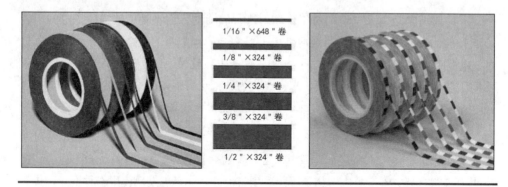

图 6.2 可用于白板上的胶带及其尺寸表

请注意，对于活动步骤，有必要将进行中的和已完成的工作标识出来。惯例做法是把分栏分裂为两列。

接下来，添加输入队列和任何想对之进行可视化的下游交付步骤，如图 6.3 所示。

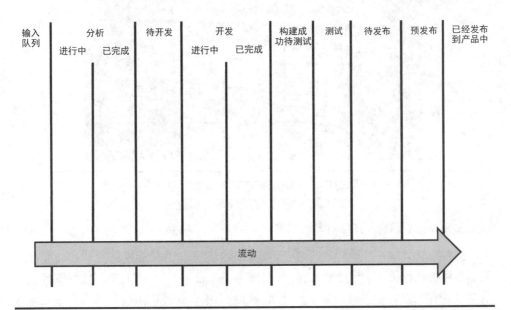

图 6.3　增加了缓冲区和队列的工作流

最后，添加你认为有必要的缓冲区或等待队列。关于这一点，虽然有些不同的观点，但这实际上已经属于一个比较高阶的话题。在何处增设缓冲区以及如何设置其大小，已经超出了本书的讨论范围，因此这里只先描述两种最常用的方法。

有一派的观点认为，先不要试图猜测瓶颈位置或变异性根源，盲目增添缓冲区。相反，先去实施看板系统，等待瓶颈自己暴露出来，然后引入缓冲区对之进行调整、修改。

这种建议的一种变种做法是，在最初的时候在制品限额应设置得比较宽松，使在第一次实施拉动系统时，变异性、浪费和瓶颈不会对系统产生重大影响。在第 10 章、第 17 章和第 19 章中，会对此有更详细的介绍。

另一派采用的是一种截然不同的方法，他们建议，不要为了避免阻力而设置过于宽松的在制品限额，相反，每个阶段都应该设有缓冲区，并且应该对每个活动步骤都设置严格的限额。瓶颈与变异性会先通过这些缓冲队列的占用程度自动显现出来，然后，进行微小且简单的调整，减小缓冲区的大小，进而消除不必要的缓冲区。

图 6.4　用菱形卡片指示等待队列或缓冲队列的卡片墙
（由 Liquidnet 控股公司慷慨提供）

在我写作本书时，还没有足够的证据表明哪一种方法更好。

有些团队采纳一项约定，通过使用旋转 45 度的卡片来标明缓冲队列或等待队列。这种方法提供了一种强烈的视觉指示器（indicator），任何时刻都能够清楚显示有多少工作在进行中，有多少工作处于等待状态中。这使得团队和其他干系人能够清晰直观地查看系统中的经济成本（或浪费）。

6.4　请求分析
Demand Analysis

对识别出来的每种类型的工作项，都应该对其进行请求分析。如果有历史数据，则可以用来对此进行定量研究。如果没有历史数据，则可以进行主观的定性分析。例如，在第 4 章的微软公司 XIT 案例中，有两种类型的工作项——变更请求与产品文本变更（PTC）。或许，这些变更请求应该再进一步分为两种类型，产品缺陷和变更请求（提请新功能）。如果是现在来辅导这支团队，我会建议将工作项类型总体分为四种来进行跟踪：变更请求、产品缺陷、产品文本变更和 bug。或者也可以将 bug 称为已发现的缺陷。

对每种类型的工作项，都要对其进行请求分析。一方面，PTC 请求可能会出现忽然暴增的现象。有可能六周内一直都没有 PTC 请求，然后在某一周内忽然有十个请求几乎同时涌入。PTC 请求很小，而且可以快速实现。这意味着它们造成的影响并不严重。设计一个能够应付类似这种间歇性请求的系统是比较困难的。如果 PTC

工作需要的工作量很大，就需要在系统内预留相当大的余量来充分应对 PTC，以避免对变更请求的可预测性造成严重影响。

另一方面，变更请求的到达节奏比较稳定。本质上，虽然它们也是随机到达的，但是相对比较稳定，每周维持在大概 5~7 个新请求的水平。这就有可能先通过绘制一幅图来找出 PTC 的到达率，掌握请求平均到达率及其变化的分布状况。然后，通过设计看板系统来合理分配资源以应对这种请求。

有些工作项类型具备季节性，如调控性需求。新税收法令会季节性地影响金融和薪酬系统。我碰到的一个案例中存在这样的现象，某个赛车队的 IT 部门在每个赛季的开始，都会从主管部门那里收到一些调控性的需求变更。在赛季中，他们也可能会收到一些调控性需求，但是由于主要的比赛规则是每年一改，所以赛季结束后收到的需求量会显著增加。了解这种请求特征十分重要，只有这样才能适应性地调整看板系统的设计，以应对不同类型的工作。

6.5 根据请求分配产能
Allocating Capacity According to Demand

一旦对请求有了理解，就可决定在看板系统内如何分配产能以响应请求。图 6.5 的例子中有三个泳道，每个泳道对应一种类型的工作项，分别为：变更请求、内部维护工作如代码重构，以及产品文本变更。产能分配方案为：60%产能分配给变更请求，10%产能分配给维护工作，30%产能分配给产品文本变更。对请求进行分析后发现，产品文本变更请求会忽然爆发，从分配结构上可以看出，为了在产品文本变更爆发式涌入时不对其他工作的完成日期造成影响，给产品文本变更预留了很大的富余产能。产能分配应该和风险状况保持一致。例如，当产品文本变更到达后，如果到期完成率（due-date performance）下降，以及变更请求的前置时间拉长和可预测性降低，这些情况是可接受的，那么产能分配方式就可以有所不同。也许可以将 85% 产能分配给变更请求，10%产能分配给维护工作，5%产能分配给产品文本变更。还可以使用另外一种可选方案，只为产品文本变更保留一个泳道，但并不为之预分配任何产能，而是采取另外一种策略，当产品文本变更爆发式到达时，允许打破在制品限额的约束。在日常运行中，使用这种策略可以消除富余产能，产生比较经济的

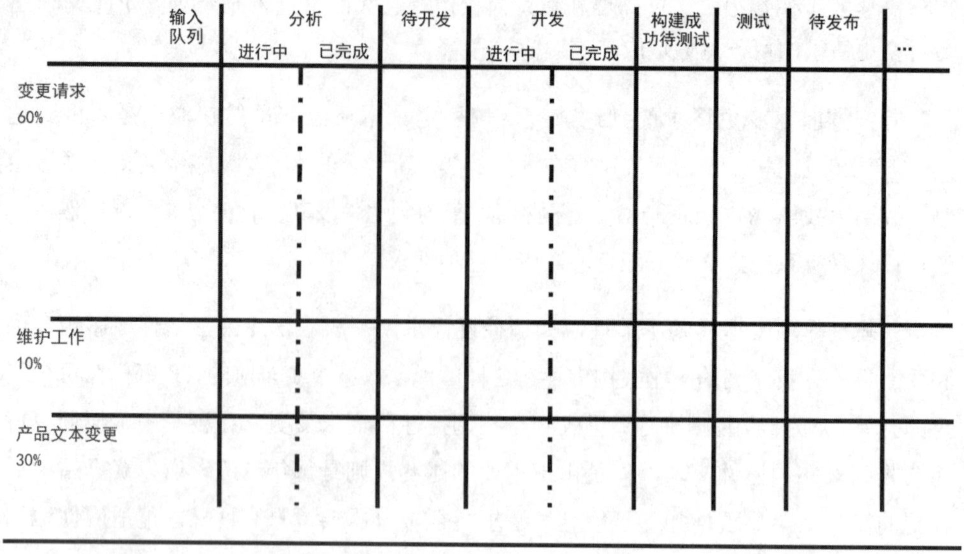

	输入队列	分析 进行中	分析 已完成	待开发	开发 进行中	开发 已完成	构建成功待测试	测试	待发布	...
变更请求 60%										
维护工作 10%										
产品文本变更 30%										

图 6.5 根据类型横向划分泳道的看板,其中显示了产能分配结构

优化输出效果。但是,当产品文本变更爆发式到达时,其他工作的前置时间和可预测性可能会受到严重影响。在第 4 章的那个真实案例中选择的也是这种策略,没有为产品文本变更预留任何富余产能。

后面讨论在制品限额设置时,会使用这里的分配信息来为每个泳道的队列设置特定限额。

6.6 工作项卡片详解
Anatomy of a Work Item Card

每张卡片都代表一项增加客户价值的具体工作,它们在视觉上拥有与此工作相关的多方面信息。卡片的设计十分重要。卡片上的信息必须能够方便拉动系统的运行,便于授权个体做出拉动决策。根据工作项类型或者服务类别(class of service,将在第 11 章讨论)的差异,卡片上的信息也许会有所不同。

在图 6.6 的例子中,左上角的数字代表这一工作在电子跟踪系统中的唯一标识号码,通过这个号码可以链接到它在跟踪系统中的电子版本。标题写在中间。卡片进入系统的日期写在左下角,可以起到便于对标准类型的服务采用先进先出(FIFO)的排队策略,同时让团队成员看其相对于服务水平协议(service-level agreement,将在第 11 章中详述)已经超期多久的作用。对属于"固定交付日期"这一服务类别的工作项,可以把要求的交付日期写在卡片的右下角。

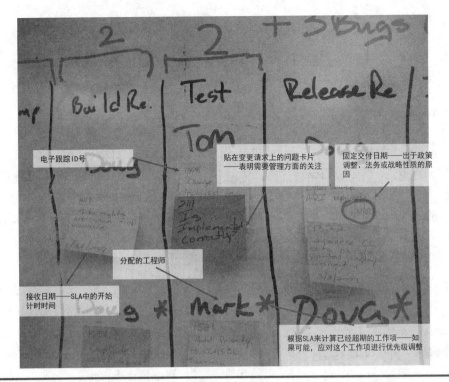

图 6.6　卡片墙的一个特写，展示工作项卡片的细节信息

在图 6.6 中，有些信息是显示在卡片外边的。如果卡片旁边有一颗星，表明该工作项相对于服务级别协议中的目标前置时间已经滞后。最近，我看到有人采用在卡片的右上角贴纸（sticker）的方式来实现同样的效果。负责处理该工作项的人的姓名也写在卡片上方。随着卡片在白板上的流动，由于接手工作的人员会变动，所以把名字写在卡片上并不合适。然而，最近出现一些做法，如将写有姓名的标签贴在工作项上，使用磁性贴件（如果白板也带磁性），利用代表团队成员的头像做便签或把它贴在磁性贴件上。《南方公园》[1]的人物头像被用得较多。这些机制可让团队成员和直接管理者一目了然地看清楚谁正在做哪些工作。

作为一种常规规则，卡片代表一个工作项，在设计上应该提供充分的信息，以便团队成员无需管理人员的干预也能做出项目管理方面的决策，如下一步要拉动的是哪个工作项等。其中的理念是，通过提供过程透明度、项目目标、愿景以及相关的风险信息，能够授权团队成员自主行动。随着对服务类别和服务水平协议理解的逐步深入，你会发现，看板方法能够引导团队形成具有强大的自组织特性的风险管理机制。同时，通过授权团队成员自身做出计划调度和优先级方面的决策，看板方

---

[1] 译注：《南方公园（South Park）》是美国喜剧中心（Comedy Central）制作的动画剧集。

法可以展示工作系统中（或过程设计上）对个体的尊重和信任。在打造高信任度文化与精益组织的过程中，精心设计的工作项卡片将起到关键的作用。

6.7 电子跟踪
Electronic Tracking

在 2004 年第一次引入看板方法时，电子跟踪就已经成为软件开发看板系统的一项特征。但是，电子跟踪是一个可选项。对于那些地理上分处多地的团队或者那些允许成员每周有一两天在家工作的团队，电子跟踪则是必备的基础条件。可以使用常见的工单或工作项跟踪系统来实现电子跟踪，如 Jira、微软公司的 Team Foundation Server、Fog Bugz 和惠普公司的 Quality Center 等软件系统。但是，那些功能更为强大的系统支持以模拟卡片墙的方式对工作项进行可视化跟踪。

写作本书时，市面上正涌现出一些 Web 工具和应用程序工具，这些工具提供基于可视化看板的电子跟踪功能，可以模拟卡片墙，支持分栏、在制品限额及其他一些看板方法的基本特性。这些工具包括但不限于以下所列：Lean Kit Kanban、AgileZen、Target Process、Silver Catalyst、RadTrack、Kanbanery、VersionOne、Greenhopper for Jira、Flow.io 等，以及其他一些为 Team Foundation Server 和 FogBugz 等工具增加看板接口的开源项目。图 6.7 是 AgileZen 的一幅截图。

图 6.7　电子跟踪工具 AgileZen 的一幅截图

对那些期望达到更高级别组织成熟度的团队而言，电子跟踪是必需的。如果热切期望能够进行定量化管理、衡量组织级过程效能（对多个看板系统、团队或项目进行效能对比）以及进行案例分析（基于可靠的统计数据进行根因分析），那么在一开始就要使用电子化工具。

6.8 设置输入和输出边界
Setting Input and Output Boundaries

在设计看板系统和卡片墙的同时，要尽早对在制品控制的边界做出决策。后期，上下游合作伙伴会申请在卡片墙上对其工作进行可视化呈现。但是，最好先对自身团队的工作提供透明度，以等候其他上下游团队成员主动提出请求加入你实施的看板系统中。

在图 6.8 所示的例子中，输入队列标为"E.R"，代表工程就绪（engineering ready）的意思。将生命周期中的这步设为输入点是合理的，因为上游的业务分析部门处于组织结构中另外一个不同的部分，走的是不同的向上汇报路径。两个组织中的管理人员彼此之间缺乏信任，少有协作。因此，输入队列是根据业务分析部门负责生成的需求待办项列表来填充的。

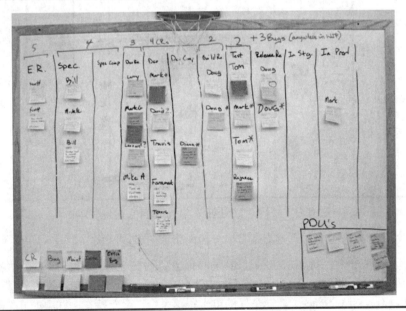

图 6.8 工程就绪（E.R）输入队列示例

在这个例子中,下游的后续活动是将系统部署到产品环境中。一旦软件已经部署并由网络和系统运维部门接手进行日常维护与支持,就可以认为已经超出了看板管理的范围。

6.9 应对并行活动
Coping with Concurrency

在为看板系统设计卡片墙的时候,常见的现象是在一个过程中会存在两项或两项以上活动,例如,软件开发和测试开发,可以并行展开。有两种基本方案可以应对这种情况。一种方案是根本不对此进行区分:只设置一个分栏,允许两种活动同时发生(见图 6.9)。虽然这种方案很简单,但是很多团队不喜欢这种做法。其中有些团队对这种方案进行了调整,用不同颜色或形状的卡片来区分不同活动。

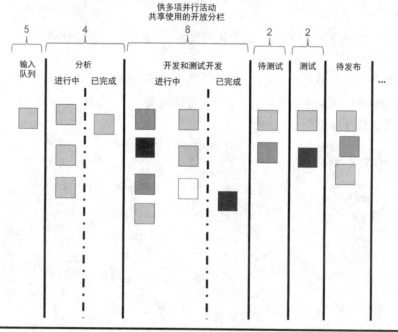

图 6.9 并行活动处在一个开放的公共分栏中

另外一种方案是在垂直方向上将板分为两个或更多的区块,如图 6.10 所示。

在这个例子中,对于板上的工作项,有必要在其上部和下部增添一些标签机制。例如,也许只是很简单地在卡片的右上角做些标识,或是在相关工作项间做些关联引用(cross-reference)。一个好的电子跟踪系统,会支持在关联项如开发和测试活动之间建立链接。

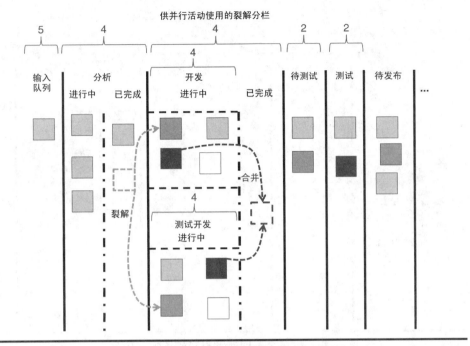

图 6.10　供并行活动使用的裂解分栏

6.10　应对次序无关的活动
Coping with Unordered Activities

在一些具有高度创新性和试验性的工作中，虽然某个增值工作项可能会包含一系列活动，但是这些活动并不需要以特定次序进行。在这些场景中采用看板方法时，不应该强制以某种固定次序完成这些活动，认识到这点十分重要。在对看板系统进行建模时，做到真实反映实际的工作方式最为重要。

应对这种多个次序无关的活动，有两种策略可供选用。第一种策略和应对并行活动的类似：只使用一个分栏作为这些活动的容器，而且不在白板上显式地跟踪活动是否已经完成。

第二种策略，也是潜力相较要强大得多的一种策略，它是以类似处理并行活动的方式来应对无序活动的。在图 6.11 所示的设计中，当工作项被拉入每个特定的活动时，卡片也应该随之上下移动。要对每个工作项中有哪些活动已经完成（completed）进行可视化呈现，可以通过修改卡片的设计，在每项活动旁增加一个小方框即可。活动完成时，可以涂满小方框，从视觉上标明该工作项可以被拉到同一栏的其他活动中。如果卡片上所有的方框都涂满了，该工作项就可以被拉到下一栏中，或者被移动到一个已完成（done）栏中，如图 6.12 所示。

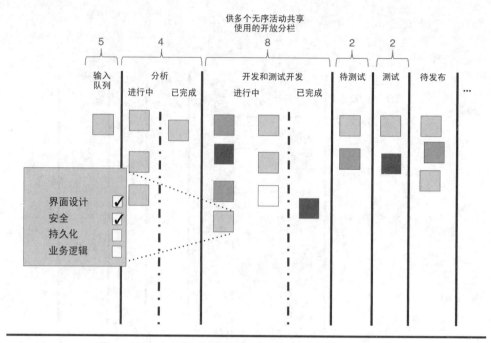

图 6.11　供多个无序活动共享使用的开放分栏

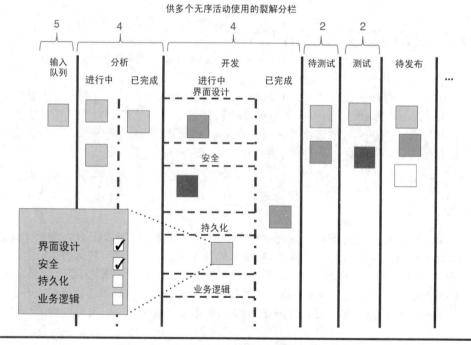

图 6.12　供多个无序活动使用的裂解分栏

总　　结

- 确定看板管理的实施范围，划清外部边界。最好只在自己的职务权力范围内实施看板。不要强迫任何没有意愿进行协作的部门实施可视化管理、提供透明度和设置在制品限额。

- 根据外部边界选择的决定，建立卡片墙模型，设置在制品限额，使工作可视化。

- 定义工作项类型，建立工作流动的模型。有些类型的工作也许不需要走完流上的每一个步骤。

- 设计工作项卡片，使其拥有充足的信息，引导团队以自组织的方式拉动工作项，便于团队成员根据工作项类型、服务水平协议和服务类别综合呈现的风险状况，做出高质量的决策。

- 如果团队成员分布于多处，或者如果允许员工在家工作等，以及渴望通过电子化系统提供的定量信息来引领更高级更成熟的行为发生，那么需要使用电子跟踪系统。

- 根据情况采用合适的方法来处理并行活动，选择合适方法为之建立模型，并实现可视化。

- 根据情况采用合适的方法来处理无需遵循特定顺序的活动，选择合适方法为之建立模型，并实现可视化。

看板方法：科技企业渐进变革成功之道

第 7 章
使用看板进行协调
Coordination with Kanban Systems

7.1 可视化控制和拉动
Visual Control and Pull

当人们谈及看板中用于协调的最流行方法时，脑海中浮现的便是卡片墙（card wall）。通常做法是在卡片墙上每一栏的顶部标明在制品限额，或者以划定各栏纵向长度的方式限定在制品数量。如果某一栏中的卡片数量低于指定的限额，则发出一个拉（pull）信号。从图 7.1 中可以看到，在分析（analysis）一栏上写的限额是 4 项。然而，当前该栏中只有 3 张卡片。由于 4-3=1，这就发出一个信号，告诉我们可以从工程就绪（engineering ready，用 "E.R." 标识）输入队列中拉入一项进入分析队列（执行系统分析的职能）。同理，输入队列的限额是 5 项，而目前该队列中只有 2 项。当将其中一项拉入分析队列中时（5-1=4），则将只剩余 1 项。这表明在下一次的优先级排序会议上，可以将优先级最高的 4 个新项填补进输入队列中。

当团队决定拉入一个新工作项时，可以根据可视化信息，如工作项类型、服务类别、到期日（如适用）以及工作项在队列的停留时间等，选择要拉入的工作项。和服务类别相关的拉动策略，将会在第 11 章中介绍。

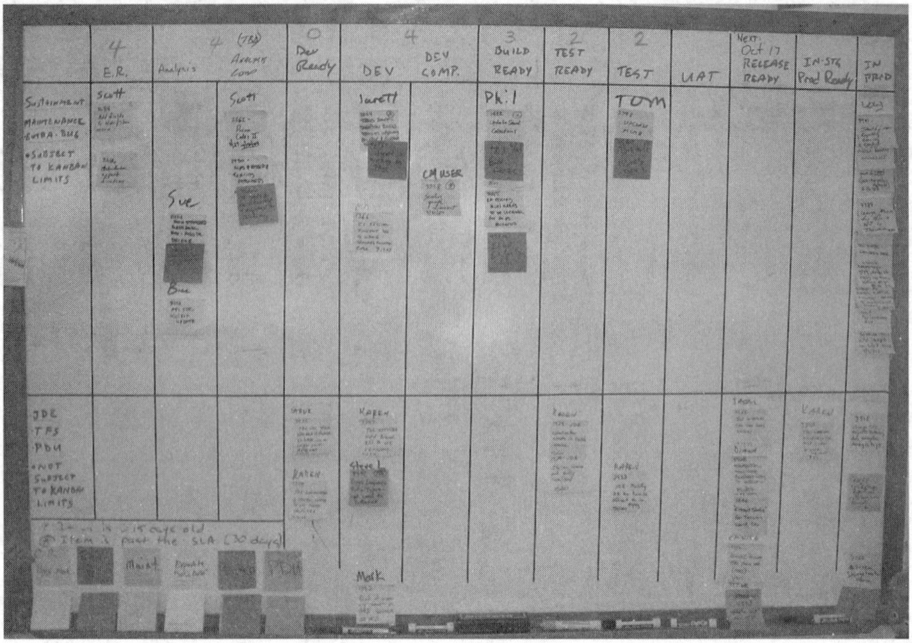

图 7.1　卡片墙上每一栏的顶部都标明了看板限额

图 7.2 展示了使用卡片墙的一个局部特写，上面是用于代表若干工作项的几张便签。其中，使用色彩同时传达了工作项类型和服务类别信息。在卡片上，会标明负责人的姓名或工号。有些团队喜欢使用更小巧的便签，上面写有姓名或印一个小头像，并将之粘在工作项便签上以标明谁正在负责处理这个工作项。

在便签的右上角，写有其在电子跟踪系统中的编号。左下角标明该工作项进入输入队列的日期。工作项的存在时间则可以由这个日期推断出来。根据服务类别，如果要求确保某个工作项准时交付，则可在便签的右下角标明交付日期。如果某工作项在进度上已经延迟，则在卡片的右上方用一个红色的星星标出。如果工作项受阻，则将一张粉红色的问题项（issue ticket）粘到该受阻工作项上。在图 7.2 的示例中，右边的问题项是一个第一级别（first-class）的工作项，因此，在便签上会标明它的电子跟踪编号、进入系统的日期，可能还包括指派处理该工作项的人员信息。

这个方案是根据 Corbis 公司实施第一个看板系统时的具体情况定制的。你实施的看板与此肯定会有所不同。但是，你可能希望以视觉形式捕获指定的工作人员、开始日期、电子追踪号码、工作项类型、服务类别以及一些状态信息，如该项是否已经滞后等。我们的目标是通过视觉设计便可传达足够的信息，使在团队级别上的整个系统能够实现自组织和自我加速。作为一种可视化控制机制，看板墙应该可以促

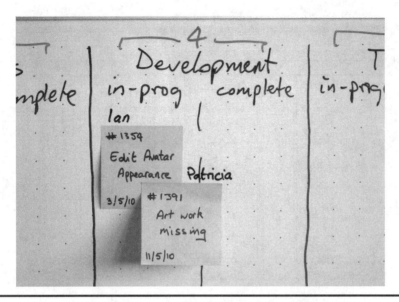

图 7.2　卡片墙上的一个特写：将问题项粘到受阻工作项上

使团队成员自身主动拉动工作进展，而无需经理们的管理干预。

7.2　电子跟踪
Electronic Tracking

作为对卡片墙的一种代替或补充方案，电子跟踪系统常被用于跟踪看板系统中的工作项。在第 6 章中列出了一些可用工具。想要获得最新的列表，可以查看 Limited WIP 协会的 Web 站点 http://www.limitedwipsociety.org/。

我的团队，基于 Team Foundation Server 实现了一个内部应用电子白板（Digital Whiteboard），如图 7.3 所示。在第 4 章的案例分析中，使用了微软公司的 Product Studio 这一内部工具实现了电子跟踪系统。它是 Team Foundation Server 的前身。自 2005 年以来，微软公司便开始采用 Team Foundation Server 作为其内部开发项目的跟踪工具。

在图 7.3 所示的应用中，每一栏的顶部按分组显示了看板限额。当看板限额超出时，它会以可视化方式展现出来。同时，对于每个工作项，它还显示了一系列状态信息，包括以不同的图标表明工作项是否已经滞后或因某种原因阻塞。

对看板系统而言，电子跟踪系统十分重要，因为它包含单凭一面简单的卡片墙所无法做到的几件事情。电子跟踪系统支持数据收集，可以用来生成度量数据和报

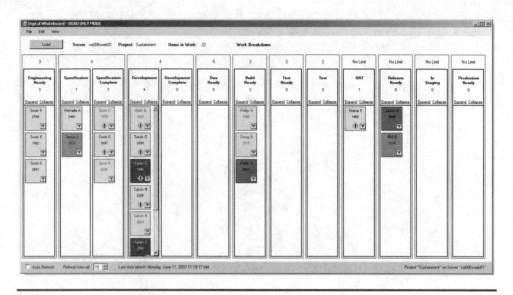

图 7.3　在 Corbis 公司使用的电子白板应用

告，以供日常管理和回顾如每月运营回顾等所用。

7.3　每日站立会议
Daily Standup Meetings

　　站立会议是敏捷开发过程的基础实践。通常在每天早上的工作开始前举行，有一种约定俗成的通用模式。典型的站立会议适用于最多人数达 12 人的单一团队，一般以人数为 6 人的团队为佳。通常情况下，整个团队先围成一圈，然后逐次轮流询问三个问题，昨天做了什么？今天计划做什么？有什么困难或者需要帮助吗？每个团队成员回答完这三个问题之后，整个团队也就清楚今天互相间该怎么协同了。

　　采用看板方法后，站立会议就变得不同了。有了卡片墙之后，在房间内围成一圈提三个问题的需求就可以省略。卡片墙上包含每个人正在做什么事情的所有信息。定期参加站立会议的成员，可以看出自昨天以来发生的变化，以及产生的阻塞。这一切现在已经一目了然。因此，有了看板系统后，站立会议应该采用一种不同的格式，应该把焦点放在工作的流动上。引导者（facilitator）通常会是项目经理或产品线经理，会做看板走读，已经形成的惯例做法是从后往前走——从右向左（沿着拉动的方向）查看看板上的卡片。引导者也会对每项工作状态进行更新，或者询问是否还有不在墙上的（因此对团队成员而言还是未知的）额外信息。

要重点关注受阻的工作项（在其上黏附一个粉色的便签）和因缺陷导致延期的工作项（在其上黏附一个蓝色的便签）。对已经好几天没有挪动的工作项，要重点提问。有些团队采用了一种专门途径，用于对此进行可视化标识。例如，某个意大利赛车制造商每天在这样的卡片边上打一个点来做标识。这样，当团队发现某个工作项没有流动的时候，便会考虑将之列为受阻项。这样就提高了组织的问题管理能力（在第 20 章中会有更详细的描述）。团队还会简短讨论谁来处理这个问题以及何时解决。对那些不在板上的其他阻塞问题，团队也会召集成员进行讨论，以协助需要帮助的人解决问题。更成熟的团队发现，他们无须再读每一张卡片，而会倾向于聚焦在受阻塞或有缺陷的卡片上。这种机制使得站立会议可以应用到更大规模的团队中去。2007 年的时候，Daniel Vacanti 在 Corbis 公司成功主持过一个超过 50 人规模的站立会议，尽管团队规模很大，但是每日站立会议只需大约 10 分钟便可完成。

7.4 会后讨论
The After Meeting

会后讨论一般由 2~3 人组成，以小组形式开展。这是一种自发的行为，因为团队成员想讨论他们心中的一些问题：也许是一个受阻问题，也许是一个技术设计问题或者架构问题，但也许更多的是一个过程相关的问题。会后讨论会随着看板方法的应用而涌现出来，在文化转型过程中是一个关键要素。会后讨论会产生改进想法，并最终落实在过程裁剪与创新上。

在大型项目中，一些会后讨论采取既定的 Scrum 式站立会议的形式。由最多 6 个人组成的团队在一个特性、故事或需求上共同工作，并简短地碰头协调一天各自的工作。在涌现出来的看板过程行为和 Scrum 这两者间有一种有趣的差异，即在 Scrum 中，团队先聚集一起开会，然后通过代理参加到 Scrum-of-Scrum 会议中以协调一个项目集或一个大型项目；而在看板方法中，行为是相反的，先开的是项目集层面上的会议。

7.5 队列填充会议
Queue Replenishment Meetings

在看板方法中，召开队列填充会议的目的是进行优先级排序。从队列填充的机制和会议节奏的自然属性上考虑，这种排序要延迟到最后响应时刻（moment）召开。

通常，队列填充会议是在一组业务代表或产品负责人（使用敏捷开发的行话来讲）间召开。建议这些会议以固定频率定期召开。为队列填充会议提供一个稳定的节奏，能够降低召开会议所需的协调成本，在业务方和软件开发团队之间形成确定性和产生信任关系。

这类会议的目的是为一个单独的价值流、系统或项目填充看板系统的输入队列。团队中对交付有兴趣的干系人和在待办项列表中有相关工作的人员也应该参加这个会议。参加会议的业务人员应尽可能是组织中的资深人员。资深人员一般能做出更多的决策，他们也具备更为宽广的视野，拥有更多的信息。这可以提升决策的质量，优化队列填充的选择过程。

理想情况下，出席优先级排序会议的人员中，最好有来自公司内存在潜在竞争关系的若干产品负责人或业务人员。这种情况下产生的张力，事实上对良好的决策过程有积极的影响力，并可促进与软件开发团队间形成一种健康的协作环境。如果只有一名产品负责人参加，那么这种互动就可能变得具有对抗性。

其他对此感兴趣的干系人也应该出席会议。理想情况下，任何负责交付的人员都应参加，如项目经理；至少要有一名技术职能经理，如开发经理或测试经理，或者一名资深技术职能经理；一些能够评估技术风险的人员，如技术架构师或数据架构师；一名可用性方面的专家；一名运维和系统管理专家；一名业务分析师。2007年，在我的团队中，一般有一名开发经理、分析团队的经理，有时还包括企业应用架构师或数据架构师参加这个会议。开发经理们可以制定一种轮值方案轮流参加会议。

优先级排序会议的节奏会影响看板系统中的队列规模，因此也会影响到整个系统的前置时间。为了最大化团队的敏捷性，推荐以合适频率定期召开这个会议；通常，推荐的间隔频率以每周一次为好。

有些团队已经演化到根据需求驱动来排序，而不是使用定期会议的方式。但只推荐比较成熟的组织才采用这种做法。在这样的组织中，需要到会的全部干系人都能够随需响应。在第3章的微软公司案例中，项目经理创建了一个数据库触发器，当输入队列中有空位出现时，他便会收到通知。然后他便会通过Email向四位产品负责人发起一次优先级排序讨论，通知他们有一个空位可供选择排序。在邮件中讨论完优先级排序之后，便会有一个新的工作项从待办项列表中被选出。这个过程通常耗时两小时。通过这种随需响应的系统而非每周例会，输入队列的规模减小了，随后也带来了前置时间缩短的改进效果。

7.6 发布规划会议
Release Planning Meetings

发布规划会议是专门为规划下游交付活动而召开的会议。如果发布频率很规则，具有固定的节奏，比如说每两周一次，那么定期规划发布活动比较有意义。这样做可以减少召开会议所需的协调成本，确保每个需要与会的人员都能准时参会。

通常，项目经理会负责协调交付，由他负责组织发布规划会议。还应邀请组织中其他关心发布的人员，这些人通常包括：配置管理专家、系统运维和网络专家、开发人员、测试人员、业务分析师，以及这些人员的直接主管或经理。出席会议的专家可以为会议贡献他们的技术知识和风险评估能力，管理人员则是负责做出决策。

高成熟度的组织，会制定一份检查列表或一个框架，以更便捷地规划发布。其中要考虑的事情如下。

- 系统中哪些工作项已经（或即将）做好发布准备？
- 将每个工作项发布到生产环境中还需要做哪些工作？
- 发布后，需要进行哪些测试来验证生产环境系统的一致性？
- 其中有哪些风险？
- 如何缓和与规避这些风险？
- 需要有哪些应急计划？
- 在这次发布中需要哪些人参与？将系统推向生产环境（或执行其他部署机制）时，需要哪些人在工作现场？
- 发布将耗时多久？
- 还有其他哪些相关事情要筹备妥当？

最终输出的应该是一个填写完整的模板，代表了一个发布计划。在那些高成熟度的团队中，我看到他们利用脚本操控程序步骤，使其按照既定的次序被调用，完成发布过程。

看板方法：科技企业渐进变革成功之道

期望通过一次大型会议便完成发布计划也许不太现实。有些独立的后续工作可能需要项目经理进一步跟进完成。

7.7 鉴别分类
Triage

鉴别分类是从医学界借用的一个术语，它是指对急诊患者进行评估和分类，根据需要关注的优先级进行归类的做法。这种方法最初使用在战地医疗单位中，病人被分为三类：无法挽救，可能不久于人世；如果给予及时救治，很可能就能生存下来；即使不立即救治也能存活下来。急诊室现在使用的是类似的系统，在病人送达时先对他们进行优先级归类排序。

软件开发中采纳了鉴别分类法，用于在传统软件项目的稳定化阶段（stabilization phase）对缺陷和 bug 进行分类处理。一般将 bug 分为两类：需要修复的 bug，并给出 bug 修复的优先级；不需要修复、允许在产品发布后保留的 bug。通常，进行缺陷鉴别分类需要有测试负责人、测试主管或经理、开发负责人、开发主管或经理以及产品负责人参与。

在看板方法中，缺陷鉴别分类仍然很有意义。然而，最有益的还是在安排待办项进入系统的排队次序时，使用分类方法。

待办项鉴别分类应该以相对较低的频率方式进行为好。在一些敏捷方法中将此称为待办项梳理（backlog grooming）。每月、每季度或者每半年一次，是许多团队常用的间隔频率。与项目经理一起参加待办项鉴别分类会议的参会者代表和出席队列填充会议的产品负责人或业务方代表类似，通常不需要太多技术人员参加这个会议，有一名技术职能部门的中层经理出席即可。

待办项鉴别分类法的目的是走查待办项列表的每一项，以决定是否在列表上保留这一项，还是将之从列表中删除。它并不是要进行评分排序或提供精细的优先级级别，而是只需简单做出保留或删除的选择即可。

有些团队可通过自动化和一些规则，从而取消鉴别分类活动。在第 4 章的案例中，微软公司 XIT 团队每个月会定期删除任何存在时间超过 6 个月的待办项。原因在于，如果某个待办项在 6 个月内都没有被选出进入输入队列中，它很可能就没有重要价值，因此不需要选择这样的待办项。后面，如果情况发生变化，这个待办项仍然可以被再次提请，因此，将之从待办项列表中删除，并不会造成任何损失。

对待办项进行鉴别分类的目的是缩小其规模。待办项列表越小，就越便于进行优先级讨论。如果一个待办项列表有 200 项内容，相比一个有 2000 项内容的列表而言，在优先级排序会议上完成挑选所需的时间就少得多。

一个好的经验法则是，如果待办项列表时间超过 3 个月，也就是说，如果在 3 个月时间内，待办项列表上的内容无法全部交付进入产品环境中，那么最好是对待办项列表进行分割。待办项列表的合适规模，需要根据不同的市场和领域来确定。高动荡性的领域也许需要做 1 个月工作量规模的待办项列表；低动荡性的领域也许需要做 1 年工作量规模的待办项列表。

因此，在待办项列表规模、看板系统在其中运行的业务领域的震荡特性、团队的交付速率或产出量之间存在着某种关系。如果一个团队每月能够交付 20 个用户故事，并且业务领域有一些震荡性但并不特别厉害，那么 3 个月长度规模的待办项列表，即大约 60 个待办项是比较合适的。

7.8 问题日志的审查与升级
Issue Log Review and Escalation

在看板方法中，如果看板系统中有工作项受阻，那么这些工作项需要被标识出来进行处理，同时创建一个对应的问题工作项（issue work item）。这些问题会一直保持在 open 状态，直到障碍得以移除、最初的工作项能够顺利在系统中向前流动为止。因此，审查处于 open 状态的问题，对改善系统中的流动性至关重要。

问题日志审查会议应该经常进行并且定期召开。以固定节奏定期进行，能够减少协调成本，确保相关人员能够预留出参加审查会议的时间。在高成熟度的组织中，也许可以取消这种定期召开的会议，随需召开即可。如果出现的问题数量相当少，而且随需召开会议的协调成本低于定期开会的成本，那么这样做就是合适的。

项目经理和将工作项标识为受阻的团队成员，应该参加问题日志审查会议。需要回答的主要问题包括"应该分派谁去解决这个问题？"及"期望什么时候解决这个问题？"无法推进和解决的问题自身也成为阻塞项，应当提请资深管理层来解决。

在问题日志审查会议上，资深管理人员出席的必要性不大。但是，清晰定义好问题升级路径和规则十分重要。当有问题阻塞时，项目经理应该负责将该问题适当升级，以求解决。

问题管理与问题升级通常都做得非常不好，即使是在敏捷开发组织中也是如此。快速解决问题，尤其是那些在开发团队外部的问题，如环境可用性、需求模糊或缺少测试设备等，能够改善流动性，极大提升团队的生产率和交付的价值。问题管理与问题升级是能够带来高回报的核心实践。即使对很不成熟的团队而言，也应该将之作为高优先级的事情对待。第 20 章将对此进行详细讨论。

7.9 现场贴纸代理
Sticky Buddies

现场贴纸代理的概念是在 Corbis 公司的时候引入的，用于解决一个协调问题。在 Corbis 公司有一项灵活的策略，允许员工每周有一天时间可在家中远程办公，这尤其有利于那些住在离市中心很远的员工。这项策略，始于几年前 Corbis 公司的办公室从贝尔维（Bellevue）搬迁到华盛顿州西雅图市时。员工可以通过 VPN 访问电子跟踪系统、版本控制系统、构建环境等，因此他们可以看到分配给他们的工作，然后开展工作、完成开发和进行测试。他们也可以更新电子系统中的工作项状态，将之标识为"完成"交付给下游工序。但是，由于他们不在办公室，所以无法移动卡片墙上的便签贴纸。

解决办法是在家办公的员工可以请当天在办公室里的某位同事充当代理。当每个工作项的远程工作已经完成并且电子系统中的状态已经更新时，在家办公的员工便可以通过即时消息、电子邮件或者电话联系自己的代理，让他们帮忙更新物理卡片墙上的状态。

贴纸代理对跨多个不同地理位置的分布式开发也带来了很大的便利。这对 Corbis 公司尤为重要，因为测试小组驻扎在印度钦奈（Chennai），而另外一些金融专家系统的开发人员则在南加州办公。

7.10 跨多个地理位置保持同步
Synchronizing across Geographic Locations

在使用看板系统时如何保持分处多个地理位置的团队间的同步，是那些想实施看板系统的人提出的一个常见问题。许多提问者以为早期的看板系统是在同一地理位置实施的，而我（和其他早期的看板倡导者）没有考虑过协调地理上分处多处的团队所面临的挑战。

事实正好相反。我在第 4 章中谈及的来自微软公司的实施看板方法的第一支团队在印度的海德拉巴（Hyderabad）办公，而管理者和产品负责人则在华盛顿州的雷德蒙（Redmond）办公。第 5 章中描述的 Corbis 公司团队，也有成员身处印度以及西雅图之外的其他地方远程办公。

跨多个地点进行协调的关键是要使用电子跟踪系统。只有一面卡片墙是不够的。除了使用电子跟踪系统之外，还有必要做到电子跟踪系统与物理卡片墙最起码能够保持每日同步。要在每一处均指派专人对此负责，这一点十分重要。2008 年我们曾共事过的一个团队，其成员分处于纽约和洛杉矶。他们在每一个地方都维护着一面（几乎）相同的卡片墙，每天由一名团队成员负责保持卡片墙与电子跟踪系统间的同步。

也有些团队通过电话会议或使用视频会议系统进行同步站立会议。但是，在进行任何站立会议、视频会议、电话会议之前，当地的负责人都要先花时间确保物理看板已经与电子系统保持同步。

看板方法：科技企业渐进变革成功之道

总　　结

- 最佳实践是同时使用物理卡片墙和电子跟踪系统。
- 使用电子跟踪系统，就可以跨多个地理位置应用看板。
- 有多家供应商提供模拟物理卡片墙功能的电子看板产品。
- 定期召开会议能够减少会议的协调成本，提高出席率。
- 优先级排序和发布规划应独立完成，并应具有各自独立的节奏。
- 每日站立会议应该用来讨论缺陷、障碍和流动性问题，它们并不一定要沿袭其他敏捷开发方法中的既定模式。
- 每日站立会议是鼓励持续改进的文化中的重要组成部分。由于站立会议每天都把整个团队简短地聚集在一起，提供了一个所有利益相干者能够提出建议并讨论改善的机会。站立会议之后的时段，往往会出现一个与过程改进相关的非正式讨论。
- 通过对待办项列表进行定期分类梳理来缩减待办项规模，以提高优先级排序会议效率。
- 问题管理、问题升级和问题解决是提升团队效能的核心实践，应该在团队发展的早期阶段便重视这种能力的培养。
- 应该清晰定义问题的升级路径和规则。

第 8 章

建立交付节奏

Establishing a Delivery Cadence

本书第三部分（从第 6 章到第 15 章）介绍实施看板系统的具体方法，第 15 章将对此进行总结，并介绍如何启动看板变革。为了启动这一变革，所涉及范围不仅限于软件开发组织与其合作伙伴之间，而且需要与其余外部干系人建立一种新型契约。关于定期交付可用软件方面的协议与承诺，是这种新型契约中的一个组成部分。

本章标题中"交付节奏（delivery cadence）"这一术语，是指一种以固定频率交付可用软件的模式。例如，假设达成一致协议，确认每两周进行 1 次交付，那么交付节奏就是每两周 1 次，或者每年 26 次。也许，我们甚至还会就具体交付日期达成协议，例如每两周的第二个周三。在 Corbis 公司，IT 应用的维护性发布（maintenance release）便是这种交付节奏。

在敏捷软件开发圈子里形成的一个基本共识是，稳定的节奏十分重要。敏捷开发方法通过使用固定时间盒的迭代（time-boxed iteration）来获得稳定节奏，通常迭代长度设为 1~4 周。之所以使用时间盒，主要是出于这样一种理由，稳定的"心跳（heartbeat）"对于项目十分重要。有一种潜在假设认为，为了形成稳定心跳，必须使用具有严格时间盒约束的迭代。迭代开始时，大家首先对开发范围或待办项列表达成一致意见，并承诺在该迭代内完成这些开发内容。启动工作！后面便是一系列分析、测试规划、设计、开发、测试和重构活动。如果一切顺利，则承诺的全部内容都得以如期完成。团队成功交付了可用软件，作为迭代的结束，最后召开 1 次回顾会（retrospective）来讨论未来的改进和过程调整。这个循环周而复始。所有这些活动都以一种预先达成一致的稳定节奏进行，这种节奏可以是每周 1 次、每两周 1 次、每月 1 次，或者是其他时间频率。

看板方法舍弃了固定时间盒的迭代，相反，看板方法把优先级排序、开发和交付活动分离开来，分别对待这些活动，允许每种活动根据自身特性来调整节奏。但是，看板方法同样认同稳定节奏的重要性。采用看板方法的团队也会定期交付软件，并偏向于选择更为频繁的交付节奏。看板方法仍然遵循"敏捷宣言背后的原则"。但是，人为地将所有活动强行压在同一个时间盒内完成，将会造成不少问题，看板方法会极力避免这种现象发生。

在过去 10 年中，使用敏捷方法的团队也已经认识到 WIP 越少越好。他们还认识到，小批量移动（transfer）要比大批量移动更好。根据这种认识，从 2005 年开始，敏捷团队倾向于采用更短的迭代周期。通常，Scrum 团队将迭代周期设为 2~4 周，极限编程团队将迭代周期设为 1~2 周。这种做法带来的问题是，可能难以将工作分解为足够小的单元并在可用时间窗口内完成这些工作。为了应对这种问题，业内发现了一些更为聪明的分析与编写用户故事的方法。其目的是减小用户故事的规模，使其粒度变得更细，降低用户故事规模的变异性，从而可以将这些用户故事纳入更短的迭代中。尽管这种方法在理论上听起来可行，但实际很难达成期望的效果。因为这种做法属于成功秘诀的第六项"消除变异性的根源，提升可预测性"的范围。如第 3 章所述，降低变异性通常要求人们改变行为和学习新的技能。这也就意味着，这种做法的实施难度很大。

因此，那些团队就不得不费尽心思，确保将用户故事写得十分短小，才能刚好把它们纳入一个短时间盒的迭代内。这带来了不少问题。第一个问题是，他们可能会有背离短迭代的流行趋势，反过来采用更长的迭代周期。出现的一种替代做法是根据架构元素或者对需求的一些技术分解来编写用户故事。例如，采用这种做法的结果是编写一个针对用户界面的故事、一个针对持久层的故事，诸如此类。第二种替代做法是将一个故事跨三个迭代分步骤开发，其中，第一迭代进行分析，也许还会包含测试规划；第二迭代进行代码开发；第三迭代进行系统测试和缺陷修复。这些症状可能都会出现。后面这两种做法，看起来似乎符合固定时间盒迭代开发的定义，但是其实掩盖了一种事实，当团队成员报告说某项工作已经完成时，实际上这项工作依然处于进行中的状态，并没有真正完成。

看板方法将创建用户故事的时间点与交付频率分离开来。当某些工作已经完成并准备交付时，其他工作可以仍然处于进行中状态。看板方法将开发前置时间与交付节奏分离开来，这样便可以讨论应该以怎样的频率进行优先级排序（规划和估算活动的频率，也可以进行类似的讨论）。这么做，并不一定要求计划、估算和优先级排序等活动严格与软件交付节奏保持一致。其实，它们各有完全不同的职能，参与其中的人员通常也各不相同。围绕交付所开展的协调活动，和围绕新工作项优先级排序所开展的协调活动，肯定是不同的。看板方法允许这些活动彼此分离开来，以各自合适的节奏开展。

看板方法也将优先级排序节奏与系统前置时间和交付节奏分离开来。本章将讨论在达成稳定交付节奏中涉及的各项要素，以及是否（if）和何时（when）可以进行随需或临时交付（on-demand or ad hoc delivery），而非常规性的定期交付。根据同样的思路，在第 9 章中将讨论如何设置优先级排序节奏，以及是否和何时可以进行随需或临时优先级排序，而非定期召开优先级排序会议。在第 11 章中将讨论如何围绕前置时间来设定预期期望，讨论和决定发布的内容。

8.1 交付的协调成本
Coordination Costs of Delivery

每次软件交付都包含协调成本。每次交付都要召集相关人员讨论部署（或发布）、生产制造、包装、市场营销和推广、文档编制、终端用户培训、分销商培训、服务台和技术支持人员培训、安装文档编写、安装程序制作、呼叫中心座席培训、发布时的现场调度等各种活动。视业务领域和软件类型的属性不同，每次发布可用软件时，发布计划的复杂程度也有不同。相比部署在全球的军事设施、运行在轨道上的卫星、战斗机或电话网络节点等进行固件升级，升级一个网站的复杂性可能根本无法相提并论。

2002 年，当计划将全美国的 PCS Vision 升级为 Sprint PCS 蜂窝电话网络时，我们发现，需要对数万人进行培训。必须对全国销售门店中 17000 多名零销商雇员培训新网络的特性以及 15 款以上手持终端的特性。需要对差不多同样数量的人员培训如何回答客户支持电话，当毫无经验的公众用户手中拿到新设备时，呼叫中心涌入大量支持电话的现象肯定在所难免。单单筹划 30000 多人的培训就是既费钱又耗时的一件事情。

因此，清晰理解和交付相关的协调成本十分重要。例如，如果必须将软件开发人员投入到发布协调会议中，那么是否会分散他们在软件构建活动上的投入进而影响真正要发布的软件？下面是必须要考虑到的一些问题的列表：

- 需要召开多少次会议？
- 需要多少人参与其中？
- 将会耗时多久？
- 当人们在常规活动上投入的精力被分散时，需要承受哪些机会成本？

8.2 交付的事务成本
Transaction Costs of Delivery

实物交付的事务成本很容易理解。交付时，首先要完成支付。客户要通过一些金融工具如信用卡向供应商付款。为了享受信用卡付款的便捷，供应商需要向信用卡服务商如 MasterCard 和 Visa 支付事务成本即交易佣金，一般会是交易额的 2%到 4%。

除了消费者和供应商之间的交易费用这个事务成本外，还涉及送货费用。送货过程不仅涉及财务费用，也要花费时间和人力，也许还要涉及安装成本。比如，你在西尔斯（Sears）订购了一台洗衣机，希望商家能在某个日期送货到家。幕后，供应商需要调度交付、协调司机运货，以将正确型号的机器在正确的日期、正确的时间点运送到正确的地址，这些属于交付时的协调成本。实际发货时，司机需要从仓库里领出要送的货品，开车把货运输到你家中，然后还要卸货等，这些属于事务成本。还需要有人帮你把机器安装好，送货和安装可能是同一个人，也可能不是同一个人，比如水管工。如果是水管工来安装，他还要花时间开车到你家，安装过程可能要花费更多的时间。这些花在送货与安装上的时间和精力，是购买的洗衣机中包含的一部分事务成本。

从经济成本角度分析，零售商承担了信用卡交易的事务成本。而送货和安装等其他事务成本，通常会转由客户来承担。并非所有的事务成本都能被价值链上的参与者所看见或感知，但它们影响了整个系统全局的经济效能。所有这些成本关联产生的网络效应，会抬高客户需要支付的最终价格，但真正交付的价值却并没有增加。

显然，没有送达或没有安装妥当的洗衣机几乎不能带来任何价值，洗衣机的增值能力（value-added capability）在于它可以洗衣服。送货和安装活动是一种"非增值活动（non-value-added activity）"，应该视为事务成本。

在软件开发中，交付的事务成本可能也会牵涉到物理实物。在一些企业如微软公司，仍然存在发布制造（release to manufacture，RTM）环节，需要印刷实物媒介，如 DVD 光盘，然后对实物媒介进行包装，分发到分销商、零售商和其他合作伙伴处。对嵌入式软件而言，也许需要制造芯片组，或者至少需要使用类似 EE-PROM 这样的技术将软件代码烧制到固件中。如有必要，还要把这些芯片物理挂载到它们所控制的硬件中。

在其他案例中，也许可以采用电子化部署方式。例如，现在手机都通过所谓的空中设备管理（over-the-air device management）来对固件和设备设置进行升级。许多卫星和空间探测器可以进行固件无线升级。这种软件部署能力大大提升了太空作业的敏捷性。只需通过上传新软件便可完成升级任务。缺陷也能在原位被修复。一些一直为人诟病的缺陷，如哈勃太空望远镜的对焦能力问题，就是（部分地）通过软件升级得以修正的。这大大提升了部署活动的经济性。

本书的许多读者可能从事于网站开发或者内部应用程序开发。这些场景下，部署意味着只需把文件拷贝到一组机器的磁盘上即可。听起来似乎十分简单，但是实际情况并非如此。在这类部署过程中，经常要制订详尽的过程计划，进行数据库切换、应用服务器切换和其他相应系统的有序切换，完成升级后再重新切换回来。其中一个最大的挑战，是将数据库从某个模式（schema）迁移到另一个新模式的过程中所涉及的数据迁移。数据库可能已经十分庞大。首先要将数据序列化为文件，对文件进行解析，再解开文件，也许还要进行数据加工和增补其他一些数据，然后重新解析和解开数据，将之迁移到新的数据库模式下。这个过程可能会耗费数小时甚至数天的时间。

在有些环境中，软件部署可能要花费数小时或数天之久。通常这是由于软件质量低下或者架构缺陷所导致；也有可能纯粹是受软件应用领域自身特点所限。不管是打包安装的应用程序、嵌入式固件或是在内部服务器上运行的 IT 应用，都要对软件交付过程中的各项活动进行成本核算、规划、日程安排和资源分配，然后才能进行真正的部署交付。这些活动都是交付时需要付出的事务成本。

8.3 交付效率
Efficiency of Delivery

评估交付效率的计算方法有两种。最简单的方法是查看投入的人力和成本。更复杂的方法是按交付的价值来计算。

首先看看只算成本的模型。我们必须考虑两次发布之间投入的总成本。这个数值总额比较容易得到，可以使用组织的资金消耗率（burn rate）来计算。假设每个月发布 1 次，并且资金消耗率为每个月 1300000 美元，那么每次发布的成本至少是 1300000 美元。也许还要加上实物制造成本、印刷成本、广告费用和用于发布协调的直接现金开销。这些相对都易于计算。假设在本案例中这类成本总额是 200000 美元，那么总发布成本便为 1500000 美元。

我们知道，额外的现金开销是 200000 美元。但是在 1300000 美元的开销中，有多少是花在计划、协调上，又有多少是真正花在完成交付内容上？如果有持续跟踪的数据，也许我们能够算出来。但是，即使没有这些数据，也可以大概估算出来。这期间开了多少次会议？有多少人参加了会议？每次会议开了多长时间？另外，算上花在实际部署或交付活动上的"人-小时数（man-hours）"。根据小时数投入比率相乘，假设计算结果是 300000 美元，那么在 1 次交付中付出的事务成本和协调成本总额便是 500000 美元。

$$交付效率\% = 100\% \times （总成本 - （协调成本+事务成本））/ 总成本$$

在这个例子中，交付效率百分比是：

$$100\% \times （1500000 - 500000）美元/1500000 美元 = 66.7\%$$

为了提高效率，须（a）拉长两次交付的间隔时间，或者（b）降低协调成本和事务成本。20 世纪的西方企业通常选择（a）选项。它们看重的是发挥规模经济的价值：拉长交付周期，以大批量生产来分摊成本。20 世纪末的日本企业通常选择（b）选项，这些企业推崇和贯彻的是精益思想。选项（b）聚焦于减少浪费，通过降低协调成本和事务成本来提升批次效率——在本案例中，便是提升两次发布活动之间的效率。

效率到底要多高呢？

这个问题并无定论。不同的行业对效率指标有不同的观念，很大程度上依赖于待交付价值的特点。

8.4 确定交付节奏
Agreeing a Delivery Cadence

如果清楚知道某次发布产生的价值是多少，那么可以更好地选择发布频率。假设每月 1 次的软件发布能够带来 2000000 美元的营收，而付出的成本是 1500000 美元，那么从这次发布活动中获得的利润便是 500000 美元。可以把效率计算公式改写为：

交付效率% =100% ×（1－((事务成本+协调成本)/(利润+事务成本+协调成本)))

在这个示例中，可以算得效率为：

$$100\% \times (1 - 500000/(500000 + 500000)) = 50\%$$

现在情况变得更为复杂了，因为要计算 1 次交付产出的真正价格几乎是不可能的。可能没有约定价格的固定订单，可能只能根据市场前景来估算定价和从中能够获得的利润。也许我们发布的是一些无形价值（intangible value），如更新品牌标识和市场营销材料，或者通过提升可用性和修复缺陷等来改进产品和网站等。

同样，也很难通过计算来确定是否应该延期发布或是否应该降低发布频率。推迟上市时间，也许会对市场份额、价格和利润带来不利影响。交付效率的概念并非是一种精确的科学。最重要的一点是，团队和组织要清楚了解每次交付需要付出的成本，包括时间和费用上的成本，这样才能对合适的发布频度做出理性评估。

如果要从一个 50 人的团队中抽调出 10 人投入 3 天的时间来完成 1 次成功的代码交付，那么每 10 个工作日（或者说 2 个工作周）进行 1 次发布是否是合适的频率？也许答案是否定的。每个月或者每 20 个工作日进行 1 次发布这样的频率也许是更好的选择。另一方面，对于市场来说，也许敏捷性和上市时间至关重要，通过更为频繁的发布可以降低许多风险，因而付出这样的成本也可能是值得的。选择怎样的发布频率，要根据具体情况做出合适的判断和决定。

8.5 通过提高效率来提升交付节奏
Improve Efficiency to Increase Delivery Cadence

沿用前面的例子，假设已经确定在发布上投入 10 人 3 天的时间，经过推算，认为每月 1 次是可以接受的发布频率。但是有人认为，通过提升代码质量、改进配置管理、使用更好的数据迁移工具以及对部署过程进行常规演习等，有可能将为期 3 天的发布时间缩短为 8 小时。这样看起来，很有可能做到每两周发布 1 次。也许每周发布都并非毫无可能吧？这时你该怎么做？

我的建议是，开始时先选择保守的频率。先选择每月发布 1 次的频率。通过实际结果来证明组织能够持续保持这个目标。在几个月之后，思考如何提升代码质量，发起对配置管理的改善行动。如果有富余资源可用，则可以把它们投入到工具开发中，改善发布过程中的数据迁移。最后，鼓励团队在模拟环境中进行发布演习。也许还要另外去采购、安装和调试模拟环境。这些活动都要花去不少时间。

要求控制和执行发布过程的团队及其直接经理努力降低发布的事务成本和协调成本。当这些成本降下来时，可以在运维回顾会议上查看其进展情况，让其他干系人也了解到动态。当信心满满、有确切把握能够将交付提升到一个更为频繁的节奏，如每两周 1 次时，就可以大胆放手去做！

降低协调成本和事务成本是精益方法的核心，是消除浪费最强有力的方式。这样做，可以使批次规模变得更小，效率更高，并且也带来了业务上的敏捷性。为了降低协调成本和事务成本，需要进行勇敢的变革。但是，不要简单地关注降低这些成本本身，而要在降低成本时心中牢记一个目标：通过更为频繁地交付可用软件，从而更频繁地向客户交付更多的价值。

8.6 进行随需或临时交付
Making On-Demand or Ad Hoc Deliveries

定期交付有其自身的优点。承诺在某个固定日期交付，例如每两周的第二个周二，能够引导大家围绕着这个目标开展工作。这种做法带来了确定性，同时也降低了协调成本，因为不再需要花费成本去讨论确定什么时候进行 1 次交付以及需要哪些人参与——这种惯例一经建立，此后进行的交付活动基本上都会按照惯例进行。

定期交付也有利于建立信任。缺乏可预测性会破坏信任。相比要交付的内容，承诺在某个日期交付但却没有成功做到，这件事本身更容易为人瞩目并会破坏信任关系。

尽管建立定期交付的节奏十分重要，但在某些情况下，却有必要进行随需或临时（on-demand or ad hoc）交付。什么情况下需要进行这类交付呢？

首先，当发布活动的协调成本很低时，随需交付或临时交付就很有意义。当协调成本很低时，定期进行协调活动就没有好处。其次，当事务成本很低时，也有必要采用随需或临时交付。这也许是因为代码部署过程已经极大地自动化，在发布之前代码质量便已有可靠保障。最后，在支持代码频繁发布的环境中，根本就不存在要形成某种发布模式的需求，这时也可以进行随需或临时发布：新软件交付的频率如此之高，从大多数观察者和外部利益干系方的视角看来，是在持续不断地进行交付——他们根本就不会形成预期某天是交付日期的思维定势。没有预期存在，也就不会发生令人失望的事情。

在有些行业，这种近乎持续进行的代码部署十分有用，也很有必要。从出现的案例来看，早期看板方法的采纳者主要来自传媒业，如位于伦敦的IPC媒体公司，这些公司使用多个看板系统对在线媒体资产如mousebreaker.com的开发进行规划，这是一个很令人着迷的在线游戏。

满足低协调成本和低事务成本这两个条件的环境，一般具有较高的成熟度。在早期看板方法的采纳者中，也发现了这个特征。微软公司XIT部门的合作伙伴包括一家位于印度的供应商以及位于华盛顿雷德蒙的微软公司IT部门，前者的CMMI成熟度为5级水平，后者的CMMI成熟度大概处于3级的水平。一般而言，高成熟度的组织肯定已经与价值链上的合作伙伴，以及外部利益干系方包括资深管理层之间，建立起了某种较高水平的信任关系，因此，他们也不需要为了建立彼此间的信任而使用定期发布的节奏。

因此，除非当前环境下的信任已经建立起来，团队的能力和成熟度已经处在较高水平，并且该业务领域要求持续进行代码部署，否则，一般以选择定期发布的节奏为宜。

有些情况下，当某个紧急需求作为特例需要进行加急处理时，则有必要进行随需交付。在第12章的"前置时间"一节中将会详细解释"加急（expedite）"这一服务类别的概念。可能会有多种原因选择加急，第一种原因也是最显而易见的原因，即当前产品存在严重缺陷。在其他问题都无关紧要而只需将缺陷问题快速解决的情况下，需要为非常规的应急行动制订发布计划。

还有一些其他情况，也有必要进行非常规的发布。比如销售团队刚刚从一个大客户那里拿到一个大单子，客户希望能为他们开发一款定制版本的软件，由于经费预算和财政周期的限制，他们要求在本月结束前完成交付。这个订单从业务部门那里压了过来，因为这个项目营收巨大，软件工程团队不得不停下其他所有事，先满足这个大客户订单的需求。

这种情况下，就需要专门规划一个特殊的非常规发布。这个发布应该当成特例对待，在该发布完成后，最好尽快恢复原先的定期发布节奏。当然，也不能墨守成规。例如，如果常规发布本来安排在周三进行，但需要在同一周的周五进行特例发布，那么便可以将周三的发布推迟到周五，合并在一起发布。如果决定这么做，很重要的一点，需要事先全面地知会相关人员，这样，其他人便会重新设定预期。你应该不希望在努力与价值链上的合作伙伴开展协作并为他们带来帮助时，却因信息未及时同步而损害彼此间已经建立的信任吧。

总　　结

- ❖ 交付节奏指的是在交付可用软件上形成的固定频率。

- ❖ 采用看板方法，可以将交付节奏与开发前置时间和优先级排序节奏分离开来。

- ❖ 在尝试敏捷开发方法时，一些团队由于采用了固定时间盒的短迭代，遭遇了一些麻烦。

- ❖ 交付（或发布）软件的过程中，需要对参与其中的各种不同职能的人员进行协调。这些协调活动都具有可度量的成本。

- ❖ 交付（或发布）软件的过程中，无论是在时间还是费用上，都同时伴随着一系列事务成本。可以对这些事务成本进行测定和跟踪。

- ❖ 可以通过将进行 1 次交付所需的事务成本和协调成本之和，与本次软件交付的总成本相除来计算交付效率。

- ❖ 可以将 1 次发布的总成本与本次发布交付的价值进行对比，来确定交付节奏。

- ❖ 聚集于降低事务成本和协调成本，可以提升交付效率和改善交付节奏。

- ❖ 定期交付能够建立信任关系。

- ❖ 设定定期交付的预期并持续达成这种预期，是一件富有挑战性的事情。

- ❖ 根据定期交付的节奏进行调度，能够降低协调成本。

- ❖ 高成熟度的组织中，由于已经形成了高水平的信任文化，而且交付的事务成本和协调成本很低，实行随需或临时交付更具意义和价值。

- ❖ 允许加急交付（expedited delivery）请求，可能会引发 1 次非常规性的发布。在执行完 1 次特殊的非常规发布之后，要尽快恢复定期发布的节奏。

第 9 章
建立输入节奏
Establishing an Input Cadence

本章讨论在达成合适的优先级排序节奏过程中所涉及的相关要素，另外，还将讨论何时（when）以及是否（if）可以进行随需或临时性的优先级排序，而不是定期召开优先级排序会议。

9.1 优先级排序的协调成本
Coordination Costs of Prioritization

在 2006 年将看板方法引入 Corbis 公司的时候，我们选择以持续性工程活动作为切入点。持续性工程活动用于处理 Corbis 公司内全部 IT 应用的升级小需求与产品缺陷修复，既包括财务和人力资源系统，也包括数字资产管理系统和电子商务网站中与特定业务相关的系统。这些系统至少为以下几个事业部提供服务，覆盖销售、市场、销售运营、财务，以及支持销售数字摄影图片、元数据标签、分类等一整条业务供应链的职能单元。

这几个事业部共享我们的资源。当第一次引入看板系统时，Corbis 公司刚好在开展一项计划，期望通过设置专门的持续性工程职能，使发布变得更为频繁和富有价值。公司期待该持续性工程职能能够通过增量发布微小的功能，带来业务上的敏捷性，但是其他新的 IT 应用项目仍然使用传统的项目管理办公室（PMO）来治理。对于项目组合中的每个项目，将根据其各自的业务提案进行资源调整和授权。执行委员会已经批准设置持续性工程职能，其中增加的 10%经费用于设置软件工程职能所需，折算到人头预算上，意味着可为软件工程部门增加 5 名员工。新增加的这个产能称为快速响应团队（rapid response team，RRT）。这个名称可以说完全名不副实——因为在一开始的时候，它根本就无法做到"快速"，不具备"响应"能力，也根本无法构成一个"团队"。

使用这 5 名新增人员建立一个专门的系统维护部门并不现实。Corbis 公司的 IT 系统五花八门，许多系统都要求维护者具备专业的技能。开发和扩展系统所需的分析职能，尤其依赖于特定的专家。额外增加的这 5 个人要能胜任包括项目管理、系统分析、开发、测试、配置管理和构建工程等职能，这个跨度覆盖了软件工程中相当宽的领域。仅凭 5 个人无法形成这样一支团队。RRT 中的 T（团队）毫无意义。管理挑战所在是要表明增加的这 10%的经费确实被用于维护和持续性工作，而不是被项目组合工作所吸收了。

另外，还决定为持续性工程活动专门设置 1 名项目经理。尽管这名项目经理并不是全职负责持续性工程，但是她可以作为一个中心枢纽，以便于沟通和协调其中的活动，她可以算是分配的 5 个人的预算中的半个人。配置管理团队中的 1 名构建工程师也被专门指定加入这个计划中，他的职责是维护测试和预发布所需的预生产系统，在需要时构建代码，并将构建结果更新到测试环境中。

由于测试环境是多个项目共享使用，为了维持共享测试环境的一致性，Corbis 公司有一个规定，只有构建工程师才有权限将代码从开发环境更新到测试环境中。这个规定后面有所改变，但在 2006 年 9 月时的实际状况是，只需 1 名构建工程师将代码部署到测试环境中。

在引入看板方法之前，为了对一次维护性质的发布所应覆盖的范围达成一致意见，就要付出相当大的协调成本。项目经理及其领导要召集相关人员开会，包括业务分析师、业务方代表、系统分析师、开发经理、测试负责人、构建工程师，有时还包括配置管理经理以及系统运维和服务台人员。这些会议可能要耗时数个小时，并且通常鲜有结论。会后，各团队成员回去各自进行估算，然后安排召开另外一次会议。接下去的这次会议上，又会对发布范围中各工作项的优先级彼此争吵不休，又无法得出结论。2006 年 9 月时，需要经历 2 周时间，通过数个共耗时数小时的会议，来对一次发布的范围达成共识，而该次发布预期仅需耗时 2 周构建和部署。由于每 2 周作为一个迭代，这样只能考虑一些非常小的请求，许多本来很有价值的请求就被排除在外。这些请求之后只能重新转到某个大项目中进行处理，因此，在实现这些请求之前，很可能已经过去数月甚至数年。看板系统引入之前，整个系统既不快速，响应也很迟钝。因此 RRT 中的 RR（快速响应）也毫无意义。

看板方法消除了团队中存在的所有这些机能障碍，让快速响应团队变得名副其实。

在引入看板系统时，我们对业务负责人进行了工作流程、输入队列和拉动机制的培训。他们明白当队列中出现空位时自己要对队列进行填充，而不需要再对请求待办项列表进行排序。如果队列中出现两个空位，则问题会是，"下一步你希望选择哪两个新请求项？"假设我们拥有平均前置时间和根据服务级别协议中的目标前置时间计算出的准时完成率方面的数据，那么，这个问题就可以进一步转变为，"从现在起的 30 天内，你最期望能够交付的是哪两个请求项？"这么做，挑战就变成 6 名竞争使用资源的业务负责人以某种方式达成一致，从许多候选项中选择出两个请求项。

不管怎样，现在问题已经变得简单多了，这样一个简单的问题应该很容易便能在 1 个小时内得到答案。大家认为 1 个小时是合理的时间，此后业务负责人每周都要花 1 个小时的时间参加一次优先级排序周会，选择待办请求项，填充到持续性工程的输入队列中。

9.2 确定优先级排序节奏
Agreeing on a Prioritization Cadence

会议安排在每周一上午的 10 点召开。出席会议的都是业务部门的高级管理人员，而不是以往出席发布范围讨论会议的人员，他们一般都是每个职能部门的副总裁。另外，还包括项目经理、软件工程部门的资深总监、IT 服务部门的资深总监（项目管理在他的管理职责范围内），以及至少包括 1 名开发经理、1 名测试经理、1 名分析团队的经理，偶尔还有其他一些相关人员列席。

确定开会时间带来了可预测性。他们可预先腾出每周一上午的时间，因此这个会议的人员出席情况相当不错。

每周进行一次优先级排序，是一种好的合适的节奏。它使得业务负责人之间能够频繁互动。通过其中的交互，能够在彼此间建立起信任关系。软件开发是一种具有协作特性和合作特性的博弈活动，这种做法让参与者每周都能够往前前进一步。由于提出的问题十分简单，并且能够确保会议在一个小时之内开完，因此每周进行一次这样的会议具备可行性。由于业务人员需要从日常活动中抽出时间参加排序会议，所以他们期望自己付出的时间也花得有价值。

看板方法的许多特点使参与每周优先级排序会议的人感到颇有收获：这个过程给参与者带来了一种具有协作性的体验；工作内容和工作流程都是透明的；会上会通报每周所取得的进展；每个人会觉得他们正在为一些有价值的东西做贡献。Corbis 公司的许多副总裁认为 RRT 方法令他们耳目一新。他们对 IT 部门有了一种新层面上的尊重感，并且开始学会与其他部门的同事以一种新的方式进行协作，这种方式此前在 Corbis 公司并不常见。

9.3 优先级排序的效率
Efficiency of Prioritization

对于你所在的组织而言，每周召开一次协调会议也许并不一定是最合适的。你也许会发现所遭遇的协调挑战会比 Corbis 公司的更为困难，或者也有可能更为容易。在有些团队中，全部成员都可坐在一起，因此用不着开会；优先级排序的协调工作只需在桌前快速进行讨论即可。而另外一些团队，其成员可能分布在多个时区和多个洲，因此，每周例会并不易安排。待参会者回答问题，也许不会像 Corbis 公司案例中的那么简单，因此优先级排序会议可能需要更长的时间。很难想象 6 个以上部门竞争共享资源会是怎样一种场面，但也并非毫无可能。越多的组织参与，优先级排序会议的时间也就会越长。开会时间越长，召开会议的频率就越低。

一般的建议是，优先级排序会议开得越频繁越好。这样，输入队列就会越小，从而使得系统中的浪费越少。WIP 越少，前置时间就会越短。优先级排序会议越频繁，与此相关的成员与组织间就更会频繁地开展协作。协作性工作的体验会构建起彼此间的信任，从而改善组织文化。要努力寻找开销最小且最为有效的可能的协调方案，合理情况下，越频繁举行优先级排序会议越好。

9.4 优先级排序的事务成本
Transaction Costs of Prioritization

为了确保每周一的例会能够高效进行，项目经理戴安娜·科洛米耶茨（Diana Kolomiyets）会在前一周的周四或周五发邮件告知与会者在周一早上的会议之前输入队列中预计会出现的空位数量。她要求与会者先查看请求待办项列表，从中挑出用于周一会议上的候选请求项。这个"家庭作业"要求与会者预备一些证据来支持他们的候选请求项。在周一会议上，大家会查看这些支持性文档。有些人会为此专门准备商业提案，有些人会准备演示文档。大家开始互相拉票。优先级排序委员会的一些人可能会邀请另外一些人在周五共进午餐，期望对方在周一的会议上支持他提交的候选项。互助互惠的现象开始出现，委员会中某位成员也许会同意在本周的会上支持另外一位成员的候选项，作为交换，将来某一周对方要支持他的候选项。多个组织竞争 RRT 共享资源这个过程的博弈属性，在组织中引入了一种全新层次上的协作。

有些时候，业务人员也许会发现，相比其价值，某个请求的实施成本过大，因此他们可能会要求分析团队进行估算。后来，服务级别协议相关的规则被引入进来，以指导是否有必要对某个工作项进行估算。这一点将在第 11 章中进行详细介绍。

全部这些活动，包括估算、业务规划准备、从待办项列表中选出候选项等，都是优先级排序工作的前置准备工作。从经济学术语来说，这些活动是优先级排序的事务成本。这些成本越低越好。如果事务成本变为一种很繁重的负担，不管协调成本多低，团队都不期望定期召开排序会议。尽量避免细节性的估算活动，可以使事务成本最小化，这有利于更为频繁地召开优先级排序会议。

9.5 提高效率以支持更频繁的优先级排序节奏
Improve Efficiency to Increase Prioritization Cadence

一般来说，在优先级排序和选择新工作项进入开发和交付队列的过程中，管理团队必须要关注每个人——不仅限于开发团队——所产生的全部事务成本和协调成本。

许多敏捷组织使用一种称为"规划扑克（planning poker）"的优先级排序方法，在这种方法中使用了一种"集体智慧"技术。使用这种方法时，每个团队成员都能够使用卡片进行投票，卡片上写的是代表某种规模大小的数字。投票结果会进行平均计算处理，或者通过在投票过程中进行讨论以达成共识，不断投票，直到团队中每个人都同意某个估算结果。扑克牌通常使用一个非线性的数列，比如斐波那契数列，以便于使用相对值来估算。

有人认为这种规划技术十分高效。其实这也是一种协作性合作博弈，因为使用这种技术能够快速地确定一个相当准确的估算值。有些轶闻性质的证据虽支持这种观点，但同样也有证据表明，团队也有可能存在群体性的定势思维。我曾经听一些团队，比如在旧金山的一家创业公司报告说，他们也会低估工作量，尽管在过程中使用了一种透明的协作性博弈方法，比如规划扑克技术。我也曾听一家有名的旅游预订网站的资深经理提及，他们的团队总是高估工作量，尽管在使用规划扑克技术。不管你对这些规划技术高效与否持何种观点，我的观点是，关于它们的有效性还是值得深入思考。

确实，规划博弈游戏能够让整个团队参与其中，对一个单独的工作项，比如一个用户故事，可以非常快速地给出一个估算值。但是，这个活动需要整个团队的参与，其中的协调成本十分巨大。对专注于单个产品的小团队而言，确实十分高效；但是，如果把这种技术外推到像 Corbis 公司这样的组织中，在 Corbis 公司通过一个有 55 名成员的团队维护 27 个 IT 系统，其中许多人是某个领域、系统的专家，可能需要把 55 个人都拉到一个会议中，才能做出一个比较好的估算结果，来获得所谓的"团队智慧"。规划和估算的事务成本可能比较小，但是协调成本十分高昂。

一般而言，由于协调成本的影响，这些敏捷规划方法仅对专注于单一系统和产品线的小团队才高效。

大部分服务类别都取消估算，能够降低优先级排序的事务成本和协调成本。由于会议保持高效，所以这些成本的降低有利于更为频繁地召开优先级排序会议。进一步地，这将使得看板团队有可能随需或临时召开优先级排序会议。

9.6 进行随需或临时性的优先级排序
Making On-Demand or Ad Hoc Prioritization

如第 4 章中所述，在 2004 年，扎格斯·杜米特（Dragos Dumitriu）在他所带领的微软公司 XIT 持续性工程团队中导入了看板系统。上游的业务合作方是代表若干事业部的 4 名产品经理。他们聚焦于 XIT 所支持的 80 多个 IT 系统的变更请求，负责对这些请求进行优先级排序。

当扎格斯和我设计 XIT 的看板系统时，我们设计了一个足够大的输入队列，来匹配一周的交付量。由于 4 名业务方代表和扎格斯都在华盛顿州雷德蒙的微软园区办公，所以优先级排序会议是通过电话召开的。微软园区很大，建筑物标号达数百之多，尽管整个园区中实际只有 40 栋建筑。整个园区面积有数百平方公里，园区各部分之间的交通要依靠小巴士或者丰田普锐斯才行。许多从事软件开发的人都喜欢召开电话会议，而不是面对面地进行沟通。这对于企业员工间的信任水平和社会资本有负面影响，但是有利于提高协调效率。

因此，扎格斯通过每周的电话会议来对进入待办项列表的新变更请求进行优先级排序。4 名产品经理代表若干事业部，这些事业部通过公司内部预算转换来为扎格斯团队提供经费。根据各事业部提供的经费情况，可以大致确定每位产品经理多久可以从待办项中选出一个工作项进入开发队列。提供了 60% 经费的产品经理每 5 次例会可以选择 3 个工作项。其他人也根据他们提供的经费水平以类似的方式选择工作项。提供经费最少的产品经理大概每 11 次例会才能够选择 1 个工作项。可以认为这是一种加权平均选择方法。

XIT 优先级排序的合作性博弈规则是十分简单的。产品经理会每周一次填满输入队列中出现的空缺，一般是 3 个空位，他们会根据各自在队列中的加权位置进行选择。服务级别协议中约定的目标前置时间是 25 天。因此，如果他们获得一次机会来选择一个变更请求进入开发输入队列，他们会问自己，"在我的待办项列表中，从现在开始计算，哪一项是我最想在 25 天内交付的？"他们进行选择的次序也十分清楚简单，即基于他们为开发团队提供的经费来决定。

由于这些规则十分简单，所以会议很快便能结束。很明显，协调电话会议实际上并无必要。当有空位出现时，扎格斯让 Microsoft Product Studio（Team Foundation Server，Visual Studio Team System 的前身）的数据库通过触发器发送一封电子邮件。然后，他会把邮件转发给 4 名产品经理。产品经理会很快确定本次该轮到谁来选择请求工作项，然后由那名产品经理做出选择。当队列中出现 1 个空位时，2 个小时内就会补上新的工作项。

这种极低的协调成本加上极低的事务成本，加上不对变更请求进行估算的决定，再加上参与团队都有相对高的成熟度，使得微软公司的 XIT 团队不再需要定期召开优先级排序会议。

值得指出的是，位于雷蒙德的微软公司，其 CMMI 成熟度平均水平处于第三级；位于印度海德拉巴，为 XIT 开发和测试效力的供应商，其 CMMI 成熟度水平处于第五级。因此，这个团队具有低协调成本、低事务成本和高级别组织成熟度的优点。这三者的叠加效应，意味着采用随需进行的优先级排序会议会使这个团队的工作更为高效。

作为一种通用规则，当拥有相对比较高级别的组织成熟度，并且进行优先级排序的事务成本和协调成本都很低的时候，应该选择随需或临时的优先级排序节奏。否则，还是选择定期召开优先级排序会议，以固定的节奏选择工作项填充输入队列为好。

总　　结

- "优先级排序节奏"指的是达成共识的定期召开会议的时间间隔，会议中按优先级将新工作项拉入输入队列以便开发。

- 通过将优先级排序节奏与开发前置时间及交付节奏分离的策略，看板方法移除了敏捷迭代计划协调活动中可能存在的机能障碍。

- 对新工作请求（比如一个用户故事）进行优先级排序时，需要对来自多个不同职能部门的许多人进行协调。这些协调活动的成本是巨大的。

- 如果为了便于做出优先级排序决策而需要对工作项进行评估，那么这表明优先级排序活动在时间和金钱方面都存在事务成本。这些成本可以被确切计算和跟踪。

- 在优先级排序方法和确定队列输入内容的过程中所使用的策略，代表了看板方法中优先级排序这一协作性合作博弈活动的规则在软件开发领域的应用。

- 在敏捷方法中使用的计划游戏无法扩展，相比单一产品线团队，如果要在关注面更广的大型团队中使用这些规划方法，则需要付出巨大的协调成本。

- 视其中涉及的事务成本和协调成本而定，可以通过鼓励参与优先级排序决策的相关人员以合适频率定期召开会议，建立优先级排序节奏。

- 可以通过极力降低优先级排序活动中的事务成本和协调成本的方法，来提高效率和提升排序节奏。

- 频繁召开的优先级排序会议能够在组织成员间构建起信任关系。

- 以固定频率定期召开优先级排序会议能够降低协调成本，对低成熟度的组织而言，这种策略尤其有用。

- 对已经建立高层次的信任，而且和优先级排序决策策略相关的事务成本和协调成本都很低的高成熟度组织，可以选择随需或者临时进行优先级排序。

看板方法：科技企业渐进变革成功之道

第 10 章

设置在制品限额
Setting Work-in-Progress Limits

在第 2 章中已经讨论过，看板方法背后有两条基础性的原则。一条原则是限制在制品的数量。另外一条原则是仅当有可用产能时才通过信号卡传递机制来拉动工作的流动。因此，当导入看板方法时，需要做出最为重要的一个决定，是为工作流中的在制品限额选择合适的大小。

第 15 章中将会建议，当实施看板方法时，要和上下游的干系人与资深管理层就在制品限额达成一致共识。虽然单方面确定在制品限额并无不可，但是，如果和外部干系人就在制品限额达成一致共识，那么根据对在制品实施限制的规则，这样外部干系人便做出了共同的承诺，这将使看板方法能够发挥出更大的威力。当你的团队和过程遭遇压力时，此前约定好的合作协议就可以发挥作用。此时，你可以发起一个关于过程优化的讨论，而非屈服于压力或忍受那些违背看板系统的设计实施原则的错误做法。事先达成一致共识，是维护在制品受限规则的一种方法，这样可以避免后续发生随意修改甚至抛弃在制品限额的不良现象。

10.1 工作任务的限额
Limits for Work Tasks

在微软公司的 XIT 团队，扎格斯·杜米特决定，每位开发人员和测试人员每次应该只处理一个工作项，因此不会出现同时并发处理多个任务的情况。虽然这是单方面确立的，但是幸运的是，这个选择对于其他干系人而言不会造成什么问题。这和当时的工作方法和团队使用的个人软件过程（PSP）没有冲突。这个团队也十分成熟，能够遵循其中的原则和达成一致共识。读者可以回忆，该案例开始时间是 2004 年秋，当时这个团队中有 3 名开发人员和 3 名测试人员。因此，对于开发和测试活动，每项活动的在制品限额便都为 3。

2006 年在 Corbis 公司，我们对持续性工程做出了一个类似的决策，即每位分析师、开发人员和测试人员每次只在一个承载客户价值的工作项上展开工作。对于新的重大项目，我们则做出了另外一种不同的决策。那些项目中，需要互相协作开展的工作更多。团队中两三个人同时在一个工作项上工作的情况是很普遍的。由于这些工作项可能会受阻或者滞后，我们推测，允许存在一些工作切换和并行是有必要的，因此，在制品限额被设定为 2 或 3 个人一个工作项，但也允许一些限额溢出（overflow）的情况发生。例如，假设有 10 个人，预期每个工作项上分配 2 个人，那么在制品限额可以设为比 5 大的某个数值，以平滑阻塞造成的影响。在这种情况下，也许 8（5 加 3）会是合适的限额大小。

根据某些研究和经验性观察，每个知识工作者同时只在 2 个工作项上工作是最优的。这个结论常被用于支持多任务工作。但是，我认为这个研究结果更多的是反映了在组织中观察到的现实状况。有许多障碍和原因会导致工作停滞。在这个研究中，并没有报告所研究组织的成熟度状况，也没有将数据和过程中出现的任何外部问题（即可归因变异，assignable-cause variation，在第 19 章中会讨论）关联在一起。因此，这个结果可能仅在被考察的环境中有效，而并非是一个真正理想的数值。类似地，如果你提出每个人、每个结对或者每个小团队应该每次只在一个工作项上工作，也许会遭到反对。也许有人会提出不同意见，认为这种规则的限制太严格了。在这种情况下，将在制品限额设为每个人或者每个结对或者每个团队 2 个工作项，也是合理的。甚至有些情况下，将每个人或者每个结对或者每个团队的在制品限额设为 3 也是可以接受的方案。

在选择在制品限额数值上，并没有什么魔法公式。重要的是要记住，这个数值是可以通过试验观察不断调整的。可以先选择一个数值，然后观察这个数值是否能很好地工作。如果不理想，则可以将之调高或者调低。

10.2 排队队列中的限额
Limits for Queues

当工作已经完成，正等待被拉入工作流中的下一阶段时，可以称为"排队（queuing）"状态。这些排队队列该设成多大呢？越小越好。排队队列的 WIP 限额通常和它的前一道工作步骤归在一起计算。例如，"开发中"和"开发完毕"队列会归在一起。如果已经建立一个十分严格的工作中任务在制品限制规则，比如严格规定每个人、每个结对或小团队仅能有 1 个进行中工作项，就有必要通过设置排队队列来吸收其中的变异，以维持稳定的流动。如果在实际运行中，看板系统经常出现走走停停的现象，导致工作者由于受任务完成时间的变异性影响而出现停顿现象，就需要调高排队队列的大小。但是，如果你已经设定 WIP 限额规则为过程中的每个人、每个对子或者团队有 2 个工作项，那么就为变异性设置了缓冲。因此，理想情况下，这时队列大小是 0。最简单的做法，只要将工作任务一栏和完成队列归在一起，合并计算在制品限额即可（见图 10.1）。

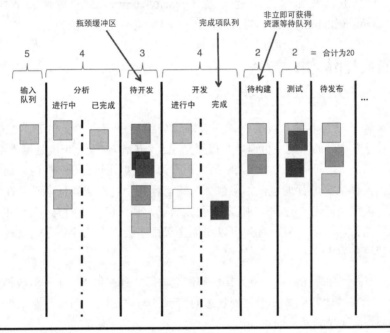

图 10.1　展现了多种不同类型的队列和缓冲区的卡片墙

10.3　瓶颈前的缓冲
Buffer Bottlenecks

为了应对工作流中存在的瓶颈，也许需要在瓶颈前设置一个缓冲区。在第 17 章中会解释，这是一种充分利用瓶颈处资源的典型做法。缓冲区大小的设置很重要。同样，这个缓冲区也要尽可能小。缓冲和队列增大了系统的 WIP 值，它们将导致前置时间拉长。但是，缓冲和队列使工作流动变得平滑，也改善了前置时间的可预测性。由于工作流动变得平滑，所以它们也能够提升交付速率，更多的工作流过看板系统，直至交付出去。缓冲也可以确保瓶颈资源一直处于工作状态，从而提高了资源利用率。多个目标之间需要保持平衡,而缓冲有利于保持这种平衡。大多数情况下,可以通过缩短前置时间来获得业务敏捷性,通过减少在制品来获得更高的质量。但是,千万不要为了一味追求敏捷性或质量而牺牲可预测性。如果队列和缓冲的大小设置得太小,由于变异性,系统运行时会出现走走停停的问题,这将令人十分痛苦;由于变异性的分布太广,将导致无法预测前置时间。关键是要为缓冲区选择一个大小合适的 WIP 限额,足以使系统流动变得平滑,避免在瓶颈处出现空闲。关于缓冲区大小以及如何为产能受限(capcity-constrained)瓶颈和非即时可用(non-instant-availability)瓶颈设计缓冲,第 17 章会有更详细的说明。

10.4 输入队列大小
Input Queue Size

输入队列的大小可以直接根据系统的优先级排序节奏和交付速率来确定。例如,如果一个团队的平均交付速率是每周完成 5 个工作项(变化范围是每周 4~7 个),队列的填充节奏是每周 1 次,那么队列大小设为 7 可能比较合适。同时,这个数值也可以根据具体情况进行调整。如果整个系统运行几个月,队列从来没有在优先级排序会议前被完全消化,也许队列值设置得太大了,那么可把队列大小调低 1 个,然后观察后续结果。不断重复,直到可以在优先级排序会议上让业务方代表对队列进行一次全新填充为止。

另一方面,如果在每周一召开排序周例会,而队列在每周三下午就被消化完——这就会出现有些团队成员处于空闲状态的情况——这说明队列设置得太小。可以把队列大小调高 1 个,然后观察几周。

队列和缓冲区的大小要根据实际需要进行调整。因此,不要为该把 WIP 限额设成多少而烦恼。不要因为无法就完美的 WIP 限额数值达成一致共识而延迟了看板系统的实施。只需要先选择设成某些值就可以!在信息尚不完善的情况下也要不断前进,只要在这个过程中不断观察和进行调整就可以。实施看板是一个不断观察和试验的过程。

如果使用随需进行优先级排序的方法,则输入队列的大小又该怎么设置呢?可以回忆下,在第 4 章中 XIT 团队的输入队列大小是 5 个工作项。设成这个大小,是为了满足一周交付速率的要求。这个设计是基于每周召开优先级排序会议的假设前提。但是,产品经理很快就决定没必要每周开会,当队列中有一个位置空出来时就驱动大家来决定下一个工作项也是可行的做法。当出现这个调整时,我本应该建议扎格斯将输入队列大小从 5 个减少到只有 1 个。我当时没有这么做,这反映了我的经验还是不足。因为这时系统已经发生了变化。此前设计所基于的假设已经改变了。输入队列大小的规则是基于这些假设来设计的，这时应该重新进行调整。如果我当时对输入队列大小做了调整，前置时间的提高将会更加显著。

当 XIT 团队转向随需进行优先级排序时，一般需要 2 个小时才能将队列中的空位填补上。将重置队列的最长时间设为 4 个小时，应该是一个合理的假设。但是，还要考虑到开发团队和产品经理不是在同一处办公的因素。决定优先级排序的产品经理在华盛顿州雷蒙德，而开发人员在印度海德拉巴。他们每天 8 小时的上班时间是错开的。所以有可能出现印度团队在早上开始工作，完成了任务，等待队列里有新工作填补进来，但是，显然那时产品经理正在睡觉。鉴于这种所需资源的非即时可用（non-instant availability）性问题，也许在极端情况下，队列中填充一个工作项的时间会达到 16 小时。要提醒的是，在这个工作流中开发人员是瓶颈。为了使交付速率最大化，我们不希望开发人员出现空闲状况。因此，需要谨慎决策。虽然做出队列填充决定的平均时间仅为 2 小时，但是这个案例中，16 个小时是一个比较谨慎的时间长度。再看下 16 个小时这个时间段的平均交付速率情况是怎样的呢？在效能最高的状况下，该团队可以在一个季度内交付 56 个请求项。低于每周交付 5 个请求项的水平，即在 16 个小时这个时间段内，他们不太可能完成 1 个请求项的交付任务。因此，将队列大小设为 1 个请求项是合理的。而不设置输入队列则是不合理的。在 16 个小时这段时间窗口内，由于产品经理可能无法及时对队列进行填充，所以有可能出现开发团队处于空闲状态的情况。

10.5　工作流中不设 WIP 限额的区域
Unlimited Sections of Workflow

在约束理论中，用于解决流动问题的拉动式系统解决方案，称为"鼓-缓冲-绳"（Drum-Buffer-Rope）"方法。在这个方法中，不对处于瓶颈下游的工序节点设置 WIP 限额。这个设计基于一个假设，即这些工序节点的产出能力比瓶颈工序大，存在有空闲时间的富余产能。因此不需要对它们设置 WIP 限额。图 10.2（a）描绘了这种设计，沿用高德拉特的《目标》一书中所使用的隐喻，图中展示了排成一队徒步前进的巡察兵。在排头兵和走得最慢的巡察兵（队伍中的第 4 名）之间拉着一根绳子，走得最慢的巡察兵是交付速率（这里是巡察兵走过的距离）的瓶颈。排在前进速度最慢的巡察兵后面的巡察兵永远都不会掉队，因为他们能够走得比队伍中的第 4 名快，因此只需要使用一根绳子就够了，第 4 名巡察兵约束了整个队伍的前进步调。

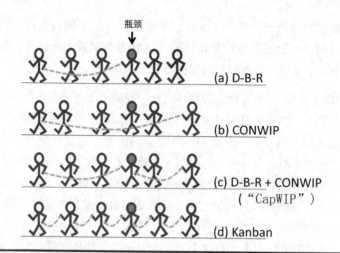

图 10.2 使用贴纸小人描述 4 种不同的 WIP 受限的拉动系统的设计

在看板系统中，工作流的大多数节点甚至全部节点都有 WIP 限额。这么做有潜在的好处，因为一些意想不到的变异性可能会导致上游步骤变成一个临时瓶颈。看板系统在该处的 WIP 限额会让整个工作流停下来解决该处的瓶颈，避免系统产生堵塞和过载。当障碍被排除时，系统便可优雅地重新恢复流动。看板方法中使用的 WIP 限制方式如图 10.2（d）所述，该图展示了如果使用看板方法中的方式，那么巡察兵们应该如何通过绳子连接在一起。图中，每个巡察兵都通过一根绳子和队伍中另一名巡察兵连在一起。为了控制 6 名士兵组成的巡察队的前进步调，需要 5 根绳子。

有些情况下，不对看板系统中一些处于下游的工序步骤设置 WIP 也是可以接受的。在微软公司 XIT 案例中，进行验收测试操作的用户资源极为富余且随时都可以找到，基于这一假设，就没必要对用户验收测试这一步骤设置 WIP 限额。在 Corbis 公司案例中，待发布队列是不设置 WIP 限额的。由于双周发布的节奏，处于发布就绪状态的工作项不可能很多，所以基于这样的假设可以不对待发布队列设置 WIP 限额。反过来，如果处于发布就绪状态的工作项激增，那将导致发布复杂度变大，从而带来大量的协调活动和增加事务成本，发布活动将变得不够经济，那么就有必要对待发布队列设置 WIP 限额。但是，这种情况在 Corbis 公司一直都没有发生，因此一直没有对待发布队列设置 WIP 限额。

10.6　不要使组织压力过大
Don't Stress Your Organization

在一开始就选择过小的 WIP 限额可能会使组织处于过大的压力之下。产能较低的低成熟度组织将会遭遇更多的障碍。因此，如果将 WIP 限额设定得太低，这样的组织可能会发现，引入看板系统给他们带来了极大的痛苦。遭遇许多障碍，意味着在卡片墙上可以看见大量代表问题项的粉色便签，过小的 WIP 限额意味着几乎每一件事情都会变得举步维艰，许多人会无事可做而处于空闲状态。尽管空闲的富余时间可以引发团队的关注，加速解决问题和移除障碍，但是，对于一个较低成熟度的组织而言，这种情况只能带来巨大的痛苦而已。看到许多人领着薪水却处于空闲状态，资深管理层可能会变得十分焦躁不安。

引入变革的时候，要明白 J 型曲线效应。理想情况下，每次变革产生一条小的 J 曲线，这时变革对效能造成的影响还很小，此后整个系统会快速地恢复稳定，并显现变革带来的改善效果。如果把WIP 限额设置得太小，J 型曲线效应造成的影响会很大，系统恢复稳定所需的时间会拉得很长，这不但会让人感到痛苦，而且可能导致不期望发生的反作用：看板方法暴露组织中存在的问题，由此可能会冠以使事情变得更加糟糕的罪名而被迫中止，并且其本身也会被视为是问题的一部分而不是解决办法。因此，要谨慎对待这个问题。对于能力比较强且有较高成熟度的组织，由于预期之外的问题（可归因变异）很少，所以可以考虑采用约束较为严格的 WIP 限制规则。对于比较混乱的组织，把 WIP 的限制规则设得比较宽松为好，开始时，先把 WIP 限额设得大一些，通过创建持续改进的驱动力，将其逐步调低。

10.7 不设置在制品限额是错误的
It's a Mistake Not to Set a WIP Limit

尽管我提醒大家一开始就不要把 WIP 限额设置得过低，但是我也确信一点，不设置 WIP 限额是错误的做法。

看板方法的一些早期采纳者，如雅虎公司，选择不设置 WIP 限额，因为他们认为那时团队还太混乱，无法应对实施看板过程中所带来的痛苦。他们希望首先通过看板方法中的可视化控制元素来提升组织的成熟度，然后再引入 WIP 限额。但是，这种方法后来被证明是有问题的，一些团队在还没有看见改善发生前，便放弃了看板方法。而其他一些团队则因组织重组或者项目取消等原因被解散，因此也无法拿到进一步的数据。在 Corbis 公司，有几个重点项目团队选择仅在粗粒度的高层功能上设置十分宽松的 WIP 限额。这种做法使得看板方法的实施效果也打了折扣。

我确信，在价值流中添加 WIP 限额带来的压力是一种积极的压力。这种积极压力迫使大家去讨论组织的问题和机能障碍。机能障碍阻碍价值流动，许多组织可能仅对生产率、前置时间和质量进行局部优化，而非系统性的优化。WIP 限额带来的积极压力会引发价值流上各方的讨论和协同,因此这是一种健康的压力。这正是促成涌现持续改善文化的关键机制。没有 WIP 限额,过程改进方面的进展会十分缓慢。据那些在一开始就设置了 WIP 限额的团队反馈,他们在能力和组织成熟度方面得到了迅速提升,通过频繁且可靠地交付高质量软件,在业务上也取得了卓越成果。相比而言,那些延迟推出 WIP 限额规则的团队,都会举步维艰,而且提升效果也很有限。

10.8 产能分配
Capacity Allocation

一旦已经在价值流系统中建立了 WIP 限额规则,就可以考虑根据工作项类型或服务类别来分配生产能力。

图 10.3 展示的是第 6 章中的卡片墙设计,所有分栏的 WIP 之和是 20 张卡片。根据工作项类型进行产能分配,分别是 60%分配给变更请求工作项,10%分配给维护工作项,30%用于文本变更工作项。这等价于在横向泳道中将变更请求的 WIP 设为 12,将维护工作的 WIP 设为 2,将产品文本变更的 WIP 设为 6。

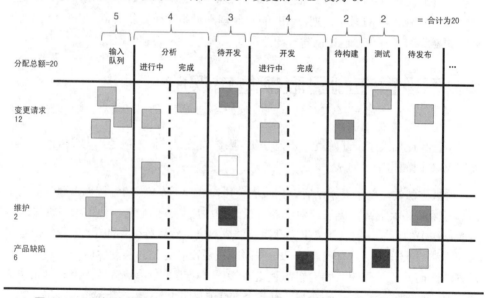

图 10.3 在每个横向泳道上为不同工作项类型显式定义 WIP 限额的卡片墙

通过产能分配,看板系统接收的每种工作类型都得到了有效的服务保障。产能分配一般要根据每种类型工作的提请量情况,进行合理分配。因此,先完成请求分析(demand analysis)显得十分重要,这将有利于根据工作项类型在横向泳道上合理设置 WIP 限额。

总　　结

- 需要和价值流上下游的干系人和职能部门资深管理者对 WIP 限额达成一致共识。

- 虽然可以单方面定义 WIP 限额，但是此后遭遇压力时要捍卫住这个限额将会十分困难。

- 工作任务的 WIP 限额应该按照每个人、每个开发结对或者每个协同工作的小团队的平均工作项数量来设置。

- 一般而言，限额数值应该设置在 1~3/人（/结对/团队）范围内比较合适。

- 输入队列的限额要保持越小越好，一般将其大小设置在足以消化工作项规模和任务工时上的变异所带来的影响就可。

- 在瓶颈前要设置缓冲区域。

- 缓冲区限额越小越好，但是其大小设置要确保瓶颈资源得到充分利用，并足以维持系统中的稳定流动。

- 所有的 WIP 限额都可以通过不断的试验进行调整。

- 实施看板是一个试验性的过程。

- 不要浪费时间试图确定完美的 WIP 限额大小；只需要先设置一个差不多大小的限额，往前走，必要时对限额进行调整、观察、再调整。

- 工作流下游的一些区域不设置 WIP 限额，有时也是可行的。

- 要特别注意，不设 WIP 限额的工序步骤，不能成为瓶颈工序，也不能导致在交付（批量向下游交付）时引入大量的事务成本或协调成本。

- 一旦已经建立 WIP 限额规则，就可以根据工作项类型来分配产能。

- 根据工作项类型来设置横向泳道，并为每个泳道设置 WIP 限额。

- 进行产能分配时，需要对看板系统接收的不同类型工作项进行请求分析，确定各工作项类型的相对规模。

第 11 章

建立服务水平协议

Establishing Service Level Agreements

对服务类别这一概念，大家并不陌生。在机场搭乘过航班的人都知道，那些付费更高或者是享受客户忠诚回馈活动的乘客可以走快捷通道来"插队"。有时候，这类特权还包括优先进行机场安检、使用特殊候机室及优待登机等。那些付费更高的乘客和平时定期搭乘该航空公司航班的乘客可以享受更优的专属服务。

在软件开发与 IT 系统的工作中，我们对这一概念也不陌生，其中大多数是和缺陷修复尤其是产品缺陷的修复相关。我们可以根据严重性（影响）及优先级（紧迫性）来评估缺陷。十分严重、高优先级的缺陷要尽快修复。这些缺陷相比其他工作获得了一个不同的、更高级别的服务类别。为了修复十分严重的产品缺陷，我们会将其他工作暂搁一旁，需要投入多少人力就投入多少人力，并且常常还需针对应急修复、应急补丁或应急发布等制订特别行动计划，以缓解危机。

这个概念的广泛应用，能在业务敏捷性与风险管理方面都带来好处。有些请求比其他请求更为迫切，而有些请求则比其他请求更有价值。通过为不同类型的工作提供不同类别的服务，可以做到在优化经济效益的同时，为客户带来更多的灵活性。

根据所需服务水平进行分类，是一种十分便捷的工作分类方法，这让我们可以优化经济成本，并在多个差异级别上保障合适的客户满意度。通过为一项工作快速确定服务类别，我们无需对该工作项再进行细致的估算或分析。服务类别的相关规则条款，影响工作项在看板系统中的拉动方式。服务类别决定工作项在系统内的优先级。它为优先级排序和输入队列的再填充提供了一种自组织途径，并有利于价值-风险组合的优化。

11.1 服务类别的一种典型定义
Typical Class-of-Service Definitions

服务类别往往是根据业务影响来定义的。可以使用不同颜色的记事贴、索引卡或标签来表示不同的类别，清楚标识出每个请求相对应的服务类别，如图 11.1 所示。还有一种方法是通过在卡片墙上画出不同的横向泳道来标识服务类别。

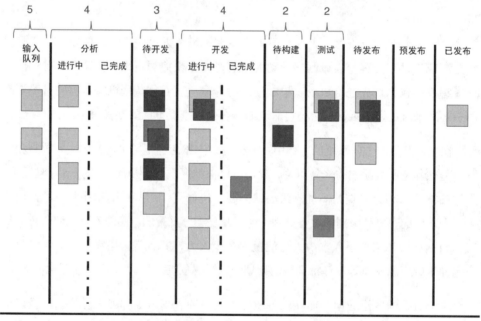

图 11.1　使用不同颜色的便签标识不同服务类别的卡片墙
（感谢 QNH 的 Olav Maassen 提供）

每个服务类别都有一套规则条款，决定该类别下的工作项被拉入看板系统的优先级次序。每个服务类别还向客户做出明确的承诺。以下是一套服务类别定义的简要范例。尽管这些定义并不是每个实施看板方法的团队都必须遵循的标准，但是，也的确具有相当高的普适性。

在这套范例中，共定义了 4 个服务类别。定义服务类别时，建议最多不要超过 6 个类别。过多类别会使分类显得过于复杂，难以管理操控。服务类别的数量要定义得恰到好处，以使团队成员和外部干系人在内的所有相关人员都能清楚记住，同时又足以保证做到灵活响应客户需求。

加急类
Expedite

加急（或称"银弹"）服务类别在制造业为人熟知。最典型的场景可能是，销售团队正在为完成季度销售目标苦苦努力，这时刚好遇上一个客户，这个客户手头有需要在财政年度结束之前花掉的一笔预算。该客户迟迟做不了采购决定，但是鉴于财政年度余时不多，最后终于做出了选择。客户下了订单，但是条件是不得延期交付。制造商与客户就价格和数量达成共识，接受了订单。这也就意味着，

必须在该季度的最后一天前完成订单生产、交付给客户并开具发票。这类订单通常是由区域销售副总裁办公室下达至工厂，而且考虑到时间紧迫、订单价值不菲，往往要求加急交付。

具备加急能力，使得供应商在面对客户需求时，即使颇有困难也敢做出承诺。然而，加急订单对生产供应链及物流系统将造成严重影响。加急意味着既要提高库存水平，又要延长其他非加急订单的交付周期。这样的业务决策，意味着为实现某一销售任务而选择延迟其他订单的交付，并承担库存升级带来的额外成本。如果公司管理得当，加急带来的价值会超过交付周期拉长（及因此损失一些生意的可能）及库存升级带来的成本。

生产制造公司通常会制定条例，以限制需要工厂加急生产的需求数量。其中一种常见做法是，在一段给定时期内，授予区域销售副总裁固定数目的所谓"银弹"（silver bullet）"。因而，在生产制造业和物流业，"银弹"一词已经变成"加急"的同义词。

要特别说明一点,可惜"银弹"一词在软件工程中也用于表达其他意思。弗雷德·布鲁克斯(Fred Brooks)将之定义为某个能将程序员生产力提升 1 个数量级(10 倍)的(技术或流程)改变。因此,我建议还是将这一服务类别称为"加急"比较合适。不过,在一些生产制造企业或者高层管理者对制造业十分熟悉的企业中,我发现他们比较喜欢使用"银弹"。这也无妨,只要技术人员知道其中的用法差异就好。

固定交付日期类
Fixed Delivery Date

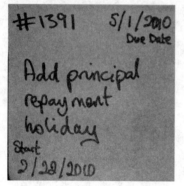

2007 年 2 月中旬的某天,一名开发人员走进我的办公室,他问我是否注意到我们用于信用卡处理的服务平台有一个问题。情况大致是这样的,随着供应商不断为平台加入各种新特性,他们发现平台的代码已经难以维护(软件开发行业的一个通病)。2006 年,为了满足增加新特性的要求,他们已经用一个新系统完全替换了旧平台,在这个新系统中采用了全新的应用程序编程接口(API)。他们已通知所有客户,并提前 15 个月告知客户旧系统将于 2007 年 3 月 31 日后关闭。换言之,如果不升级我们的系统以使用新平台,那么,2007 年 4 月 1 日开始,我们网站的在线交易功能将无法使用。这对一个主要依靠网络销售来创造营收的企业来说,是个大麻烦,到时如果出现问题,那就更不好向公司老板交代。我们只有 6 周时间来做必须要做的变更,并将新代码发布上线。代表这项工作的卡片,在进入看板系统时,标注上了固定的交付日期。卡片上的其他信息,则意在让大家注意到不能按时交付的代价与影响,同时让项目团队自觉加速该工作项的进度,以确保按时交付。

这不是第一次收到这类请求。之前有个请求,与整合我们收购的某家公司的 IT 系统相关。从收购的商业提案看,在同年 2 月 1 日完成 IT 系统整合将能够节省巨大成本,因此这个请求也是一个固定交付日期类别的请求。

可以看到,从中似乎可以总结出一些主题或模式。有些请求与重大合同性义务相关,有些与法规要求(通常来自联邦政府)相关,还有些与战略举措相关,比如收购了其他业务。这种性质的请求有直接或间接的重大延期成本,具体表现为两种情况:依据法律部门规定或依照合同所列条款,延期至某日之后,公司将面临处罚(或罚金），这时需要企业自己直接承担付出的成本。或者，公司将被要求停止某些活动，如停止销售某类特殊物品或停止在某个区域的营运，直至符合某些需求才可重新开始。后一种情况属于间接成本，是以损失某些机会的形式付出的成本，因为在延期期间可能会失去潜在收益。图 11.2 描述了这两种情况。

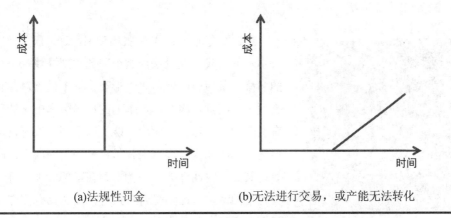

(a)法规性罚金　　　　　　(b)无法进行交易，或产能无法转化

图 11.2　针对固定交付日期类别的请求，有两种不同的延期成本函数

季节性强的组织，如学校、大学等，往往有硬性的时间要求。如果你的工作和教育行业相关，客户或许会希望你能在每年的一些固定时间交付软件，否则就拿不到订单，即如果不能按他们的时间窗口交付软件，那就只能看着生意告吹。那些出于硬性要求或文化特性而具有"发布窗口"要求的请求，其延期成本函数是（或接近）一个阶跃函数，应该将之视为一个固定交付日期类别的请求来对待。

标准类
Standard Class

大部分带有一定紧急度的工作项，都应当被视为标准类工作项来处理。标准类工作项的服务水平协议和规则条款，会因工作项类型的不同而有所差别。有一种常见的看板系统设计方案，是按照规模大小，如小、中、大等来划分工作项的。针对不同规模大小的标准类工作项，可以采用不同的服务水平协议。例如，小型工作项通常需要四天处理时间，中型工作项需要一个月，而大型工作项可能需

要三个月。标准类工作项往往拥有具体可计算（尽管不一定以货币单位来计算）的延期成本。在交付时间框架范围内，延期成本一直存在。

无形类
Intangible Class

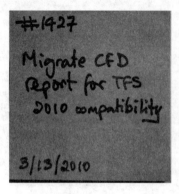

有必要再定义第 4 个服务类别，这个服务类别的级别较低。我一直设法给这个服务类别寻找一个合适的名称，最后暂时使用"无形类"这个词。对此我也感到不甚满意，因此，在本书的后续版本中可能还会有所改动。无形类工作项可能相当重要也很有价值，但是它们短期内不会带来具体可见的延期成本，即只要在其交付时间框架内，就不存在延期成本。符合这类特征的请求，比如平台替换等，虽然具有固定交付日期的要求，但是这个时间相对较长。

例如，2005 年，微软公司发布了最新版本的 RDBMS 数据库服务器 SQL Server 2005。SQL Server 2005 版用于取代 2000 版，而 2000 版将停止开发。作为市场主导者，微软公司必须为其产品提供 10 年的支持服务。因此，微软公司对 SQL Server 2000 的支持会持续至 2010 年。这为客户提供了 5 年的时间窗口来替换那些与 2005-（或 2010-）平台等新版本不兼容的代码。因此，在 2005 或 2006 年，替换数据库代码，如存储过程和持久层代码等，并非刻不容缓的高优先级工作项。那时，这个工作项没有延期成本。然而，随着时间的越来越近，如果还没有完成代码修改，延期成本就要升级。你的系统将越来越难以和其他产品集成，因为集成其他产品的较新版本的前提要求是安装 SQL Server 2005。转换到新平台上的压力会不断积累，越来越大。到 2009 年，升级就变得越发紧迫，因为微软公司即将停止为旧版产品提供服务支持，如果未能按时完成升级，则意味着你的业务跑在旧机器上，使用的是旧版且无服务支持的操作系统和配套基础设施。如果无法接受这样的风险，那么必须进行代码升级。这种平台升级替换问题，是软件工程团队需要持续应对的常见问题之一。尽管一直想早点着手处理并及时完工，但是本来分配给系统升级的产能，却被其他更紧急的工作占用了。换言之，由于当下的延期成本很低，平台替换常常会被其他延期成本更高和有直接延期成本的工作所代替，导致其一直得不到处理。

为这类工作设置一个服务类别以使此类工作得以尽早处理，是明智之举。要为之预留一定的产能以确保工作得以完成；只是，可能不会承诺完成时间。毕竟，它们属于低延期成本的工作，总得让道给其他更紧急的请求。为了能够具备富余产能来处理加急请求，也必须安排一些低延期成本的工作以便周转。这些无形类的工作项为组织提供了富余产能的周转来源。

11.2　为服务类别设置规则条款
Policies for Class of Service

为了便捷地标识出服务类别，需要应用可视化技术。如前所述，在卡片墙上使用不同颜色的标签卡片或者划分不同的横向泳道都是最常见的一些做法。有些团队采用在工作项标签卡片上粘贴星形粘纸等小装饰的方法。专门为加急需求划出泳道也是一种常见的可选方案。关于如何对服务类别进行可视化标识，可以根据自己的需要选择合适的方式。本章采用以不同颜色来标识不同服务类别的方法。可视化标识的目的，是确保任意一名员工在任意一天都能在没有管理干预或监督的情况下，使用与该服务类别相关的十分简单的排序规则，来做出高质量的优先级选择。

以下示例描述的是针对前述 4 个服务类别的优先级排序规则。在不同的服务类别设计中，每个服务类别的定义是有其自身的独特性的，其中使用的规则自然会与这些示例不同。不过，本节给出的这些示例规则是基于循证过程得出的，因此，它们是真实团队已经在使用的一些规则，具备较高的实用性。

加急类的规则条款
Expedite Policies

- 用白色卡片表示加急类请求。
- 任意时间，只能有一个加急请求。换言之，加急类服务的在制品限额是1。
- 符合要求的资源必须即刻配置给加急请求。其他工作将暂时搁置以便处理加急请求。
- 为满足处理加急请求所需，工作流任一节点上的在制品限制都可以被打破。无需为加急处理事先预留产能。

- 如有必要，可以进行特殊（非周期性例行）发布，以便加急请求能够尽快发布或交付。

固定交付日期类的规则条款
Fixed Delivery Date Policies

- 用紫色卡片表示固定交付日期类的工作项。
- 在卡片的右下角标示所要求的交付日期。
- 分析固定交付日期类工作项，估算其规模及所需工作量，以评估所需的流动时间。如果工作项太大，则可以将之分解成若干个小的工作项；然后单独评估每个小工作项，以判断是否符合固定交付日期的要求。
- 固定交付日期类的工作项放在待办项列表中，直到某一时间点被选到输入队列中。这一时间点接近一个根据流动时间估算刚好可以按时交付的理想开始时间。
- 相比其他低风险工作项，固定交付日期类工作项可以优先从待办项列表中拉出。在本范例中，它们比标准类工作项和无形类工作项优先拉出。
- 固定交付日期类工作项必须遵循在制品限制规则。
- 固定交付日期类工作项完成后处于待发布状态，需要在等待发布队列中排队等候。它们可以在早于要求的交付日期前通过例行发布活动发布。
- 如果固定交付日期类工作项进度滞后，并且存在无法按指定日期发布的风险，则可以将其服务类别调为加急类。

标准类的规则条款
Standard Class Policies

- 使用黄色卡片表示标准类工作项。
- 标准类工作项按照民主投票等约定做法排序进入输入队列，一般根据其延期成本或业务价值来进行选择。
- 标准类工作项在系统中拉动时，遵循先进先出（FIFO）的原则。通常，在从输入队列拉入工作项时，如果没有需要优先选择的加急类工作项或固定交付日期类工作项，团队成员会先拉入最早进入队列的标准类工作项。

- 标准类工作项完成后，处于待发布状态，需要在等待发布队列中排队等候。它们会在下一轮例行发布活动中发布。
- 无需估算标准类工作项的工作量大小和流动时间。
- 可以对标准类工作项进行分析，以判定其规模的数量级，一般可以分为小型（若干天）、中型（一两周）、大型（可能长达数月）三个级别。服务类别必须清晰地以可视化方式标识出来，例如，在卡片墙上通过不同颜色的卡片或不同的泳道来标识不同的服务类别。
- 大型工作项还可以分解成若干个小型工作项。分解后的每个小型工作项可以单独进行排序和在看板系统中流动。
- 标准类工作项通常会以 m% 的准时交付率在被选出后的 x 天内完成交付。

在标准类的服务水平协议中，一般会标明诸如 30 天的交付周期和 80% 的准时交付率等指标。换言之，有 4/5 的请求需要能在 30 天内完成交付。

无形类的规则条款
Intangible Class

- 使用绿色卡片表示无形类工作项。
- 无形类工作项按照民主投票等约定做法排序进入输入队列，一般根据其长期影响或延期成本来进行选择。
- 可以根据需要临时将无形类工作项拉入系统。只要没有其他更高级别的工作项，团队成员可以选择拉入一个无形类工作项，拉入时无须考虑该工作项是何时进入队列的。
- 无形类工作项完成后，处于待发布状态，需要在等待发布队列中排队等候。它们会在下一轮例行发布活动中发布，或者也可以和其他工作项合并在一起发布。
- 无须估算无形类工作项的工作量大小和流动时间。
- 可以对无形类工作项进行分析，以判定规模大小。大型工作项还可以分解成若干个小型工作项。分解后的每个小型工作项可以单独进行排序和在看板系统中流动。
- 通常，无形类工作项需要让道于加急类工作项，以使后者优先得到处理。
- 一般不必为无形类工作项制定服务水平协议。如有必要，该协议一般会远比标准类工作项的宽松，比如可能会定义为 60 天的交付期，准时交付率为 50%。

11.3 确定服务交付目标
Determining a Service Delivery Target

在前面这套服务类别的范例中,为标准类服务设置了一个目标前置时间,比如 28 天(4 周)。通过这种将目标前置时间和准时交付率结合使用的办法,可以不用再一一分别对待每个工作项并为之一一进行估算及承诺交付日期。服务水平协议让我们得以去除高成本活动,如估算;还可以让我们得以避免低信任水平的行为,如承诺;通过处理请求的集合来分散风险,并仅以准时交付百分比的形式承诺一个总体的指标。避免做出我们可能无法兑现的承诺,可让我们免除失于信客户的危险。因此,务必解释清楚,标准类服务里的目标前置时间并非承诺,而只是一个目标!

拥有一些历史数据会有助于确定目标前置时间。如果你没有这样的数据,那么可以进行合理的估算。如果有历史数据,那么确定目标前置时间最科学的方法,就是借助统计过程控制(SPC)软件包或支持统计过程控制功能的看板追踪工具(如 Silver Catalyst)来计算的,然后使用上限控制(+3σ 约束)的方法来确定前置时间。这样能确保在大部分正常情况下,都能够达成设置的前置时间目标,除非确实存在某些可归因问题(第 19 章中有更详细的解释)。

前面这一段可能会让你感觉云里雾里,通俗一点的解释是,你希望设定的前置时间目标大多数情况下是可达成的,但是同时又具有足够的挑战性,以促使团队全力以赴地工作。工作项在规模大小、复杂性、风险及所需专业技能等方面会有差异,相应地,它们的前置时间也会存在很大的差异。没关系,如果你对一些历史数据做做分析,或许可能会发现,70%的工作项是在 28 天内交付的,剩下 30%的工作项在前置时间上的差异可能会分布在 100 天的范围内,这种情况下,将目标交付周期设成 28 天或许是一个合适的建议。

我发现,对服务进行分类是一种非常强大的技术。2007 年时,我的团队中有近 30%的请求是晚于目标前置时间交付的。我们用"准时交付率"这一度量指标向管理层汇报,也就是准时交付率从没超过 70%。但是,尽管从符合目标交付日期上看团队表现不尽如人意,却很少有客户抱怨。其中的原因不难分析:所有重要的工作项——那些高风险或高价值的工作项——全部都按时交付了,而且,因为交付活动还在以可靠的节奏持续进行,所以客户相信那些暂未交付的工作项再过 2 周或 4 周便会完成交付。

通过加急类与固定交付日期类服务，可以确保重要的工作项总能按时交付。与此同时，其他产生了延期的标准类工作项一般也只会晚一两个发布周期（14 天或 28 天）。客户对交付的节奏很放心，这种信任源自团队一贯的工作表现。因为我们一直保持每两周的第二个周三进行一次交付的节奏。相比标准类（以及当时还没被专门定义出的无形类）工作项潜在的微不足道的延期成本，业务方会更关心已经交付了哪些成果，并为未来的工作项进行规划，而不是对在制品的准确交付日期纠缠不休。

这样的效果是很了不起的，因为看板方法的服务分类理念已经明显改变了客户的心理，并且显著改变了客户关系和客户期望的特征。客户现在的关注导向是长期的关系以及整个系统的效能表现，而不再是某个或若干个具体工作项的交付日期。这就给开发团队带来了自由，使其可以专注于真正重要的事，而不是浪费时间去应付各种因与客户之间缺乏信任而带来的琐碎事务。

11.4 设置服务类别
Assigning a Class of Service

当某个工作项被选入输入队列时，就应该为之设置服务类别。如果该工作项是一个加急请求，那么要清楚地表明该工作项是一个加急请求，需要尽快处理完成，越快越好。这个类别适用于那些预示直接商机或者某项请求得不到满足就将招致巨大损失的案例。而且，有时候延期成本可能已经出现，比如，修复严重的产品缺陷就是其中的典型情形。

如果某个工作项有固定交付日期的要求，那么它的工作项类别也应该清楚表明这个特点。这样的请求或许跟某个独立监管机构的最新条例要求有关，也可能跟业务的某些季节特性有关。如果某个工作项是一个固定交付日期类工作项，那么，该日期应该是明确的，还应位于一个合理的时间窗口中——也许是标准类工作项的目标前置时间的 2 倍，并且可能已经对该工作项进行了估算，以便能在最佳时间点启动工作，确保准时交付。

相比起来，比较难的决定是该将某个工作项设成标准类还是无形类。我的个人观察是，标准类工作项的机会-成本之间存在直接关系。比如，如果我们今天获得了某项新功能，那么明天就能从中获得回报。因此，这一工作项越快交付越好，不过标准类工作项的延期也不会像固定交付日期或加急请求那样，一旦延期就会带来很大的问题。

无形类工作项往往也是一些相当重要、相当有价值的工作项，不过它们在短期内不存在延期（机会）成本。一般来说，其成本函数的上行拐点往往出现在未来几个季度甚或几年之后。这个范围已经远远超出了当前的规划时间跨度，通常，规划时间跨度是前置时间的 2 至 3 倍。如果当前的前置时间是 28 天，那么规划时间跨度可以是 3 个月。在 3 个月的时间窗口内会造成机会损失或者有形损失的工作项，应当被视为标准类工作项，而那些损失或效益需在几个季度或几年后才显现的工作项，则应当被视为无形类工作项。

11.5 应用服务类别
Putting Classes of Service to Use

每个看板系统在实施时都要清楚定义所采用的服务类别。要向每位团队成员清楚解释每个服务类别的相关规则。参加站立晨会的每位成员要充分理解在用的服务类别。为了达到这种效果，服务类别的数目不能过多，4 到 6 个类别是比较合适的参考值。同时，由于希望每位成员都能够记住各个服务类别、它们的含义以及用法，所以每个服务类别的相关规则要注意保持简洁，规则条数也不能太多。规则的定义必须准确明白，不能模糊不清。每个服务类别的规则建议不要超过 6 条。

待团队对服务类别的划分及各个服务类别的相关规则有了充分了解之后，就应该授权他们自行组织工作在看板系统中的流动。各工作项应该以能最优化业务价值和客户服务的方式流经看板系统，最终收获的成果要使发布的软件达成客户满意度的最大化。

11.6 根据服务类别来配置产能
Allocate Capacity to Classes of Service

图 11.3 显示的是一个 WIP 限额总数为 20 的看板系统，图中使用 4 种颜色来表示不同的服务类别。白色标签代表的加急类工作项不计在 WIP 限额内，但有一个约束，任何时候最多只能有一个加急类工作项。也就是说，当出现加急类工作项时，它将对总的产能造成 5% 的影响，并使在制品数目增至 21 项。本例中，紫色标签代表的固定交付日期类工作项占总产能的 20%，也就是任何时候板上最多只能有 4 张紫色标签，但它们可以出现在任意一个分栏中。黄色标签代表的标准类工作项占总产能的 50%，即最多有 10 张黄色标签。剩余的 30% 产能配置给绿色标签所代表的无形类工作项。

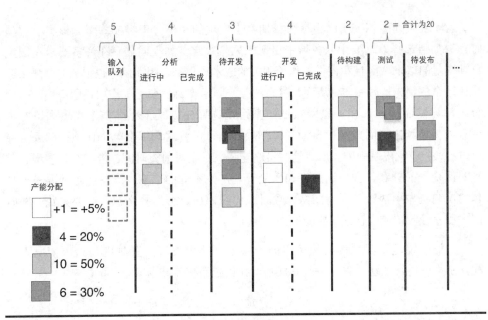

图 11.3 展示了根据不同服务类别来分配产能的看板墙

已经为不同的服务类别分配了不同的产能，现在，输入队列的填充活动会因各个服务类别是否有对应可用产能的问题而变得复杂了。就这个示例看板的当前状况来看，目前还可以填充入 1 个固定交付日期类工作项和 3 个无形类工作项。根据这种状况，有许多问题需要思考。如果当前没有固定日期类工作项，那该怎么办呢？该用标准类工作项来填充空位吗？如果需要填充入工作项，那么应该是将其视为固定交付日期类工作项还是标准类工作项来对待呢？如果这么做了，是不是意味着我们也调整了产能配置规则呢？

所有这些问题提得都很合理，这也是大家在使用看板系统时碰到的常见的突出问题。对此，并没有简单的对或错的答案，而要根据具体情况具体分析来确定方案。

从所采用的配置策略可以看出，该业务域存在许多要求在固定日期交付的工作项，并且已为无形类工作项预留了一定的产能。由此或许可以推断出他们正在着手某些交付周期较长的大型任务，如平台替换等。或许还可能推断出该业务域存在的风险也不少。或许，该业务域具有季节性的特性，后续可能会出现加急类请求或固定交付日期类工作项数量的突然增长。为了能够从容应对季节性请求同时又保持稳定的客户满意度，可以为无形类工作项配置比标准类工作项更多的产能。这样，就可以为系统预设具有弹性的富余产能，以备不时之需。

看板方法：科技企业渐进变革成功之道

当输入队列中有一个固定交付日期类工作项的空位，但当前却暂无该类工作项时，该如何选择？这要由业务域中出现的风险决定。如果明显存在许多要求在固定日期交付的请求，而且和该类工作项相关的成本也很高（因而风险也很高），那么选择让这个位置先暂时空着，从而为将来的某个固定交付日期类工作项预留产能，是明智之举。然而，如果相关风险很低，则可以选择先以某个标准类工作项来填补空位。如果后续出现固定交付日期类工作项，则可以将这个标准类工作项挂起或选择暂时打破 WIP 限制规则。所有这些策略选择，都会对前置时间、准时交付表现、前置时间变异的分布、客户满意度和风险管理产生不同的影响。这些决定都要根据具体情况自己做出决策。在为团队、项目或组织做出最佳选择之前，需要先花一些时间去积累经验和形成合适的判断能力。

产能配置是看板系统实施策略的一部分。如果发现配置规则与请求情况不匹配，那么就进行一些调整——改变规则，并相应调整 WIP 限额。

总　　结

- 划分服务类别为优化客户满意度提供了一种便捷方法。
- 须依据工作项的业务影响来设置其服务类别。
- 须对服务类别进行明晰可视的标识，如采用不同颜色的卡片或在卡片墙上划分不同的泳道等方法，来标识不同的服务类别。
- 须针对每个服务类别定义一套管理规则。只有那些涉及较高风险的工作项，才需在其中包含诸如估算之类的高成本活动。
- 必须对团队成员进行培训，确保他们理解各个服务类别以及相关规则。
- 某些服务类别的规则定义中须包含目标前置时间。
- 要监控目标前置时间的达成表现（通过"准时交付率"这个度量指标）。
- 服务类别划分让自组织成为可能，它能给团队成员带来更多授权，并节省出更多的管理时间，使管理者可以更多专注于过程而非工作内容本身。
- 应用服务类别，可以改变客户的心理。
- 如果服务类别的方法应用得当，再加上有规律的交付节奏，即使有相当一部分工作项未能按目标前置时间交付，也很少会出现客户抱怨的情况。
- 在看板系统中要根据每个服务类别配置相应的产能。
- 分配给各个服务类别的产能比例，要与需求情况相匹配。

第 12 章

度量和管理报告
Metrics and Management Reporting

虽然看板方法的思想之一是最小化侵入性，尽量不改变价值流、工作角色和职责的现状，但是实施看板方法，确实能改变团队与合作者即外部干系人之间的交互方式。基于这一点，不管以往你使用的是传统方法还是敏捷项目管理方法，实施看板方法之后，在做管理报告时，都要采用一种与以往不同的度量数据。

看板的持续流动系统意味着重点并不是报告某个项目是否"准时"或者是否很好地执行了某个计划。重要的是要展示：看板系统是可预测的（predictability），并且可以按照原先设计的方式健康运行，即整个组织展现出了业务敏捷性，专注于保持系统的顺畅流动，且在持续改进方面有了明显提升。

为了体现可预测性，需要展示我们是否很好地兑现了在服务类别中所承诺的服务水平。各个工作项是否得到了恰当的处理？如果服务类别中设有目标前置时间，那么是否能够根据目标前置时间按时完成工作？准时交付率的表现如何？

对于要用到的每种信息指示器（indicator），需要跟踪其发展趋势，这样就能够看见变异的分布状况。如果期望展现持续改进的成效，那么要能够看到这些信息指示器展现的平均趋势随时间推移得到的不断改善。如果期望展现的可预测性得到了提升，那么应该可以看到，变异的分布范围缩短了，同时准时交付率提升了。

12.1 跟踪在制品
Tracking WIP

但是，在建立效能信息指示器前，首先要建立一个最基础性的度量，这个度量能够表明看板系统是否健康运行。为了实现这个目的，需要有一幅累积流图（cumulative-flow diagram）来展示系统中每个阶段的在制品数量。如果看板系统的流动是正常的，那么图表上的每个色带应该是光滑的，并且它们的高度应该也是稳定的。

通过图 12.1 可以看出团队维护在制品限额的能力。从图上还可以看出，WIP（中间的浅色带）在中间时段有所增长。在开始时段，WIP 限额为 27。在结束时段，由于人员调整，WIP 限额为 21。通过横向查看该图，还可以读出平均前置时间。

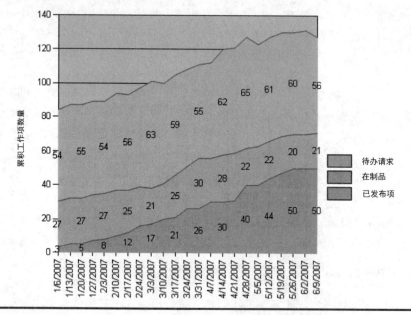

图 12.1　一个看板系统的累积流图示例

12.2 前置时间
Lead Time

下一个度量的目的，是要展示组织根据服务类别中承诺的服务水平进行交付的可预测性状况。这个度量的基础指标便是前置时间。我们能够多快将加急类工作项从订单状态转换到产品中？对于标准类工作项，是否能够在其目标前置时间范围内完成交付？我发现展示这类数据最好的方法，就是对前置时间进行光谱分析（spectral analysis），将之与在服务水平协议中承诺的目标前置时间进行对比（参看图 12.2）。

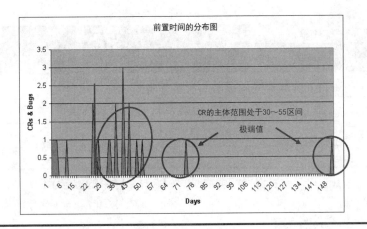

图 12.2 前置时间光谱分析的一个示例

把平均前置时间作为全局效能报告的一部分，具有一定的作用（参看图 12.3），但是将之作为展现可预测性的一个信息指示器或者展示改进机会的一种方法，却并不十分有用。

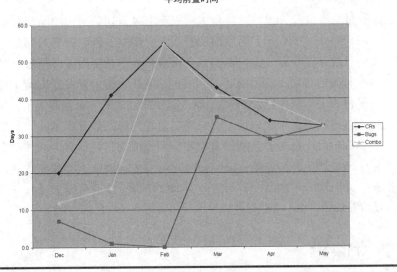

图 12.3 平均前置时间趋势的一个示例

对前置时间进行光谱分析则有用得多，因为它向我们展示的是那些没能达成目标前置时间的极个别工作项，以及其他极端统计值。如图 12.4 所示，有必要对那些没能达成目标前置时间的工作项进行根本原因分析。如果这些根本原因能够被解决，那么准时交付率（工作项被如期交付的比率）应该也能够随之提高。

前置时间和准时交付率		前置时间（平均天数）		准时交付率(%)	
间隔	目标	2007年5月	从2006年12月到2007年5月	2007年5月	从2006年12月到2007年5月
前置时间，从工程就绪到发布(CRs & Bug Fixes)	30	32.5	31.1	52	50
前置时间，从工程就绪到发布(CRs Only)	30	32.6	40.4	50	30
前置时间，从工程就绪到发布(Bugs Only)	30	32.5	19.6	55	75

图 12.4　展现平均前置时间和准时交付率的报告示例

12.3　准时交付率
Due Date Performance

我发现，报告最近月份的准时交付率以及年度至今的准时交付率很有用。另外，还可以报告相邻年度（或 12 个月之前）的数据，以便进行对比。因此，报告 13 个月内的准时交付率数据会比较有用。

在准时交付率度量报告中可以特别关注固定交付日期类工作项的相关数据。这时，要回答的问题是"工作项是否准时交付了？"但是，获得前置时间记录本身并不是最主要的目的，更有意义的是要将预估前置时间和实际前置时间进行对比。预估时间和实际时间的对比，展示的是团队的可预测性水平，以及在固定交付日期类工作项上的交付表现。前面已经提及，团队会对固定交付日期类工作项进行分析和估算。固定交付日期类工作项的准时交付率，是评判最初估算质量的一个依据。显然，最为重要的一个度量是工作项是否如期或者提前交付。估算准确性是表明系统是否高效运行的一个信息指示器。如果已知估算是不准确的，那么，对于固定交付日期类工作项，团队会倾向于提早启动工作，以确保能够做到准时交付。这并非最优的做法。通过改善估算质量，才能提升以价值和交付速率来衡量的全局效能。

12.4　交付速率
Throughput

交付速率是指在某个给定时间段（比如一个月内）交付的工作项数量，报告时，可以将交付速率视为是这些工作项数量或工作项所包含的价值的信息指示器。应该按照时间维度报告交付速率的发展趋势，如图 12.5 所示。团队或组织的目标是要持续提升交付速率。交付速率和敏捷中的"速率（velocity）"度量指标很类似。"速

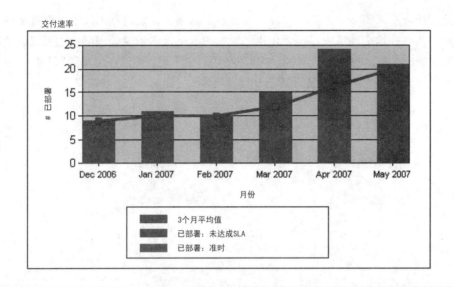

图 12.5　交付速率柱状图的一个示例

率"展示的是一个给定时间段内完成的用户故事或故事点。如果你没有使用敏捷需求技术，而是在处理其他类型的工作项，比如功能需求项、变更请求、用例等，可以相应地报告这些类型的工作项的数量。

在开始时，重要的是先做到能够报告原始数据。随着团队成员的越来越成熟，那时也许可以改成报告相对值，比如故事点总数、功能点总数或者其他一些可度量的数值。如果团队对此已经十分精通，那么也许可以直接换成以金钱来计算交付的工作价值。我知道伦敦 BBC 公司有一个团队以美元来报告交付的工作项的价值。

相比常见的敏捷开发环境中使用的速率数据，看板方法中使用交付速率数据则完全是出于不同的目的。交付速率并不是用来预测在某个时间间隔段或某次交付活动中能够交付的工作项数量，而是作为一个信息指示器，展示整个系统（团队和组织）的效能水平和持续改进的状况。敏捷方法中承诺交付的做法，与看板方法中采用前置时间与目标交付日期的做法存在差异。在大型项目中，可以利用交付速率数据来推算合适的工时消耗，并考虑为其中存在的变异预留合适的缓冲时间。

12.5　问题和受阻工作项
Issues and Blocked Work Items

如图 12.6 所示，在问题项和受阻工作项图上，我们把受阻工作项的累积流图和受阻在制品图叠加在了一起。这个图形作为一个信息指示器，主要展示组织在识别、报告和管理阻塞问题及其产生的影响方面的状况。如果准时交付率很糟糕，则与此相应，在该图中应该可以发现存在大量阻塞项，并且这些阻塞项不能被足够快速地解决。在这个图形中，可以使用"天"的维度，向资深管理层报告阻塞的状况及其影响。在长期的宏观报告中，也可以使用该图来展示组织在解决阻塞与保持流动方面的状况，这也是对组织在问题管理与问题解决方面能力的一种度量。

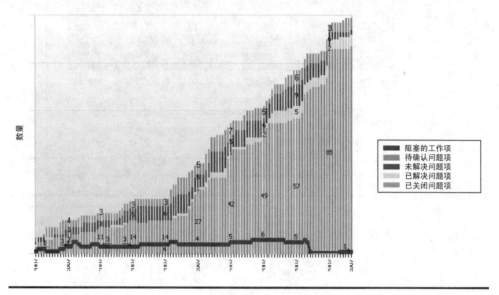

图 12.6　问题项和受阻工作项图的一个示例

12.6　流动效率
Flow Efficiency

针对系统中的浪费，一个体现精益思想的好的信息指示器，便是将前置时间和接触时间（touch time）进行对比度量。在制造业中，接触时间指的是一名工人花在一项工作上的实际时间。在软件开发中，这是很难测量的。然而，大多数的软件开发跟踪系统，能够根据工作项的阻塞时间和在队列中等待的时间，反推出实际的分配时间（assigned time）。因此，尽管报告前置时间和分配时间之比，不能视为是一个可以准确报告系统中存在浪费的信息指示器，但也能够提供一个保守的比率，从中可以知道组织中大概还有多少改进空间，如图 12.7 所示。

如果一开始发现这个比率高达 10∶1，也不要太惊讶。我参加过许多会议，发现来自各行各业的演讲者都报告了类似的比率，从新型飞行器设计到医疗设备设计，概莫能外。因此，在知识工作领域，我们的效率还相当低，无法敏捷地将一个点子或者诉求快速转变为一个可用产品。

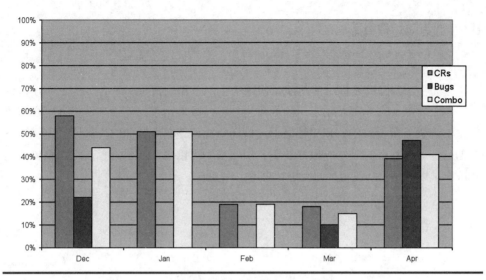

图 12.7　一个示例图：前置时间和分配时间的比率

每日汇报流动效率的度量数据作用不大，但是，可以将之视为又一个用以展示持续改进效果的信息指示器。

12.7　初始质量
Initial Quality

缺陷意味着机会成本，它会影响看板系统的前置时间和交付速率。报告逃逸缺陷（escaped defect）与在制品总量和交付速率的百分比是有意义的。我们期望看到缺陷率越来越低，直至能够降低到接近零的水平，如图 12.8 所示。

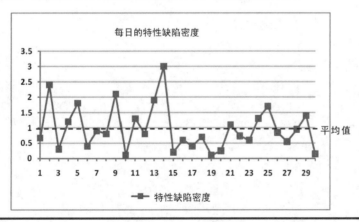

图 12.8　特性缺陷密度图

12.8 破坏负载
Failure Load

破坏负载跟踪的是因早前的质量问题引生的工作项数量——有多少工作项是生产缺陷？有多少工作项是由于产品的可用性很差或者由于未能恰当地把握用户需要带来客户投诉所引致的？理想情况下，破坏负载应该随着时间的推移而呈现不断下降的趋势。因此，这是一个很好的信息指示器，可以用来展示是否从组织整体上进行改善，以及是否从系统层面上进行思考。

总　　结

- 使用累积流图对 WIP 进行跟踪，每日监控 WIP 限额。
- 跟踪每个已处理完毕的工作项的前置时间，报告每种服务类别的平均前置时间和光谱分析结果。
- 前置时间是展示业务敏捷性的一个信息指示器。
- 对固定交付日期类工作项，要跟踪预估前置时间与实际前置时间的差异。
- 可以将准时交付率作为展示可预测性的一个信息指示器。
- 障碍阻塞了流动，影响了前置时间和准时交付率；可以通过一幅累积流图来报告阻塞问题和受阻工作项数量，并在该累积流图上叠加一张受阻在制品图。可以使用这幅图作为信息指示器，来展示组织识别问题与快速解决问题的能力。
- 流动效率是指前置时间与分配的工程时间两者之比。它展示的是组织处理新工作项的效率水平，可以将之作为表征业务敏捷性的第二种指示器。它也可以用于展示在不改变当前使用的工程方法前提下还有多大的改善空间。
- 初始质量报告的是测试人员在看板系统范围内发现的缺陷数量，通过这个信息指示器，可以展示由于糟糕的初始质量所导致的产能浪费状况。
- 破坏负载报告的是由于系统存在的一些问题所引致的工作项占比，通过这个信息指示器，可以展示一些产能浪费状况，这些产能本来可以用在开发新的增值特性上。

第 13 章
使用两层系统扩展看板
Scaling Kanban with Two-Tiered Systems

到目前为止，本书所展示的关于看板实施的案例主要是软件维护工作方面的——通过快速和频繁地发布小需求，对产品进行更新。处于维护阶段的软件系统有许多，因此，有一大批从事软件开发工作的读者会发现，书中给出的建议和指引十分有用。同时，也有许多 IT 人士是从事支持和运维性质的工作，在这些工作中，通常都会使用工单系统，要做的也多属于短平快的工作。看板方法对他们也会同样有用。但是，还有一些 IT 人士从事大型项目开发工作。如果想询问为什么可将看板方法应用到大型项目和跨多个项目的组合管理中，我希望第 5 章已经能够说服一点，即应用看板方法能够为组织带来巨大和积极的文化变革。看板方法带来的好处相当令人向往，因此，人们常常问我，"在大型项目中，我们该如何去实施看板方法呢？"

大项目意味着项目本身的挑战相当大，许多需求必须一起发布。为了进行第一次交付，可能要付出好几个月的努力，团队规模也会比较大，可能还要并行许多工作。大量工作片段之间需要相互集成，而且，要做的事情，并不只有软件开发工作。例如，在进行一次发布之前，文档编写和包装设计活动也许需要和最终的软件构建活动一起整合。

那么我们该如何应对这些挑战呢？

答案是回头去看实施看板方法的第一条原则。看板方法的第一条原则是，对在制品设置限额，并通过使用一个可视化的信号系统来拉动工作。不仅如此，还要以精益原则、敏捷原则和当前已经存在的工作流和过程作为起点。也就是说，期望限制在制品数量，使用可视化方法和信号机制，仅当出现可用容量信号时才拉动工作，但是，也期望做到，能够在各个节点间以小批量方式进行迁移，根据价值进行优先级排序，管理风险，即使在信息不完备的情况下也能够不断前进，构建高度信任的文化，并且在项目发生变更时也能够快速优雅地响应到来的变更。

如同处理维护性质的活动一样，大项目也需要大家对优先级排序节奏达成共识，及时对输入队列进行填充。一般的规则是，会议越频繁进而节奏越紧凑越好。再次回顾这些原则。和市场团队或者业务负责方坐下来一起确定下一波进入开发队列的工作项，这项活动的事务成本和协调成本有哪些？在价值流的另外一边，需要进行多次集成和同步才能完成一次发布，而不再只是单一的一个发布点。因此，再次从第一条原则出发，看看每次集成或者同步的事务成本和协调成本，然后约定好一个节奏。同样，这个节奏也越频繁越好。要不断问自己："在向业务方开会展示最近工作并和他们讨论将这些工作整合成一个可发布内容的过程中，要付出哪些成本？"

下一步，要让大家能够对 WIP 限额达成一致约定；这方面的原则并没有改变。仍然可以使用服务类别的方法，以优雅地应对项目过程中发生的变更。

13.1　层次化的需求
Hierarchical Requirements

还要定义项目中的工作项类型。许多大项目的需求都呈现出层次化的特征。一般而言，需求层次分为三层。同时，还有不同类型的需求，比如，有来自业务负责人的，有来自技术、质量或者架构团队的。需求还可以进一步分解为功能性需求和非功能性需求或者与服务质量相关的需求。即使在敏捷软件开发中，客户也可能会使用"史诗（epic）"这样的大型故事来定义需求，这些需求会进一步分解为"用户故事（user story）"，更进一步分解为更低级别的"任务（task）"或者称为"沙粒（grains of sand）"的更小单元。我还见过先将史诗级故事分解为架构级故事，然后进一步分解为用户故事的做法。特征驱动开发方法也将需求分解为三个层次：特征、特征集（或活动）和主题区域。

在大型项目中使用看板方法的团队，可以将不同层级的需求设置为不同的工作项类型。例如，史诗故事是一种工作项类型，而更小些的用户故事是另外一种工作项类型。在传统方法管理的项目中，可以把客户需求当成一种工作项类型，把产品需求当成另外一种工作项类型，而功能特性可以当成是更小的第三种工作项类型。

通常，团队会选择看板墙最顶上两层的需求进行跟踪。我还没见过有团队或者项目试图在看板上对三层需求全部进行跟踪的。现在有些支持层次化需求的电子工具允许用户在不同的层次间切换，但是每次只会显示两层需求。

如果有第三层内容，比如，敏捷项目中的任务，则并不会在项目看板墙或团队的看板系统中对这些任务进行跟踪。开发人员也许会选择跟踪这些任务，或者小型的跨功能团队也许会选择在其内部对任务进行跟踪，但是在更大规模的项目看板上，不会出现这些任务，管理者和价值流上的合作伙伴也不会看见这些任务。这并非是出于信息隐藏的考虑。这么做只是因为，从价值流和效能水平的视角出发，最底层的活动并不是大家关注的部分。最底层的内容主要和工作量与具体活动相关，它们并不是客户价值和功能特性。

写作本书期间，出现了一种面向个人的看板变种，由 Jim Benson 和其他一些人所倡导。个人看板主要应用于家庭和办公室中，它面向的是个体层面，或者应用于由两三个人构成的小团队针对共同工作项所开展的紧密协作活动中。写作本书的时候，个人看板是否会整合入主流看板知识体系中抑或独立发展，还不得而知。

13.2 将价值交付和工作项的变异性解耦
Decouple Value Delivery from Work Item Variability

最高层的需求和最粗粒度的需求，通常都是面向市场或者面向客户的最小价值单元。如果当前产品已处于维护状态，那么这些请求已经开发完毕和发布上市。在看板社区中，有时将这个层次的需求称为"最小可交付特性（minimal marketable feature，MMF）"。MMF 是由 Denne 和 Cleland-Liang 在他们合著的《Software by Numbers》一书中定义的，我认为他们给出的定义还不太严谨，存在容易造成混淆的地方。在这里，想给出一个我称为"最小可交付发布（minimal marketable release，MMR）"的定义，用来描述一组特性的集合，这些特性彼此间紧密相关。同时，对客户而言，其价值足够有用，因此值得为该组特性集合进行一次交付。

把 MMR 作为流经看板系统的单个工作项并没有意义。一个 MMR 是由许多工作项组成的。看待 MMR 是否有意义并不是要从流的视角出发，而是要从一次发布的事务成本视角出发。有时候，一个虽然小但是有很高价值的差异化新特性，就值得为之进行一次发布。另一方面，就像许多人已经发现的那样，"第一个 MMF 总是很大"，这是因为，新系统的第一次发布必然会包含其进入某市场所需具备的全部的基本功能和足以支持这些功能的全部基础设施。MMF（或 MMR）之间可能存在 2 个或 3 个数量级的差别。同类工作项实例在规模上如果存在上千倍的差异，那肯定是有问题的。

同类工作项在规模上存在如此大的差异，对看板系统是不利的。因为在这种情况下，要求使用很大的缓冲区和更多的 WIP 限额才能使系统顺畅流动；否则，前置时间的分布范围会很广，这会是一件十分痛苦的事情。但是，巨大的缓冲区和更多的 WIP 限额则意味着更长的前置时间和丧失业务敏捷性。相反的做法，效果会更糟糕！如果不为规模上的变异性设置缓冲区，则前置时间的分布范围会变得很广。这么做，团队将无法始终如一地兑现服务水平协议中所约定的目标前置时间。其结果是团队的可预测性十分差，会丧失彼此间的信任感。围绕 MMF 概念来设计看板系统，很可能导致丧失业务敏捷性和可预测性，以及失去 IT 和业务方之间的信任，让大家对实施看板方法产生不满和失望情绪。

但是，使用 MMR 来触发一次交付活动，其中包含的是更小型的、颗粒度更精细的工作项类型，通过优化发布内容，是有可能做到使发布的成本最小化和满意度最大化的。

团队可以采用能够产生更低层级的需求分析技术，如用户故事或者功能性规约等，以成功应对这种挑战，做到发布内容的最优化。这些需求分析技术产生的需求，其颗粒度会更为精细，规模也足够小，并且在规模上的变异也会相对小很多。理想的需求规模，按照工程工作量来算，应该在半天到 4 天的范围内比较合适。

在一个大项目中，我们发现该团队采用的做法是，将每个大的工作项称为"需求（requirement）"，并使用绿色卡片对其进行跟踪。一个"需求"，平均可以分解为 21 个更小颗粒度的"特性（feature）"，使用黄色卡片对其进行跟踪。虽然这些特性也是通过以用户和价值为中心的方式来描述的，但经过认真分析，它们规模较小且大小相当。对应到一个敏捷项目中，这两个层次可能就是用绿色卡片来跟踪的"史诗"和用黄色卡片跟踪的"用户故事"。

规模更小、更为精细化的工作项易于流动，使交付速率和前置时间的可预测性更好，而在看板上处于高层的粗颗粒度工作项则可让我们在任意时候都能够控制进行中的待交付需求的数量。

采用这种两层（two-tiered）方法，能够将价值交付与工作项规模上的变异性以及交付价值所需的工作量进行解耦。

有必要在两个层次上都设置 WIP 限额。我们发现比较好的做法是，把高层次需求分配给各个跨功能小团队。这些团队会把该高层需求对应的所有更小的细粒度工作项拉入看板，并产生流动，中间不存在工作转手，他们会一直负责完成需求，直到需求到达"待集成"或者"交付准备就绪"状态为止。然后团队会拉入另一个粗粒度需求。这时也是重新安排团队成员的一个时机，根据将要拉入下一个工作项的规模，可能会向团队中增加或者释放成员。

13.3 两层卡片墙
Two-tiered Card Walls

第一个在大型项目中使用看板的团队采用了一个双层风格的卡片墙设计，如图 13.1 所示。

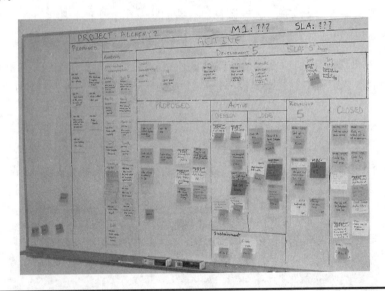

图 13.1 一个双层卡片墙的照片

在这张照片中，粗粒度的需求使用的是绿色卡片。它们从左到右流经一系列状态节点，分别是待办、被提议（分析）、活跃（设计和开发）、已解决（测试中）和关闭。

处于"活跃"状态的需求，位于照片中间区域的顶部。它们被分解为许多更小的特性，如图 13.1 黄色卡片所示。这些特性也流经一系列状态节点，分别是被提议（分析）、活跃（设计和编码）、已解决（测试中）和完成。特性流经的状态和高层需求的状态类似，但并非必须如此。可以根据实际需要设计这些状态。我的建议是，根据实际做法来设计这些状态即可。如果可以避免对流程的改动，就不要去改变流程。

通过在黄色卡片上打上父卡片的 ID 号来建立其与父卡片的关联。

在类似的看板实施案例中，本来也可以做到对两层的每层都设置 WIP 限额，但是该团队的做法是把黄色卡片笼统地归在一个池子里。我还没有掌握足够证据来判断这么做是否是一个好的选择，但我知道这么做并没有给这个团队带来麻烦。

13.4 引入泳道
Introducing Swim Lanes

实际情况表明，将细粒度的黄色卡片和粗粒度的父卡片匹配起来很重要。看起来有必要在低层工作项上也设置 WIP 限额，即使这些工作项是由一个跨功能团队独立来完成的。为了便于实施 WIP 限额，有些团队发明了一种卡片墙系统，在其中引入了水平泳道。

如图 13.2 所示，高层需求使用绿色卡片展示，它们流经的系列状态和前面的示例是一样的，分别为待办、被提议（分析）、活跃（设计和开发）、已解决（测试中）和关闭。但是，他们将中间区域重新进行了设计，可以和图 13.1 进行对比。处于活

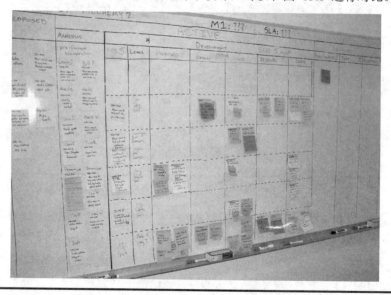

图 13.2 带泳道的双层卡片墙

跃状态的粗粒度需求使用的是绿色卡片，按次序垂直贴在中间区域的最左边。从这些绿色卡片延伸出一个泳道，其中贴的是根据这些需求分解出来的细粒度特性，使用的是黄色卡片，它们流经同样的一系列状态。现在，泳道的数量就是面向客户市场的粗粒度需求的 WIP 限额，另外，如果团队愿意，他们还可以在每个泳道上设置细粒度特性的 WIP 限额。垂直贴放的绿色需求卡片，在其右边的临近栏位上可以贴上负责该需求开发工作的团队成员的名字。贴在黄色卡片上的小张的橙色条子上写的则是那些流动的专门资源的名字，如用户体验设计师和数据库架构师等。

现在，卡片墙垂直方向上的泳道数量，即是面向客户市场需求的 WIP 限额，同时也可以在水平泳道上管理具备低变异性的被分解特性的 WIP 限额。事实表明，这种格式十分流行，已经成为一种典型的卡片墙设计。

13.5 应对规模变异性的另外一种方法
Alternative Approach to Size Variability

另外一种应对规模变异性的方法，是为不同规模的工作项创建不同的工作项类型。这样，泳道就可以为每种规模/类型的工作项分别设置。应该在每个泳道的每一栏即卡片墙上的每个方框上都设置 WIP 限额。由于每个泳道上的工作项的变异性较低（因为这些工作项的大小是类似的），所以每个泳道流动的应该会相对顺畅。这是在不采用两层系统的情况下，应对变异性的一种方法。

13.6 和服务类别结合在一起
Incorporating Classes of Service

这两种方法分别采用不同的卡片进行可视化呈现，其中都使用颜色和泳道。但是，在大型项目中，每个卡片都需要体现三个属性：工作项类型，工作项在需求结构中所处的层次，以及工作项所属的服务类别。需要指出的是，如果在选择以不同的工作项类型代表不同的需求层次之后，又另外使用了不同的颜色和泳道来代表不同的需求层次，则意味着层次结构被这两种可视化方法重复表达了。

在需求层次结构上，除了工作项类型和需求层次之外，如果确实还需要呈现服务类别，那么可以使用颜色专门来代表服务类别。如果工作项类型的意图不是用来表达其所处的需求层次，例如，通过工作项类型表明 bug 或缺陷，或者区别增值项与破坏负载，这时还可以选用另外一种方法，即可以使用一个图标或者小贴纸，把它贴在卡片上来表明该工作项的类型。或者，如果你喜欢使用颜色来代表工作项类型，那么也可以使用图标或者小贴纸来代表服务类别，比如，使用一颗银星图标代表一个加急类请求。

我在 Corbis 公司还看到一种更为简单的方法，将颜色用于多种目的，如需求层级、工作项类型和服务分类。在这种方法中，颜色并不显式地和任何一种属性绑定，这种方法看起来似乎也能够为看板系统的用户所接受，可视化呈现的效果也不差。

13.7 系统集成
Systems Integration

在一些大型项目中，也许会有多个团队在一个系统的不同组件上工作，这些组件稍后要进行集成。其中有些组件可能涉及硬件或者固件，并且可能无法应用时髦的持续集成技术。当碰到这样的组件需要集成时，则要基于粗粒度的高层需求进行规划，确定一个集成时间点。然后这个点就应该被当成是这些依赖组件的固定交付日期。这样，每个团队就可以在各自的看板系统内独立前进，但同时也能够在需要时，对依赖的工作项交付进行协调。一个依赖组件延迟交付可能会导致整个项目的延迟。这个高的延迟成本证明了应将它作为固定交付日期这一服务类别来对待。

13.8 管理共享资源
Managing Shared Resources

多个大项目和跨项目组合共享一些专门资源是很常见的，例如，软件架构师、数据库架构师、数据库管理员、用户体验测试人员、用户体验设计师和软件安全审计人员等。看板方法有三种现成方法来应对这些共享资源的管理。

第一种方法，可以在工作项卡片上贴上另外的橙色小条子。在这些小条子上写上需要的共享资源的姓名，比如 Sandy、企业数据架构师。通过引入最少的变化，这种可视化共享资源工作的简单方法通常已经足以协调这些个体的工作量。如果有多张卡片上开始出现同一个人的名字，则大家就可以讨论一个问题，这个人该如何同时管理并发的多件事情呢？这种情况可能足以引导大家进行一次规则变更的讨论——所有这些工作需要全部分配给那个人吗？或者这个问题应该升级到更高层面去解决。

第二种方法是当共享资源可能无法随时立即获得时，使用一张橙色便签将存在共享资源问题的工作项标识为阻塞状态，直到该共享资源开始投入该工作项时才去除该标识。这种做法的好处是能够由此来调动组织的问题管理和解决职能，来解决共享资源的可用性问题。另外，这种方法可以向管理层展现该资源的可用性是否是一个问题和潜在瓶颈。

对共享资源进行管理的第三种方法，是为该资源建立专门的看板系统。例如，企业数据架构师可以拥有自己的看板系统，同理，用户体验和软件安全人员等都可以这样做。每个团队可以独立地分析他们收到的请求，基于请求的源来设置工作项类型，基于优先级和要求的响应时间来设置服务类别。需要对请求进行分析，并制定容量分配的规则。

在这个层次上涌现出来的局面是，软件开发活动自身也变成了面向服务的架构（SOA）。企业内的每个小组都可以提供其自身的服务集合，这些服务集合根据不同的服务类别和工作项类型来对应不同的服务水平协议。这些共享资源的客户可以向他们发出请求，这些请求进入他们的待办项列表；然后这些请求会进入队列等待，此后被选出进入处理流程，如同本书一直描述的方法那样。如果发现某个客户提交的请求处理得不够快，那么可以就系统是否设计正确、分配规则和服务类别是否需要进行变更等展开讨论。这么做，甚至发现有充足的理由来进行人员组织的重新调整。

总　　结

- 大型项目同样也应该遵循看板方法的核心原则。
- 对于大型项目，WIP 限额、优先级排序节奏、交付节奏和服务类别也是同样适用的技术。
- 大型项目一般拥有层次化需求；可以使用不同的工作项类型来表示不同层次的需求。
- 一般而言，团队会在卡片墙上跟踪需求层次结构中顶上的两层，并在两个层次上都设置 WIP 限额。
- 最高层次的需求一般是面向客户市场的需求，这些需求是最小价值单位，能够单独进行发布，推向市场。
- 第二层次的需求通常以客户和用户为中心的方式来编写，并使用类似的方式对之进行分析，将这些需求分解为具备较细的粒度，而且它们的大小规模也比较类似。
- 通过降低看板拉动系统中的变异性，第二层次的细粒度需求能够促进看板的流动性。
- 两层卡片墙要求对其上跟踪的两层需求都进行可视化管理。
- 泳道已经成为展现需求层次结构和有利于对 WIP 进行限制的流行方法。
- 粗粒度的 WIP 可以通过泳道个数来限制。
- 如果需要，可以在每个泳道上为细粒度的需求设置 WIP 限额。
- 每个泳道分配给一个小型的跨功能团队。
- 可以通过在一个常规的工作项卡片上贴附小标签的方式，对共享资源进行可视化管理。
- 可以通过在工作项卡片上贴附受阻问题便签（在示例中使用的是紫色）的方式来对共享资源的非即时可用性（non-instant availability）进行可视化管理。
- 为了全局控制，共享资源应该建立自己的看板系统。
- 在项目组合中为共享资源建立的看板系统形成了一个网络，可以将之视为是针对软件开发自身的一种面向服务架构。

第 14 章
运营回顾
Operations Review

14.1 会前准备
Ante Meeting

这是 2007 年 3 月第二个周五的早上 7:30。我一大早就已经在工作了，因为今天早上要召开部门的第四次月度运营回顾会。和我一起忙碌的还有 Rick Garber，他是软件过程工程小组的经理，负责这次会议的协调和议程安排工作。他正忙着打印为今天会议准备的手册，每本手册包含大约 70 张 PowerPoint 投影片。打印完毕后，我们就带着里面放有 100 份手册的箱子，朝位于西雅图市中心的海港俱乐部（Harbor Club）出发。运营回顾会计划于早上 8:30 开始。在 8:00 的时候，会为大家供应有热食的自助早餐。在受邀之列的，包括我们部门的全体同事，以及我的同事 Erik Arnold 所带领部门的全体同事。但是，由于有些同事在印度办公，有些同事在美国的其他地方办公，还有些同事由于个人原因无法参加会议，最后参加会议的大约有 80 人。

受邀参加会议的还包括我的老板，Corbis 公司的 CIO，以及公司里其他一些资深管理人员，他们是我们部门在价值流中的合作伙伴。外部门小组中参会人数最多的是由我的同事 Peter Tutak 负责的网络和系统运维团队。毕竟，当生产环境中的系统出现故障时，由他们负责去修复，因此他们最了解我们在失败时的痛苦。当我们发布新内容时，他们也是最能感受到发布带来的影响的一群人。因此，可以说，积极参与到运营回顾会中，对他们来说也会很有收获。

看板方法：科技企业渐进变革成功之道

参会人员到达后开始享用早餐。会议室位于西雅图一座高楼的顶层，置身其中可将港口、码头、艾略特湾等尽收眼底，整座城市的美丽景色在眼前一览无余。会议室里布置了好几张圆桌，每桌分别围坐 6 至 8 人。在房间的一端有投影仪和讲台。Rick 负责精确控制会议进程。每位发言人大约有 8 分钟的时间讲述 4 到 5 张投影片，也为可能出现的提问与讨论预留了一些缓冲时间。我作了简短的开场致辞，并要求每个人回顾自 1 月末到目前为止所做的事情。我提醒大家这次会议的目的是要回顾 2 月份的组织效能。Rick 早前已从公司的图库里挑选了一幅很好的图片代表该月的主题，以帮助大家回忆这一个月中的关键活动。

14.2 在开始时设置好业务基调
Set a Business Tone from the Beginning

我把议程交给了 Rick，他总结了自上个月来的管理活动事项，并对各项活动的进展状态进行了更新。接下来，我们请上了财务分析师，她对公司上个月的效能做了一个总结——之所以把运营回顾会延到次月的第二个周五（也就是当天）才开，是因为此时上个月的财务结算才完成，才能拿到其财务数据。她总结了我和 Erik 管辖的成本中心的预算明细。我们一起看了所有主要预算区域以及人员指标的计划预算与实际开销的对比。我们讨论了公开招标的采购，并鼓励团队成员推荐开放的空缺职位的合适人选。通过这个会场环节，每位参会人员可以了解到公司新近的运营情况，以及软件工程部门是如何对预算进行管理配置的，进而也可以了解到采购的平板显示器和计算机等物资的大致裕量。以财务数据来开运营回顾会的用意，是想提醒每位同事我们是在运作商业，而不是每天来露个脸然后和一群朋友玩玩简单的数字游戏而已。

14.3 邀请嘉宾扩大听众范围并带来附加价值
Inviting Guests Broadens the Audience and Adds Value

接下来的发言人是一位特邀嘉宾，来自公司另一部门的副总裁。此前，我曾灵光一闪，如果希望我们的价值流伙伴关注我们，那么也应该关注他们，并邀请他们参加我们的会议。因此，我们邀请他做一个 15 分钟的发言，他欣然接受了。所以，在会上我们可以听到有关销售运营的报告，了解从处理客户订单到确保产品交付这一部分的业务环节。尽管 Corbis 公司的有些业务可以在网上以电子化形式完成，但并不是公司的所有产品都可以通过下载来完成交付的；这个部门就是专门负责处理来自专业广告机构和媒体公司的更为复杂的订单的。我的同事 Erik Arnold 很聪明地想到可以让这位嘉宾赞助我们的早餐，以保证成本不超预算。这点也达成。在随后的几个月里，我们团队对公司业务的多个方面都有了更多了解，公司高管也对我们团队的成绩、工作方法以及敬业精神有了更多了解。9 个月后，各事业部的管理人员都夸 IT 部门运作有方，要向我们学习。

14.4 主要议程
Main Agenda

嘉宾演讲完毕后，就进入运营回顾会的主要环节。每位部门经理就各自部门的工作绩效做了 8 分钟的演讲。随后，是项目管理办公室就具体项目最新进展情况的通报。各个团队的负责人用 5 分钟快速展示了各自团队的度量数据。总的来说，他们遵循了第 12 章所列的格式：展示的信息中包括缺陷率、前置时间、交付速率、增值效率等，有时，还包括一份深入我们流程中某些具体方面的特别报告，在那里他们需要更多信息。之后，他们会花几分钟时间回答参会人员的提问，听取评价及建议等。

2007 年 3 月我们第四次召开月度运营回顾会，这次的回顾会特别有趣。第一次运营回顾会于 2006 年 12 月召开。当时几乎是百分之百的出席率。大家充满了好奇，会后也收到了许多反馈，比如"在我的职业生涯中还从未参加过透明度这么高的会议"、"这个会十分有趣"等。最有用的一条反馈是"下次我们除了冷餐，可以有热食的自助餐吗？"后来我们增加了带热食的早餐。第二个月的反馈是，"嗯，这个月也很不错。有点意思！感谢提供热食早餐！"第三个月，有些开发人员就开始嚷嚷了，"为什么每次开会都要起这么早？""把时间花在这事上真有价值吗？"

在第四次运营回顾会上，我们就一个重要问题进行了讨论。当时公司收购了澳大利亚的一家公司，并要求 IT 部门关闭澳大利亚子公司的全部 IT 系统，将其中 50 个用户的系统全部迁移到 Corbis 公司的系统中来。这个任务要求的截止日期是不允延后的，而且进度十分紧张。定在这个截止日期是出于对"规模经济"的成本节约考虑，因为对收购价格也有直接影响，因此其中也涉及延期成本的问题。这个请求整体上只使用一张待办工作项卡片进入维护工作的输入队列中。实际上这个工作项十分庞大，按平时的惯例做法，拆分成 10 张卡片也不为过，但是，当时我们只把它当成一个待办工作项。按照工业工程理论，一个巨大的工作项进入看板系统，将造成十分糟糕的影响。它会阻塞系统，大幅拉长排在其后的工作项的前置时间。我们遇到的正是这样的问题。平均前置时间从 30 天攀升到 55 天。排队理论告诉我们，当系统满负载运行时，想要减少待办项的积压要耗时很久。确实，若想重新恢复到目标前置时间，则需要花 5 个月时间。

此外，还要对某次发布暴露的问题立即进行一次紧急修复。

会议室一下子因为各种提问、评论和争辩变得很热闹。前三个月的回顾会看到的都是些比较枯燥的好看的数据，而这次会议不一样了。员工们惊讶地发现我们（管理层）居然愿意开诚布公地讨论问题和寻求解决方案，原来运营回顾会真的不是那种展示好看数据的作秀会。那次之后，再没有员工质疑我们每月召开回顾会的必要性了。

会议最后由 Rick 进行总结，他从早上的讨论中梳理出了几个管理行动事项，并对大家的参与表示感谢。10:30 回顾会结束，我们一起回到街对面的办公室。

14.5 精益转型的基础
Keystone of Lean Transition

要深刻理解运营回顾会的重要性。首先，我相信运营回顾会是精益转型及看板方法实施的关键，或者称为基础也不为过。它是一种以数据驱动的方式对组织绩效进行客观回顾的实践。运营回顾会的范围远超某个单一项目，它期望带来的是一种客观、基于数据、定量化的管理方式，而不是在敏捷项目和迭代回顾中常见的那些更主观、基于描述、定性化的管理方式。运营回顾会创造了能够提升组织成熟度、实现组织级持续改善行动的反馈机制。我深信这对成功实现企业级的精益（或敏捷）转型至关重要。

14.6 适宜的节奏
Appropriate Cadence

我坚信运营回顾会应当每月召开。太过频繁会带来繁重的数据采集工作，而准备会议和参加会议也颇为耗时，这意味着也不宜太过频繁地召开这样的会议。将这样的会议所用时间控制在 2 小时内也颇具挑战性。如果不采用以各种图表和报告等数据呈现的方式来驱动会议，则不太可能控制得好会议时间。以主观、描述性的方式召开众多人员参与的回顾会，要期望在 2 小时内能够结束，几乎是不可能的。一个常见的项目回顾会通常耗时会超过 2 小时，因此，想象在 2 小时内使用效果分析的方法完成全组织范围的回顾会将会是怎样一种场面。保持会议简短的秘诀之一就是基于客观数据，保持议程紧凑并对会议全程进行控制。

组织中可能会出现降低运营回顾会召开频率的趋势，比如改为每季度召开一次。我供职于摩托罗拉公司 PCS 部门时，运营回顾会的召开频率也是每季度一次。我对那些会议的评判是，那只是高级管理层的报告会，不是促进持续改善和提高组织成熟度的整个组织范围内的回顾会。一个季度一次的频率太低了，无法真正推动某个改善项目的开展。每到召开季度回顾会时，所展示的已经是 4 个月前的陈旧数据。在一次会议上很难对长达一季度的工作进行有效回顾，因而这样的回顾往往是蜻蜓点水，浮光掠影的。报告和度量数据都已经滞后很久，起不到信息指示器的作用，只起到向高层领导报告目标绩效完成情况的作用。

季度会议之所以看似更好，是因为这样的频率显得更为高效——每个季度只开一次 2 小时的会议，而不是每月一次。这样，年度成本要低很多——一年 4 次会议，而不是 12 次会议。在 2008 年初我离开 Corbis 公司之后，我的前领导为减少开支而将运营回顾会的频率降至一季度一次。三个季度之后，我的前领导也离职了，新来的领导质疑回顾会的价值，后来干脆将之取消。没过几个月，组织的总体效能已出现相当程度的下滑，有报告表明，组织成熟度从接近 CMMI 模型 4 级滑坡至 CMMI 模型 2 级，从"量化管理"水平回退到普通的"受控（managed）管理"。

我们可以从中总结出一些经验。反馈循环机制的缺失会减少反思（reflection）与适应（adaptation）的机会，而这些机会本可以带来改善效果。取消专注于对组织效能进行客观回顾的会议，将传达出领导层不再在乎效能表现这样的信息。其结果将会出现组织成熟度与效能的大倒退，这些在可预测性、质量、前置时间以及交付速率上都会明显体现出来。

14.7 体现管理者的价值
Demonstrating the Value of Managers

运营回顾会同时也向员工展示了管理者的工作内容，以及管理活动是如何为大家带来附加价值的。它还有助于培训员工掌握管理者的思考方法，使他们明白管理者何时会介入，何时又会退后让团队自组织解决自身问题。运营回顾会有助于知识工作者类型的员工个体与管理者之间相互尊重，也有助于不同管理层之间相互尊重。相互间尊重度的提升，可以营造信任，鼓励合作，并积累组织内的社会资本。

14.8 组织层面的专注能培育改善文化
Organizational Focus Fosters Kaizen

单个项目的回顾当然是有益的,但是,整个组织范围的运营回顾更能促进变革、改善和流程的制度化。它能促使改善行为在组织内进行病毒式传播,并在项目与团队间创造出适量的内部竞争,以使每个人更有动力来提升绩效。项目团队希望展示他们帮助组织增强可预测性、提升交付速率、缩短前置时间、降低成本以及提高质量方面的能力。

14.9 一个早期案例
An Earlier Example

运营回顾这一实践并非由我首创。这种做法在许多大公司都相当常见。我是 2001 年在 Sprint PCS 公司工作时才学会如何召开这种客观的、覆盖整个事业部范围的运营回顾会议的。我当时的老板是 sprintpcs.com 的副总裁兼总经理,他出于与前述非常类似的原因组织召开运营回顾会议。他希望提升组织成熟度——整个事业部有 350 名员工,负责整个电子商务网站及 Sprint 手机业务的在线客户服务。在 sprintcs.com,我们每个月的第 3 个周五下午 2 点会召开运营回顾会议。回顾会议时间长 2 小时,参会者包括约 70 名事业部资深员工与管理者,以及从上下游合作伙伴中邀请的嘉宾,他们通常是总监或高级经理,通常包括首席市场官及战略副总裁在内的高管也经常会出席回顾会。回顾会形式与 Corbis 公司的非常相似。它完全是基于客观数据驱动的,每位管理者都会展示各自的数据,开场的是财务数据,整个议程都有严格的计划与管理,因为是周五,会后每个人都要早点回家。回顾会的召开场地选在公司之外,在当地一所大学校园里。sprintpcs.com 一直致力于应用敏捷软件开发技术,而运营回顾则是提升组织成熟度、改善组织管理的重要因素。运营回顾会向员工展示了管理者的价值与管理能力,也为员工和一线经理提供了向高层管理者寻求支持和期望高层管理者介入以帮助团队提升的机会。

基于过去 10 年这两次长达 4 年的实践经验,我坚信运营回顾是精益和敏捷转型的成功关键,是提升组织成熟度至关重要的组成部分。

总　　结

- ❖ 运营回顾应该在整个组织范围内进行。

- ❖ 运营回顾应该专注于客观数据上的呈现和分析。

- ❖ 每个部门都应在运营回顾会议上汇报各自的数据。

- ❖ 演讲时要保持简短，通常应该汇报类似于第 12 章所述的各种度量数据和信息指示器。

- ❖ 以财务信息开场，强调了软件工程这样的职能部门是更大业务的一部分，也表明良好的管理是重要的。

- ❖ 每月召开一次运营回顾会是一个合适的节奏。太过频繁会占用太多的时间，加重数据采集和会议准备的负担。频率太低则会降低回顾会的价值，有悖回顾会的设计初衷。

- ❖ 运营回顾会应当简短，通常以 2 小时为宜。

- ❖ 运营回顾会要能够提供一种反馈循环机制，驱动全公司或者事业部进行持续改善。

- ❖ 运营回顾会能向团队成员展示管理者带来的附加价值，让他们了解高效的管理者是如何工作的。

- ❖ 有效的运营回顾会有助于在管理者与员工之间建立相互信任关系。

- ❖ 外部利益干系人参与运营回顾会，有机会了解软件工程及 IT 团队是如何运作的，从而也能了解他们面临的问题与挑战。这有助于促进彼此间的信任与合作。

- ❖ 除了晒成绩和展示团队的优点外，在运营回顾会上，同样也要对糟糕的数据与问题进行认真的分析讨论。

- ❖ 在公司外部的场所召开运营回顾会，有助于参会者专注思考。

- ❖ 在会议过程中提供食物，看起来能够提升参会者的参与积极性。

- ❖ 高管参与运营回顾会，能够向员工传递出组织重视效能与持续改善的信息。

- ❖ 显示对效能、持续改善及量化管理的浓厚兴趣，对在广大员工中营造改善文化有着至关重要的作用。
- ❖ 事实表明，通过运营回顾会，能够直接提升组织成熟度。
- ❖ 应当将改善建议梳理成管理行动计划，并在下次及后续会议的开头更新进展情况。
- ❖ 管理者要担负起责任，贯彻落实采纳的各项改善建议。

第 15 章
启动看板变革
Starting a Kanban Change Initiative

实施看板方法的启动过程和你以往可能用过的过程变革计划有所不同。要奠定坚实的基础，才能取得长远的成功。为此，有必要先理解通过看板方法来进行变革的目标。我将本书的副书名起为"科技企业渐进式变革成功之道"，旨在强调采纳看板方法的主要原因是实施变革管理，其他目标都是第二位的。

因此，无法通过一种预定义的转型计划和固定的培训程序，来驱动组织采纳看板方法。进行培训肯定是必要的。开发团队和其他利益干系人必须了解其中的基础理念，诸如 WIP 与前置时间之间的关系，以及严格限制 WIP 数量将有助于改善前置时间的可预测性等。对瓶颈、浪费、变异性等可能的改进机会做简要的介绍有时也是必要的。发现这些改进机会之后，在新技能和新技术方面也需要对培训投入更多的精力。例如，如果代码缺陷是造成浪费的主要源头，那么，开发团队或许要在持续集成、单元测试和结对编程等技能方面加强培训，以显著减少缺陷和提高代码质量。

但是，在第一次实施时，也不宜把大把时间投入在培训上，因为启动看板变革的首要任务就是对看板的介绍达成共识，并着手将之投入应用。本章的主旨是介绍向看板方法成功转型的基础，并提供启动看板变革的 12 步简易指南。

尽管实施看板方法的主要目的是以最小的阻力导入变革，但这并非唯一目的。为变革而变革是无意义的。我们还要能够真正满足业务发展的要求，如确保高质量、可预测的交付。每个组织的具体目标或有不同，本章所列的目标仅供参考借鉴。但是，在实施看板方法的过程中，第 1 步必须在组织内和大家对导入看板方法的目标达成共识。

15.1 看板系统的首要目标
The Primary Goal for Our Kanban System

我们之所以使用看板方法，是因为我们相信它是引入变革的最佳方法。实施看板方法时，首先寻求的是要尽可能地少做改变。因而，以最小阻力启动变革是我们的首要目标。

目标 1　优化现有流程

通过引入可视化和限制在制品来促进变革，进而优化现有流程。由于现有的角色与职责都没有改变，所以来自员工的抵触与阻力也是最小的。

15.2 看板系统的次要目标
Secondary Goals for Our Kanban System

前面已经介绍过，实施看板方法能够实现"成功秘诀"六要素的全部内容（参见第 3 章），不过，在此我们不妨再简单回顾一下这些目标，对其中的某些要点进行延伸扩展，会发现"成功秘诀"六要素有助于多个目标的实现。

目标 2　高质量交付

限制 WIP 和明确定义工作项，可被拉至流程下一步的验收规则，则看板方法有助于我们专注于质量。这些规则可以包括质量标准，比如，如果我们严格规定，用户故事只有在通过其他各项测试并解决所有 bug 之后才能进入验收测试环节，那么，在用户故事实现达到质量目标之前，实际上已很有效地实现了"停止生产线（stopping the line）"这种精益模式。这样严苛的规定，对于刚开始接触看板的团队来说或许并不合适。不过，我们还是要制定一些与质量相关的规定，以使团队专注于开发低缺陷率的可工作代码。

目标 3　提升前置时间的可预测性

我们知道，WIP 的数量与前置时间直接相关，同时，前置时间的拉长，会引起缺陷率非线性增长[1]。因此，不难理解，我们希望 WIP 的数量少些为好。如果

---

[1] 本书写作时，学术界正在研究前置时间与缺陷率之间的关系。

能够将 WIP 限制在一个固定值，则大家的日子就会好过很多。这样前置时间也会变得更为可靠，也有助于保持缺陷率处于低水平。

目标 4　提升员工满意度

尽管大部分公司将员工满意度一直挂在嘴上，但鲜有公司会真正重视员工满意度。投资者和公司高管往往持这样的观点，认为资源都是可替换的，而且也很容易替换。这种观点反映了他们在投资或管理方法中所持的"成本中心"这一偏见根深蒂固。他们并没有认识到，受到充分激励且经验丰富的员工对组织绩效有着巨大的影响。人才保留对于组织是至关重要的。随着年龄的增长，软件开发人员会更在乎自己的余生。很多人会对自己虚掷了二十多年美好时光，辛辛苦苦开发出来的只是些无法达成市场预期、发布不久即无人问津的代码而悔恨不已。

平衡工作与生活，不只是简单地在数量上平衡投在工作上的时间和留给家人、朋友、爱好、激情、个人追求的时间，还意味着要能够提供一种确定性。比如，如果有一名爱好艺术的团队成员希望在当地一所中学参加绘画课程，该课程每周三晚六点半开始，要持续 10 周，你的团队能为这位伙伴提供每周准时离开办公室去上课的确定性吗？

创造更理想的工作/生活平衡，可以增强公司在本地市场对人才的吸引力，有助于更好地激励员工，让他们在几个月甚至几年中都保持高绩效水平。只有超负载工作才能完全挖掘出知识工作者的产能——这是一种极其错误的观点。超负载工作的状况，维持一两天或许可行，但可持续性不会超过一两周。为员工创造工作/生活平衡，绝不让他们超负载工作，这才是明智公司的经营决策。

目标 5　为改善留出富余时间

虽然成功秘诀的第三个要素——根据产出来平衡需求——可用于避免团队过载，使团队成员拥有真实可靠的工作/生活平衡，除此之外，它还有另一种功效——在价值链中腾出了富余产能。在组织中，一定会存在瓶颈。每条价值链中都可以找出瓶颈。不管这个瓶颈位于多么上游的位置，流向下游的产出都受限于瓶颈处的产出。因此，当根据交付速率来平衡输入的请求量时，除了瓶颈处的资源会满载运转外，价值链中的其他节点都将会出现空闲时间。

大部分管理者都不愿意团队中出现空闲时间。他们之前从各种培训中学习的都是利用率（或者也常称为效率）管理，因而，如果他们发现团队中存在空闲时间，就会下意识地提高资源利用率来降低成本。

一定程度的富余时间，有助于改善对紧急需求的响应能力，也为过程改进留出了资源带宽。没有富余时间，团队成员就没有时间反思自身的工作方式，没有时间思考如何可以做得更好；没有富余时间，团队成员就没有时间去学习新技术，或者改进自己的工具、技术和能力；没有富余时间，系统就缺乏足够的流动性来响应紧急需求或后期发生的变更。没有富余时间，业务经营就缺乏战术上的敏捷性。

目标6　简化优先级排序

一旦开发团队能够做到专注于质量、限制WIP数量、频繁发布、平衡需求与产出，那么自身便拥有了可靠和值得信赖的软件开发能力，成为生产软件的强大引擎，甚至将之称为"软件工厂"也未为不可。一旦软件开发团队具备这种能力，剩下的就是在业务上如何对之加以优化利用的问题。这就要求有一个能使业务价值最大化、使风险和成本最小化的优先级排序机制。最理想的情况，大家都期望能够找到一种使业务（或技术部门）效能最优化的优先级排序机制。

自有软件项目以来，软件工程及项目管理界就一直在探索各种优先级排序机制，这一历史说来大约有50年。这些机制大多都比较简单。比如，虽然可以简单地将优先级分为"高"、"中"、"低"三档的分类方法，但是这三档显然缺乏明确的业务含义。随着敏捷软件开发中开始使用MoSCoW（必须有（must have）、应该有（should have）、可以有（could have）、不必有（won't have）等方法，业界也出现了一些相对复杂的优先级排序机制。此外，像特性驱动开发（feature driven development）等方法则采用了经过修改简化的卡诺分析技术（kano analysis），这种技术颇受日本企业的欢迎。但也有些企业青睐严格依照业务价值或技术风险编排数字顺序（1, 2, 3, 4, …）来确定优先级。后面这种优先级排序方法带来的一个挑战是，使用者常常会陷入"到底是应该优先选择高风险工作项还是优先选择高价值工作项"这样的困境中。

所有这些排序机制都逃不开一个根本性问题的困扰。通常，为了应对市场变化与事件发展，重新排序是必要的。试想，例如你有 400 条已严格从 1 到 400 排好序的待办工作项，并采用以敏捷开发的方法进行每月迭代开发和增量交付。那么，每个月你都得对这 400 条待办工作项的剩余部分进行重新排序。

根据我的个人经验，要求业务负责人来确定优先级排序也是颇为困难的一件事。原因很简单：市场和商业环境中有太多的不确定性。很难预测和比对不同事物的价值，很难预知何时某些需求会更为迫切，或哪件事更具价值而需要更快完成。要求业务负责人对技术系统的一系列待办需求进行优先级排序，无异于给他们抛出了一堆无法确知答案的难题。当人们无法确知答案时，他们作出的反应也往往会比较糟糕。他们可能会反应迟钝，可能会拒绝合作，也可能会焦躁不安迟迟没有反应。他们甚至可能会不停地变换主意，随意改动项目计划、浪费整个团队大把的时间来响应这些变化。

其实，我们所需要的优先级排序机制，应该尽可能地减小延迟决策（commitment delay），并且易问易答。看板方法做到了这一点，它只需业务负责人在队列中出现空位时及时填补上新工作项即可，看板系统会向他们提供可靠的前置时间和准时交付率度量数据以供决策。

我们已经讨论了看板系统能够实现的富有价值的 6 个重要目标，对许多公司来说，这些或许已经满足需求。但是，我和其他早期看板方法的实践者已经发现，通过看板方法，还能够实现如下两个更具重大意义的目标，同时也将为企业带来巨大的好处。

目标 7　使系统设计及运作透明化

在刚开始使用看板系统时，我就坚信必须保持在制品、交付速率（产出量）及质量的透明性，因为我明白，这将有助于和客户及高层管理者之间建立起信任关系。

我要求必须保持系统的透明度，对每一个请求，其当前在系统中所处的节点位置、可能将会在什么时候完成、相关的质量等级要求如何等，都要保持透明。同时，我也要求工作团队的效能数据也保持公开透明。我之所以这么做，是因为要让客户深信我们正在为完成他们提交的请求而努力，也让他们对请求可能的完成时间有所感知。另外，我也想借此让高层管理者了解我们的技术与效能水平，让他们对我的管理具备信心，对我们的软件工程师团队的专业能力具备信心。

所有这些保持透明度的做法，还带来了一个我未曾预料到的次效应。我发现，保持请求处理和效能的透明度，确实大有裨益，而保持过程及其规则的透明化更有神奇功效。它让参与到价值流中的每个人都能够看到自己的作为或不作为会产生怎样的影响。因而，大家的表现也就更为理性了。他们会改变自己的行为以改善整个系统的效能。对于规则、人事调动及资源配置等方面的调整，他们也十分乐于配合。

目标 8　设计能够打造高成熟度组织的流程

对于我曾交谈过的大多数公司高管而言，最后这一个目标代表了他们真正期望业务及技术开发部门能够达到的水平。他们最为看重和追求的是可预测性、业务敏捷性及优秀管理。

公司高管希望能对管理执行层的同僚、董事会、股东、客户和整体市场做出明确承诺，并且能够成功兑现这些承诺。公司高级执行层的成功，很大程度上有赖于各方的信任，而建立信任需要可靠性（reliability）的支撑。因此，公司高管最看重的是希望风险能得到妥当管理，以确保可预测地成功兑现他们所做出的承诺。

此外，他们意识到世界发展极其迅速，变化层出不穷：新技术不断涌现；全球化改变了劳动力市场和消费者市场，造成（产品）需求与（劳动力）供应的巨大波动；经济形势不断变化；竞争者的存在改变了公司战略与市场份额；市场品味随着人口的老龄化、富有化和中产化也在不断变化。因此，公司高管希望他们的组织能够十分敏捷地快速响应变化，把握住各种稍纵即逝的市场机遇。

以上这些方面，从根本上看，正表明了公司高管对优秀管理的追求。公司高管希望向投资人证明，投资人的每一分钱都花在刀刃上。他们希望能够控制成本，希望公司的投资组合风险处于最优分布状态。

要实现这些目标，他们期望技术开发部门能够更加透明。他们希望清楚看到各个项目的真实进展，也希望在恰当的时候能够提供支持和帮助。他们希望组织的管理更加公正客观，不是依靠主观判断和人为描述的方法，而是能够通过各种数据、度量指标和信息指示器来报告真实的管理现状。

实现了所有这些目标，组织的成熟度就相当于达到了 SEI 所定义的 CMMI 5 级标准中的第 4 级。在 CMMI 中，第 4 级和第 5 级被视为是高成熟度等级。不管它们是否正式通过了"过程改进的标准 CMMI 评估方法"（SCAMPI）测评，事实上，很少有组织能真正达到这一成熟度级别。既然组织的真实成熟度水平达不到期望水平，也就无怪乎大部分大型科技公司的高管会对其软件工程团队的效能表现感到失望了。

15.3 理解目标，阐明益处
Know the Goals and Articulate the Benefits

现在，看板系统要实现的一系列目标已经十分明确。我们要深刻理解这些目标，并能阐述清楚其中的各种益处，因为在看板方法实施之前，我们要赢取价值链中各利益干系人的认可。看板将会改变我们和公司中其他部门之间的互动方式。如果期望利益干系人愿意接受这些变化，则必须能够向他们阐明变化带来的各种益处。

接下来需要做的就是，根据一个预先定义好的进阶指南，在组织中选择一条价值链作为试点，启动看板系统的实施。这个进阶指南是根据实践经验总结而成的，并经过了不少看板方法早期实践者的有效验证，他们中的一些人（大致上）遵循了这些步骤并取得了成功，其他一些人则深叹如果当时有这么一份指南，应该就可避免许多失败。

提供这一指南，部分用意还在于希望让大家意识到看板方法和此前已有的敏捷开发方法之间的不同。看板方法在一开始就要求与更广范围的价值链上的合作伙伴以及中层（可能还包括高层）管理者之间达成具有协作性的共同承诺。那些未能事先与其他合作团队的管理者达成一致共识而只是单方面在基层采纳看板实践的做法，所能取得的成绩将是十分有限的，给公司带来的好处也是十分有限的。

有人曾给我提议，这一整套步骤看起来有些吓人，甚至也有人评论说，要是早点了解到这一大套进阶步骤，他们可能根本就不会去尝试看板方法。我希望本书提供的宽广视野已经清楚解释了实施各个步骤的有效方法，也希望这些从实践中总结出来的经验能够提供中肯建议。

15.4 实施步骤
Steps to Get Started

1. 与相关利益干系人就导入看板方法的一系列目标达成共识。

2. 绘制价值流图（开发者组织为了满足客户/利益干系人的请求而需要进行的各种活动的序列，参见第 6 章）。

3. 在流程中定义某个节点，在那里你想对输入做些控制。明确该节点的上游以及上游的利益干系人（详见第 6 章）。例如，是否希望控制流向设计工序的需求。产品经理则便可能是上游的利益干系人。

4. 在流程中定义退出节点，超出此节点，则不做控制。确定该节点的下游以及下游的利益干系人（详见第 6 章）。例如，把最终产品交付给客户可能就超出了需要控制的范围。

5. 根据从上游利益干系人处提交的请求，设置工作项类型（详见第 6 章）。是否存在有些类型的工作项对时间较为敏感，而其他工作项类型对时间则没有特别要求的情况？如果有，那么相应地或许就要对这些工作项进行服务分类（详见第 11 章）。

6. 分析各种类型工作项的提请特征，观察到达率和其中的变异。这些变异是季节性的还是事件驱动性的？此类请求的处理需要考虑哪些相关风险？应该按照平均请求水平还是高峰请求水平来设计看板系统？如果此类工作项的交付产生延迟或不可靠，后果将会如何？详细描述每类请求的风险属性（详见第 6 章）。

7. 与上下游的利益干系人进行会谈，其形式可能是一次大型会议，也可能是多次小型会议（本章后续部分将对此进行更深入的解释）。

    a. 对纳入控制范围的价值流的产能分配规则进行讨论，并就 WIP 限额达成共识（详见第 10 章）。

  b. 讨论输入队列的协调机制并达成共识，例如，确定与上游合作伙伴以定期举行优先级排序会议的方式来填充输入队列（详见第 9 章）。

  c. 讨论发布/交付的协调机制并达成共识，例如，和下游合作伙伴约定将定期进行软件发布（详见第 8 章）。

  d. 或许还需要为工作请求引入服务类别的概念（详见第 11 章）。

  e. 就各种不同服务类别工作项的目标前置时间达成共识，即建立"服务水平协议"（SLA），第 11 章已经对此进行了解释。

8. 建立看板/卡片墙，对要控制的价值流区域进行跟踪（详见第 6 章及第 7 章）。

9. 建立一个电子跟踪系统，对要控制的价值流区域进行跟踪和汇报。这是一个可选项。

10. 与团队约定每天在看板墙前召开站立会议；邀请上下游的利益干系人加入站立会议，但并不要求强制参加（详见第 7 章）。

11. 约定定期召开运营回顾会议，对流程进行回顾分析；邀请上下游的利益干系人参加回顾会议，但并不要求强制参加（详见第 14 章）。

12. 对团队进行看板墙、在制品限制及拉式系统的培训。其他一切都不做任何改变。职责描述保持不变，工作内容保持不变，工作转接次序保持不变，工件类型保持不变，除了要求团队成员接受 WIP 限额并依据服务类别进行拉式而非推式工作之外，其他所有流程均保持不变。

15.5 看板方法带来新的谈判模式
Kanban Strikes a Different Type of Bargain

  看板方法要求软件开发团队与业务伙伴以新的一种模式进行谈判。为了帮助理解，我们先回顾平时在其他几种方法中使用的谈判模式。

  在传统的项目管理中，主要基于范围、进度及预算构成的三角约束做出管理承诺。通常的做法是，首先进行一些估算与计划；然后分拨预算，投入资源，各方就需求范围与时间进度达成一致。

敏捷项目管理不做这样严格大胆的承诺。它可能会约定在几个月后的某天进行交付，但从不会明确界定范围；敏捷项目管理可能会对项目范围做一些高层的宏观定义，但不会将细粒度的需求细节锁死。为了能够向项目投入固定资源，可能会先商定预算（资金消耗率）。敏捷开发团队以迭代的方式运作，用简短、有时间盒限制的多次迭代实现功能的增量交付。通常来说，时间盒的长度为1周至4周。每次迭代开始时，先做一些计划与估算，然后做出本次迭代冲刺的目标承诺。会经常对迭代的范围进行优先级调整。大家达成的一致认知是，如果无法完成冲刺目标兑现承诺，则通常会缩减范围，但交付时间不会改变。从迭代（或时间盒限制）的层面来看，敏捷开发管理与传统项目管理非常相似。唯一的重要区别是，在项目过程中需要舍弃一些东西进行权衡时，传统的项目经理可能会选择延期交付、增加资源投入、缩减范围或三者不同程度地兼而有之；敏捷项目的明确共识是缩减范围，保障交付时间。

看板方法则带来了一种不同的谈判方式。在看板方法中，不会要求在事情还处于不确定状态的基础上做出确切承诺。当实施看板时，会承诺定期交付高质量的可用软件，比如，每两周一次等。流程运转的过程会对外部利益干系人保持高度透明，如果他们有兴趣，甚至可以清楚看到每日的进展。同样，他们还有很多机会选出最重要的新工作项进入开发序列，这种选择活动可能要比交付活动频繁得多——基本是每周一次。当然，也有些团队能够做到随需选择（on-demand selection），或以很高频度进行选择，如每日一次或每周两次的输入队列填充频率。

团队会尽最大努力与可能交付尽量多的可用软件，并会不断尝试提升交付的数量、频率及缩短前置时间。除了以极小批量选择新工作项而给项目带来极高的灵活性之外，团队还以针对不同工作项提供不同服务类别的方式，在优先级排序及重要性选择方面为业务决策带来更多的灵活性。第11章已经对此概念进行了详细解释。

看板团队不会承诺在确切的日期交付确切数量的工作。他们只会根据每个服务类别的服务水平协议（SLA）进行承诺，背后支撑这种能力的，是团队会承诺进行可靠的定期交付、保证透明度、灵活进行优先级排序及过程处理，以及持续改善交付的质量、交付速率、频率和前置时间。通过看板方法，团队可以对服务水平做出承诺，通过聚合处理大量工作项来平衡风险。一个设计合理的看板系统，会聚焦于可靠交付客户真正重视的需求价值。作为交换，看板团队也要求客户和价值链中的合作伙伴在此过程中做出着眼于长远利益的支持承诺，不断完善业务伙伴之间的关系，而软件开发团队也会通过提升交付质量、交付速率、频率和缩短交付周期来持续性地改善服务水平。客户认识到彼此间是一种长期合作、立足长远利益的合作伙伴关系之后，如果客户愿意通过服务水平来衡量团队，而不是严苛某个具体工作项的交付要求而和开发团队纠结不清，那么就有希望建立一个高效运转的看板系统。

围绕范围、进度及预算做出承诺的传统管理方法，其体现的是一锤子买卖的特性，这意味着其中不存在持续合作的关系，体现的是一种低水平的信任。

看板方法的基础理念是整个团队将团结一致地致力于维护长期的合作关系。看板方法着眼于持续性的业务合作关系，它重视的是对合作关系的承诺，而不是对某个具体工作项的承诺。实施看板方法，意味着软件团队与其价值流合作伙伴追求的是彼此间的高水平信任关系，意味着其中的每个人都相信他们正在为促进一种长期的合作伙伴关系而努力，并且希望这一关系保持健康，以共同实现业务的高效运转。

在实施看板方法的过程中要坚守承诺，要求价值链中的每个人都关注看板系统的整体效能，关注所交付软件的质量和数量、交付频率及交付的前置时间。实施看板方法，同时也要求价值链合作伙伴坚守承诺，与软件开发团队精诚合作，共同实现真正的业务敏捷。从这点上看，看板方法和此前的敏捷软件开发方法存在显著差异。

花时间与上下游的利益干系人确立看板方法的谈判模式，为看板系统未来的高效运转奠定了合作基础，也为持续改善的组织文化奠定了基础。

15.6 启动看板实施的谈判
Striking the Kanban Bargain

看板方法要求以一种新的方式进行谈判，为此而进行的初期商谈（initial negotiation）是成功实施看板方法的一个关键。初期商谈的主要内容，是明确后续将遵循的软件开发协作性博弈（collaborative game）的规则。价值流合作伙伴务必要参与制定这些规则，这点十分关键，只有这样，这种博弈才能公平地继续下去，最终结果也才能真正体现出他们的目标和意图。

在导入看板方法的 12 道实施步骤中，步骤 7 建议我们要和价值流中的合作伙伴进行会谈，这些合作伙伴包括负责提供需求的市场、业务等部门中的上游利益干系人，以及负责系统运维与部署或者负责销售与交付的下游合作伙伴。我们要和这些合作伙伴就 WIP 限额、优先级排序、交付、服务类别和前置时间等方面的相关规则条例达成共识，和他们之间达成的共识将决定后续软件开发协作性博弈中的规则。由于这五项因素彼此间紧密交织，很难将它们割裂对待。因此，尽管知道应该针对其中的每一项分别制定规则，但是在进行权衡的过程中，这些因素之间不可避免地会产生互相牵连。例如，如果所提议的前置时间无法被业务伙伴接受，则可能要考虑针对某些工作项设计一种特别的服务类别，以缩短前置时间。WIP 限额、优先级排序、交付、服务类别与前置时间这五项因素仿佛是五个可以用来调节看板系统效能的控制杆。所要求的技巧是，你要知道如何推动这些控制杆，知道如何进行权衡选择，设计出一套能够实现系统高效运转的规则协议。

WIP 限额
WIP Limits

我在丹麦遇到过一位开发经理，他告诉我，他团队中的开发人员平均需要并行处理 7.5 项任务。这种情况显然是大家所不期望看到的。我想大概没人会真的认为这么多的任务并行是合理的吧。如果我是他，我会将这种现状作为我和利益干系人进行商讨时的切入点。对话的开始，我会告诉他们，要团队成员手上平均并行处理 7.5 项任务，这种不合理状况对前置时间及可预测性的影响。我会邀请同事，也就是其他利益干系人，大家一起讨论怎样的并行任务数量更合适。他们中有些人或许会提出每人每时只做 1 项任务是最好的。或许真是如此，但这是个非常大胆的选择。要是有些地方发生了阻塞，那该怎么办呢？这时如果能够切换到另外 1 项任务上岂不更好？于是，有其他人或许会提出，并行进行 2 项任务才是最好的。也有人可能会倾向于 3 项。大家建议的数量大致会在 1~3 项这样的区间范围中。假设团队中共有 10 名开发人员，如果最后达成的共识是每人最多同时并行 2 项任务，那就意味大家约定好了开发团队的 WIP 限额为 20。

还可以选择其他方案。也许你希望团队中的程序员进行结对编程，那么每个结对并行处理 2 项任务，就意味着 10 名程序员的 WIP 限额为 10。另外，你可能正在使用特性驱动开发（feature driven development）或特性小组（feature crews）这类高协作性的方法，使用这些方法时，人数最多达五六人的小团队会一起致力于开发完成某个单一的最小可发布特性（minimum marketable feature）、用户故事或一个特性批次（batch of features），也就是所谓的主程序员工作包（chief programmer work package，CPWP）。在一个有 10 名开发人员的 FDD 开发团队中，可以约定将 CPWP 的 WIP 限额设为 3 项（CPWP 通常会从开发效率角度出发，基于业务域的架构分析，对包含的特性进行优化组合，每个 CPWP 中包含 5~15 项细粒度的功能）。

前面我们已经和利益干系人就 WIP 限额进行了沟通。我们从获得可靠交付和期望的前置时间出发，讨论了团队成员多任务处理水平的合适预期值。让合作伙伴认同 WIP 限额是至关重要的一个环节。尽管可以单方面确定 WIP 限额大小，但是通过邀请其他利益干系人参与会谈并就此达成共识和承诺，有助于后续大家坚持遵循共同制定的协作性博弈规则。在未来某个时刻，将会证明这种共同承诺具有巨大的价值。将来某天，合作伙伴可能会要求我们接受某些额外的任务，这种情况在所难免，因为确实可能会出现有些事情很重要、很有价值而必须去做的情况。他们的理由与动机都是十分充分与真实的。这时候，就可以提醒他们，我们彼此之间已经约定了 WIP 限额。看起来系统现在已经满载了，不管这任务有多么重要，接受额外的任务可能就会打破我们的约定。这时，可以这么回应：

"确实，我们很能理解这项任务的重要性，也愿意接受处理这项新任务。同样，你们知道，我们先前已经约定了 WIP 限额。当时你们也参与了决策过程，应该十分了解我们为什么要做出这样的决策。我们希望能够及时和可靠地处理提请的各项需求。如果期望这时能够先处理你提交的新请求，那么需要把其他一些请求先暂时搁置。为了能够开始处理新任务，现在正在处理中的这几个工作项中，你选择先暂时搁置哪个？"

如果事先未让合作伙伴参与确定 WIP 限额大小，就无法进行这样的讨论。他们可能只会一个劲地施加压力。我们通过限制 WIP 实现的拉式系统可能会就此崩溃，组织可能会走回到推式系统的老路上去。

如果我们希望看板软件开发这一协作性博弈能够取得真正的多赢，那么所有的利益干系人都应就其中的博弈规则达成一致共识。

优先级排序
Prioritization

我们还希望就输入队列填充机制达成共识。我们期望能够约定定期召开队列填充会议的频率以及选择新工作进入队列的机制。我们可以通过询问这些问题开始进行会谈，"如果我们每次都只会问'你希望我们从现在开始算起的 42 天内交付哪两个工作项？'这样的简单问题，你可以隔多久跟我们开会讨论一次？估计这样的会议不会超过 30 分钟。"因为你主动说明这个会议的主题十分聚焦，而且问的问题也非常直接，参加会议所需时间也很短，所以你会发现上游合作伙伴很愿意合作。一般很容易就可以达成每周召开会议的约定。在传媒业等快速变化的业务领域，发布可能会十分频繁，则其优先级排序的会谈也会更为频繁。

交付/发布
Delivery/Release

我们还必须与下游合作伙伴达成一个协议。合理的交付节奏要视具体的业务领域或具体情形而定。如果是基于 Web 的软件，则需要将之部署在服务器集群中。部署工作包括复制文件，可能还包括进行数据库模式（schema）的升级，以及将数据迁移到新的模式中。可能还需要为数据迁移专门编写代码，数据迁移也要花费时间。为了统计总的部署时间，需要考虑几个因素，包括服务器的数量、要复制的文件数量、系统关闭和重启需要的时间、数据迁移的时间等。有些部署活动可能只需要几分钟，有些则可能需要几小时甚至几天。在其他领域，则可能要生产 DVD 碟片这样的实体媒介，然后将碟片打包装箱，再通过实体渠道将它们发送给分销商、经销商、零售商或现有的企业客户。这一过程可能还涉及其他一些环节，如打印实体手册、培训销售人员及从事技术支持的员工。可能还要为这些人群专门设计培训项目。

例如，我在 2002 年参与了 Sprint PCS 移动电话网络分阶段升级的首期发布。这是迈向 3G 技术之路上的首次升级，我们称之为 1xRTT。它在市场发布时，被称为 PCS Vision。这次发布，包含有大概 15 个新款终端手持设备以及 16 项新特性，这些新特性能够更为充分地使用新一代网络的高速数据传输能力。Sprint 公司在全美的零售网络共有 17 000 多名雇员，还有差不多同样数目的客服人员在呼叫中心工作，负责接听客户来电。不管是零售渠道的雇员还是客服人员，都需经过培训才能支持该次新服务的发布。我开玩笑地建议，最好的培训方式应该是把这些人的工作先停掉两天，组织大家飞到堪萨斯城待一个晚上，租用堪萨斯市主体育馆，在体育馆的大屏幕上做两小时的投影片演示。这或许本该算是最有效的一种方式，但是由于一些原因，是完全不可行的。客户不可能允许我们为了对新员工进行下一代技术的培训而中断 8 小时的支持服务。零售渠道两天的销售额损失也会对实现年度营收目标造成影响。

设计好培训项目后，我们就开始对培训师进行培训。制订好针对地区零售人员和电话客服人员的培训计划之后，我们便将培训师遣往各地开始为期六周的培训。两个培训计划比较类似，通常是小组参训的模式，时间为员工下班之后。这样的培训工程成本相当高昂。六周的时间投入也不可小觑，兼之在参训人员记忆中的培训半衰期也是六周。如果我们错过该次新型服务的发布窗口,那么培训还得再从头来过,这样,各种发布部署活动又将至少延期六周。

如果你从事的是电话网络这样的领域,你应该很清楚,它的发布节奏不会很频繁。如果一次发布的事务成本中需要包含长达六周的培训,很明显,这样的发布活动一年内最多也只能进行一次。

应该根据所期望获得的收益结果来确定合理的最高发布频率。因而可以问这样一个问题:"如果我们能够产出极少缺陷的高质量代码,而且会对代码的复杂性给予充分关注并对此保持透明化,交付也十分可靠,那么,将代码部署到生产环境中的合适频率应该是多少?"这一提问会带动大家对你刚才提及内容的定义展开讨论,在这个过程中,你可能也会遭遇一些挑战。不过,你必须争取既最大限度地实现业务敏捷性,同时又不会使看板系统中任一部分产生过载。

前置时间与服务类别
Lead Time and Classes of Service

当讨论前置时间时,手头如果有些效能相关的历史数据可供参考,则会很有帮助,这些数据最好是前置时间和工程处理时间方面的数据。在第4章微软公司的案例中,我们知道,对于严重程度为1级的缺陷,修复的前置时间需要大概125天,其他等级的缺陷修复则需要155天。看到这两个数据,首先应意识到这其中涉及两种不同的服务类别。从历史数据来看,1级缺陷之前基本上都能得到优先处理,对此或许并没有什么明文规定,但从总体结果来看,1级缺陷确实得到了更快的处理。

如果那时就明白这点,则从一开始就会提供两种不同的服务类别。可以向外部利益干系人说明,我们将使用两种服务类别,每种服务类别有不同的目标前置时间。

同样,从历史数据中,我们已经了解到工程处理时间的平均值是11天,最高记录为15天。因此,选择以25天作为前置时间,时间起点从选择工作项进入输入队列开始算起。其中并没有其他太多的讲究。现在,来想象这个目标前置时间所能造成的心理效应。这一过程,过去需要4到5个月的时间,而我们给出的时间是25天。但有区别的是,我们说的25天不包括任何早期初始化所需的队列等待时间,而155天的前置时间里是包含这个时间的。不管怎样,我们给出的前置时间目标,听起来都是一个不错的提升。所以业务方支持进行改变也是顺理成章的。

还有其他一些方法。可以根据工程任务处理时间的历史数据，绘制一幅统计过程控制（statistical process-control）图。从中你可以得到控制上限（或 3 个西格玛限值）。出于安全考虑，可以稍稍放宽控制上限以能够吸收消化外部变异。如果确定按照这种方法来计算，也要注意保持过程透明，要向合作伙伴解释清楚自己是如何根据统计确定这些数值的。

另外一种方法，还可以直接询问业务方实际所需的响应水平。采用这种方法时，最好和服务类别结合起来。比如，如果业务方的回答是"我们需要你们三天后交付。"你可以接着问"全部都需要三天后交付吗？"得到的回答几乎都是"那倒不需要"。这就提供了一个进一步明确三日之内必须交付工作项的机会。然后可以为这类要求三天后交付的工作项定义一个服务类别，对剩余的其他工作项，重复进行这一过程。如此一来，所有的工作项就被分为几个不同的区块，相应地也就可以确定出所需的服务类别。同一个服务类别中的工作项，其延期成本函数的形状是比较类似的。关于服务类别与延期成本函数的概念在第 11 章中已进行了详细解释。

在各个服务类别中约定的目标前置时间应该仅被视为是一个目标，而不是承诺一定达成的指标。开发团队会尽最大努力去实现该目标，并对照各个服务分类的 SLA 中约定的目标前置时间，报告准时交付率状况。在一些环境下，当时或许还未建立足够充分的信任，来使各方接受仅将 SLA 中约定的目标前置时间作为一个目标而非承诺。如果不得不同意将 SLA 中的目标前置时间定义为一种承诺，则需要为实现承诺留足安全的缓冲区。由这一点也可以清楚看出，低信任水平会直接提高经济成本。

如果和价值流中合作伙伴已经就价值流中的 WIP 限额达成共识，就优先级排序节奏及排序协调方法达成共识，就交付节奏及协调方法达成共识，并且已经明确定义了整套服务类别并在每种服务类别中都约定了目标前置时间，那么，为了启动实施看板而和合作伙伴进行的讨论就可以结束了。

总　　结

- 向组织导入看板方法至少可以实现 8 大目标。
- 通过以导入阻力最小的方式进行过程改进，并以此来提升组织效能。
- 确保进行高质量的发布/交付。
- 通过控制在制品的数量来确保前置时间的可靠性。
- 通过改善工作/生活之间的平衡，为团队成员创造更好的生活。
- 根据产出来平衡输入的需求，从而为系统创造富余能力。
- 提供一种简单的优先级排序机制，允许延迟决策（commitment delay）和开放式选择（open options）。
- 提供能够看到改善机会的透明机制，从而使组织向更具合作性、鼓励持续改善的文化转变。
- 努力构建一个结果可预测、业务敏捷、管理良好的流程，打造软件工程研究所（SEI）所定义的高成熟度的组织。
- 为了和其他利益干系人达成共识，务必要明确实施目标并清晰阐明导入看板方法的益处，这一点非常重要。
- 遵循导入看板流程的 12 步骤指南。
- 看板使开发团队得以以一种新的模式与外部利益干系人和业务负责人进行谈判。这种谈判模式假设各方都期望建立长期合作关系，并愿意共同致力于提升整个系统的效能表现。
- 邀请外部利益干系人一起参与建立看板系统基本要素的相关约定，使他们成为其中的合作者。
- 有关 WIP 限额、目标前置时间、服务类别、优先级排序及交付等方面的基本约定代表着软件开发协作性博弈中的规则。
- 让外部干系人成为这些博弈规则的共同制定者，这能促成之后的合作行为，特别是当系统面临压力时更为需要。

看板方法：科技企业渐进变革成功之道

❖ 第四部分 ❖

继续改进
Making Improvements

第 16 章

三类改进机会
Three Types of Improvement Opportunity

第 6 章至第 15 章介绍了构建和运作看板系统并将之应用到变革管理与改善中的方法。本书其余部分将介绍如何识别改进机会，该采取哪些行动方案，以及如何选择合适的改善方法。

第 2 章已经介绍在一个采纳看板方法的组织中期望能够展现出的五项核心特征。其中第五项特征是该组织能够使用模型来识别、评估各种改进机会并驱动改进的实施。有许多种模型可供选择。本章主要介绍其中三种常见的模型和它们的一些变种：约束理论及五步聚焦法；精益思想子集模型，它将浪费活动视为经济成本（economic costs）是其主要理念；还有聚焦于分析和减少变异性的模型及其变种等。可能还有其他一些模型，目前社区中已经有人在尝试使用其他诸如实物期权理论（Real Option Theory）与风险管理（Risk Management）等模型。上面提到的是部分例子。它们仅是一个起点。我鼓励大家尝试采用这些模型，因为根据我的实践经验，已经确知这些模型是有效的。并且，我还想进一步鼓励大家拓宽思维，在更为宽广的范围内寻找和采纳多种模型，帮助团队的管理有更大的改善。

16.1 瓶颈、消除浪费和降低变异性
Bottlenecks, Waste Elimination, and Reduction of Variability

这些用于改善的模型研究已经相当充分,其各自的知识领域也已发展得相当成熟。关于持续改进,每种流派都有自身独特的理念。在看板方法中,我选择将这三种模型合成在一起,提供一种关于如何识别改进机会的宏观视角,以及使用各种模型来实施改善的具体细节。下面将要描述的关于持续改进的三种思想流派,每种流派都拥有自己的思想领袖群体,拥有自己的研讨会议,拥有自成体系的知识和经验实践,也拥有自己的追随者群体。你所在的公司也许已经是其中一种或多种流派的支持者。因此,能够以自身所在组织偏好的风格来展现看板方法中的多项技术是如何提供改进机会的,便是一种优势。拥有一系列关于改善的广阔思维范式(paradigm)和工具,对实施变革而言,无疑也能够带来更大的灵活性。

那些对各种持续改进方法学已经十分熟悉的读者,可以选择跳过本章的剩余部分,直接进入第 17 章。那些期望能够对这些方法的概况及其文献与历史的背景有一个总体了解的读者,也许会发现本章后续部分颇有价值。

约束理论
Theory of Constraints

约束理论是由埃利·高德拉特(Eli Goldratt)创建并发展的,于 1984 年在他发表的商业小说《目标》中首次提出。在过去的 25 年中,《目标》一书经过多次修订,其被称为"五步聚焦法(Five Focusing Steps)"的理论框架,在后期的几个版本中已经变得更为清晰。

在约束理论中,五步聚焦法是用于持续改进的基础方法。它也被称为"持续改进的过程(process of ongoing improvement,POOGI)"。约束理论(TOC),存在大量首字母缩写术语。奇怪的是,五步聚焦法是个例外,它的缩写并不是 FFS。

在 20 世纪 90 年代,约束理论演变出了一种进行根因分析和变革管理的方法,这种方法称为"思维流程(thinking processes,TP)"。之所以会出现这种演变,是因为 TOC 咨询界发现,他们和客户一起去实现改善时,约束来自于变革管理和变革所遭遇的抵制。

看来五步聚焦法似乎只能有效解决流动式工作中存在的问题,而在许多工作场所中面临的挑战和流动的模式与它并不完全匹配。因此,TP 方法出现了。面向 TOC 咨询的专业资格认证及培训程序发生了变化,从五步聚焦法及其应用如"鼓-缓冲-

绳"的课程转向了 TP 课程。因此，在 TOC 社区中，当提及 TOC 时，很多时候其实指的是 TP，而不是五步聚焦法。根据我自己参加许多 TOC 大会的观察，在 TOC 社区中，五步聚焦法有点将要失传的苗头。

就我自己所看到的，TOC 社区倾向于接受已经成形的思维范式，而不是对它们提出挑战。因此，作为 TOC 中面向项目管理的解决方案，关键链（critical chain）这一技术便是围绕着项目管理领域中已根深蒂固的三角约束（范围、预算和进度）模型和用于描述项目任务调度的依赖关系图（dependency-graph）模型演变而来的。没有人质疑现有的模型，直到我出版了第一本书《软件工程的敏捷管理》（Agile Management for Software Engineering），对项目管理范式提出了挑战，并建议最好将项目作为价值流（value-stream）和流动问题（flow problem）来看待，并采用五步聚焦法来解决其中的问题。这样一来，我们就可以使用精益思想的全部知识，基于流动模型，将精益思想和聚焦瓶颈的五步聚焦法熔为一炉。约束理论和精益思想的合成，促进了项目和组织效能的提升，为看板方法的涌现奠定了基础。

我曾经提出，任何涉及劳动分工的过程或工作流程，都可以将之视为是一个价值流；而在任何价值流中都可以观察到流动。精益方法和丰田生产方式基本上就是围绕着这个假设建立起来的。只要价值流具备流动特性，五步聚焦法就可以派上用场。因此，五步聚焦法是一个完美的持续改进过程（POOGI）的方法。而 TP 则并非必须，除非需要一个变革管理工具的时候，才有使用 TP 的必要。TP 对我个人而言，并没有吸引力。如本书所述，我首选的变革管理工具是看板方法。

五步聚焦法

五步聚焦法是一种用于创建持续改进过程的简单方法。过程如下。

1. 识别（identify）约束。
2. 做出决定，以最大化利用（exploit）约束。
3. 使系统中的其余一切部分都服从于（subordinate）第 2 步中做出的决定。
4. 突破（elevate）约束。
5. 避免惰性；识别下一个约束，重返（return）第 2 步。

第 1 步即要求我们找到价值流中的瓶颈。

第 2 步要求我们找出瓶颈潜在的最大产出，并将之和实际现状进行对比。你会发现，这个瓶颈很少甚至从未满负载工作。这时可以问："那该采取什么措施使瓶颈的能力得以充分利用呢？该怎么改变才能够做到这一点呢？"这即是第 2 步中"做出决定"的部分。

第 3 步要求我们做出任何必要的改变，以实施第 2 步中做出的决定和提出的想法。这可能要求在价值流中的其他地方也要做出一些改变，以最大化地输出瓶颈处的产能。这种使瓶颈处产能输出最大化的行动称为"最大化利用瓶颈（exploiting the bottleneck）"。

第 4 步针对的是尽管瓶颈的产能已被充分挖掘但仍然无法获得足够产出的情况，这时，为了提高产能，就要增强瓶颈的产能。第 4 步要求我们实施改进，以增强产能和充分提升产出，解除当前的瓶颈，这时，系统的约束就转移到价值流的其他地方。

第 5 步要求我们给做出的这些变化一段时间，以使这些变化稳定下来，然后在价值流中识别出新的瓶颈，并重复整个过程。这样便能打造出一个持续改进的系统，该系统的产出一直都在不断提升。

如果五步聚焦法能够被正确地实施并制度化，便能在整个组织中构建出持续改进的文化。

第 17 章将详细介绍如何使用五步聚焦法来识别和管理瓶颈。

精益、丰田生产方式和减少浪费
Lean, TPS, and Waste Reduction

20 世纪 90 年代初，沃麦克、琼斯和丹尼尔斯合著的《改变世界的机器》一书的出版，标志着"精益（lean）"的诞生。在该书中，作者以外部观察者的视角，描述了丰田生产方式（TPS）。作为精益方法早期的文献，该书有些不足。它未能识别出 TPS 中变异性管理部分，而这是 TPS 与生俱来的关键部分，脱胎于戴明的"渊博知识体系（system of profound knowledge）"。同时，精益中也存在一些误解和过度简化的问题，显得美中不足。许多精益顾问将精益思想简单化为"减少（或消除）浪费"的理念，将精益方法作为一种纯粹用于减少浪费的实践来传授。在这种精益反模式中，所有的工作被分为"增值的（value-added）"活动和"非增值的（non-value-added）"活动。并把"非增值的"活动认为是"浪费的（wasteful）"活动而进一步细分为"必要的浪费（necessary waste）"和"不必要的浪费（unnecessary waste）"。相应的策略是消除不必要的消费，减少不必要的浪费。虽然这种做法也可以算是对致力于改善精益工具的一种合理使用，但是由于它并没有深刻理解"价值"、"价值流"和"流动"中包含的精益理念，只是从降低成本的层面进行有限的优化，却忘记了提升价值才是精益的根本归旨。

看板方法注重确保精益思想的每个方面都能发挥作用，并提供系列工具，通过聚焦于流动管理和降低浪费，做到两者兼顾，让价值产出最优化。

第 18 章将介绍识别浪费活动的方法及其相应改善策略。

戴明和六西格玛
Deming and Six Sigma

威廉·爱德华兹·戴明（W. Edwards Deming）博士通常被认为是 20 世纪质量保障运动三位领袖之一。然而，他的贡献是其中尤为显著的。他进一步深化了统计过程控制（SPC）技术的应用，并将之发展为"渊博知识体系（system of profound knowledge）"这一管理技术。该体系的设计意图是为了防止管理者做出拙劣决策，因此需要基于统计技术来做出可靠、客观和更优的决策，而这些决策往往具有反直觉的特征。戴明博士偶尔也会被人称为"20 世纪最重要的管理科学家"，在我看来，这实在是当之无愧。戴明博士将质量保障中的 SPC 技术扩展到管理科学领域，为管理科学的发展作出了巨大贡献。

戴明博士对 20 世纪中期的日本管理哲学产生了重要且深远的影响，他关于 SPC 和渊博知识体系的相关工作成果，成为了 TPS 的重要支柱。

虽然一些应用看板方法已达很高成熟度的团队，例如，位于伦敦的 BNP Parisbas 投资银行的一些团队，已经在使用 SPC 方法，但是由于 SPC 超出了本书的范围，所以将留在讨论高级看板技术时再行阐述。

理解系统与工作任务中的变异（variations），是 SPC 技术的底层支撑原则，知道这点将会十分有用。戴明之前的先驱沃尔特·休哈特（Walter Shewhart）将完成任务过程中的变异性分为两类，即机会致因（chance cause）变异和可归因（assignable cause）变异。后来戴明将此分别改称为一般致因（normal cause）变异和特殊致因（special cause）变异，在《新经济观》（第二版）中，他承认这"在很大程度上是出于方便教学的考虑"。在换用新术语时，并没有特别的创新。理解系统中的变异以及它们对效能的影响，并能将这些变异划归到这两个分类中，是管理者必须具备的管理技能。根据变异类型采取适当的管理行动，是持续改进过程的核心。应用精益方法和约束理论时，很大程度上两者也都依赖于对变异有深刻的理解，唯此才能保障带来真正的改善，即使这些改善外在看是通过瓶颈管理或减少浪费达成的。

第 19 章将介绍识别一般致因变异和特殊致因变异的方法，并给出了与针对不同类型的变异应该采取的适当管理行动相关的一些理念。第 20 章沿着该主题进一步展开论述，介绍如何培养问题管理能力，以应对可归因变异，在出现问题时能够做到尽快解决问题，维持流动和使交付的价值最大化。请注意：如果缺乏变异性方面的知识和缺乏聚焦于管理变异性的做法，那么对流动的管理将是低效的。缺失了戴明思想的精益方法，是一种缺失了对变异的理解的精益方法，即意味着是一种缺失了聚焦于保持流动这一理念的精益方法。早期的精益文献中既没有包含对变异的阐释，也没有提及戴明的渊博知识体系，鉴于此，出现将精益作为一种消除浪费的过程这样的反模式，其根源也就不难理解了。

在日本的丰田生产方式中，戴明思想深植于基层作业车间，在那里，SPC和渊博知识体系被用来识别每个作业环节的改进机会，而在美国，戴明思想也发展出了另外一个知识体系，即六西格玛方法（six sigma）。六西格玛方法最早开始于摩托罗拉公司，但却是在被通用公司采纳时才真正成熟起来，那时通用公司正处在杰克·韦尔奇的领导下。

六西格玛方法采用 SPC 技术来识别一般致因变异和特殊致因变异，并采用一个过程从根源上消除特殊致因变异，防止它们重复出现，戴明曾描述过一个类似的过程；此外，六西格玛方法也采用降低一般致因变异的方式，使得过程、工作流和系统变得更具可预测性。

丰田生产方式（TPS）授权基层作业车间中成千上万的工人来实施无数微小的改善活动，与 TPS 不同，六西格玛方法已经发展成为一种低信任度、依靠命令和控制方式来实施改善的方法，因此它所挖掘的改进机会要少很多，更偏向于在战略层面实施改善，并且需要获得专门授权以专门的项目来实施。项目负责人要拥有黑带（black belt）头衔，一般要经过多年专门的方法学培训才能够获此资质。由于看板方法全面采纳了戴明思想，并为观察变异性及其影响提供了仪表盘和透明度，因此看板方法既可以用于实施一个持续改善式的改进程序，也可以用于实施一个六西格玛式的改进程序。

16.2 看板方法与公司文化的适配
Fitting Kanban to Your Company Culture

如果你的公司偏好于六西格玛方法，则看板方法有助于在软件、系统、产品开发或者 IT 组织领域导入六西格玛方法。如果你的公司偏好于精益方法，那么看板方法是天然适用的。它将有助于在软件系统、产品开发或者 IT 组织领域启动精益变革。如果你的公司偏向于采用约束理论，则看板方法也有助于在软件系统、产品开发或者 IT 组织领域实施完整的约束管理程序（移除瓶颈）。但是，你可能要以"鼓-缓冲-绳"的方式来重塑拉动系统，而不再使用看板式的拉动系统。由于看板是从早期的"鼓-缓冲-绳"实现演变而来，所以我很清楚这种做法是可行的。但是，讨论在这种情况下建立价值流模型和为 WIP 设置限额的实现细节，已经超出本书的范围。

总　　结

- 在实施看板方法时，需要采用一些模型来识别改进机会。
- 看板方法支持至少三种类型的持续改进方法：约束管理（移除瓶颈）、减少浪费、变异性管理（SPC 和渊博知识体系）。
- 看板方法能够用于识别瓶颈，完整实施约束理论的五步聚焦法。
- 看板方法能够以可视化方式展示浪费的活动，有助于在软件系统、产品开发或者 IT 组织领域启动全面的精益变革。
- 看板方法采纳了戴明博士的渊博知识体系和统计过程控制方法时所需要的仪表盘设施。它既可以用来驱动持续改善式的变革，也可以用来驱动六西格玛方法的变革。

第 17 章
瓶颈和非即时可用资源
Bottlenecks and Non-Instant Availability

华盛顿 SR-520 公路是连接西雅图与其市郊柯克兰（Kirkland）和雷蒙德（Redmond）两区的高速公路。它是郊区居民往返市中心上下班的主要通勤干道，而微软公司及包括美国电话电报（AT&T）公司、霍尼韦尔和任天堂等高科技公司的一些职员，如果家住市区，则每个工作日都要反向往返于市区和位处郊区的公司之间。这条路每天有 8 小时处于严重的双向交通瓶颈状态。在下午晚些时候，如果你站在经过梅迪纳（Medina）区东北 76 号街（N.E. 76 Street）这段高速公路的桥上（沿华盛顿湖畔比尔·盖茨的豪宅出来的那条街即是）朝东望去，就会看到西行进城的车辆排成长龙，缓缓地在贝尔维尤的小山上爬着坡，然后慢慢下行汇入双车道经由浮桥进入西雅图市区。车流爬坡的速度大概是每小时 10 英里，其间不时有车辆减速甚至停驶，造成车流走走停停。如果穿过街道向西面西雅图市区的摩天楼方向望去，向远处的太空针塔（Space Needle）和奥林匹克山脉（Olympic Mountains）方向望去，就会发现那个方向的交通十分顺畅，经过你站的位置的车速大概是每小时 50 英里。到底是什么魔法让脚下的车流速度产生如此显著的变化，从之前的断断续续变为现在的畅通无阻呢？

第 17 章 瓶颈和非即时可用资源

经过浮桥跨过华盛顿湖前,这条高速公路由三车道变窄成双车道。此前这条高速公路最右边的车道是一条高容量(HOV)车道,走这条车道的车上必须至少要有两名乘客。走这条车道的多是往返于市郊间的公共班车巴士,以及一些私家车。这些车辆汇入其他车道时肯定会影响交通,造成车流减速与阻塞。在上桥前的几英里处还有其他几条路上的车辆会汇入这条高速路,给高峰期原本就很拥堵的交通带来额外的车流量。这些因素的综合结果就是车流走走停停,车辆行驶缓慢。

出于安全方面的考虑,交通规划人员很关注行驶车距。理想车距是要使车辆足以应变并及时安全停下。因此,安全车距与车速以及驾驶者的反应时间相关。交通法规上建议两车间的"安全车距"是 2 秒。用精益方法的术语来说,这就是车辆间理想的节拍时间(takt time)。因此,假设有两条车道,并且每两辆车之间的间隔时间是 2 秒,那么这条路最大的交付速率就是每车道每分钟 30 辆,或者是每分钟 60 辆。这一数字大小与车辆的行驶速度无关。但这在车辆行驶速度极慢或极快(远超 SR-520 公路限定的每小时 50 英里极值)的极端情况下并不适用。更确切些描述,这条路的吞吐量(在交通管理中将此称为"通车能力")为每小时 3600 辆车。

但是,当你下午五点左右站在桥上数桥下驶过的车辆数量时会发现,每分钟经过浮桥开往西雅图市区的车不到 10 辆。尽管交通负载很高,但是这条路却只发挥出了五分之一的吞吐能力!为什么?

华盛顿湖上的浮桥是瓶颈所在。我们通过很直观的方式就可以理解这点。瓶颈大小决定了液体出入瓶子的流动情况。我们可以很快地将液体倒入宽口瓶中,但洒出的风险也更高。倒入细口瓶的速度会慢但可以倒得比较精准。瓶颈约束了潜在的吞吐能力,就像在本例中,桥上通行情况从每分钟 60 辆(或每小时 3600 辆)减至只有每分钟 10 辆(或每小时 600 辆)。

一般而言,过程流中有待办项积压的地方就存在瓶颈。在 SR-520 公路这个例子中,向东一直堵到欧弗克莱(Overlake)的 7 公里长龙就是积压的待办项。在软件开发中,瓶颈可以是任何积压的未启动工作项或进行中工作项:待分析的需求,已分析但待设计、开发与测试的工作项,已测试但待部署的工作项,依此类推。

如前所述,SR-520 公路在对车辆流通要求最高的高峰期只发挥了 20%的吞吐潜力。要对此作全面解释,需要了解如何能够充分挖掘瓶颈的潜能,以及变异性对潜能发挥所造成的影响。这些概念将在本章及后续的第 19 章中进行解释。

看板方法:科技企业渐进变革成功之道

17.1 能力受限资源
Capacity-Constrained Resources

在 76 号街东北大桥段的 SR-520 公路成为一个能力受限的瓶颈。它的通行能力是双车道每分钟 60 辆车。之前的道路是三车道，到该处时车辆被迫汇流到一起，走浮桥横渡华盛顿湖。这座浮桥已经有些年头，是 50 年前设计的，桥上只有两条车道。那时，该路段的通行能力是很富余的，桥不会成为瓶颈。东部郊区只有些小村落，要渡过华盛顿湖上下班的人很少，并且只有进城上班的人，逆向从西雅图市区过湖上班的情况不像今天这么常见。

突破举措
Elevation Actions

在这点上，作为一个能力受限的瓶颈，SR-520 公路可能和软件开发团队中负责设计用户交互界面和对话框的用户体验设计师很类似。尽管设计师全力以赴地工作，但是她的产出仍然赶不上项目要求。这种情况下，大多数管理者的自然反应是招聘人手来帮忙。这项举措在高德拉特的约束理论中称为"突破约束（elevating the constraint）"——通过产能扩容来消除瓶颈。

在 SR-520 公路这个例子中，相应的举措便是在华盛顿湖上建造一座新的桥梁来替换老浮桥，新桥梁在每个通行方向上都将设三条车道。为了保持车流稳定顺畅地通过桥面，桥上应该有一条 HOV 车道和一条自行车车道，以及两条常规车道。事实上，这也是华盛顿州交通部门期望能够实施的方案。建造这座新桥将花费数亿美元，整个工程需要 10 年时间才能竣工。在本书写作期间，该工程还没有启动。

这说明，应该把突破举措作为解决能力受限资源瓶颈问题的最后一个手段。对瓶颈进行能力扩容，既花时间又花钱。例如，如果必须增聘一名用户体验设计师，那么首先要预算支付新人的薪水和支付招聘过程中产生的开支，其中可能包括向中介支付推荐费等。当查看简历和对候选人进行面试时，当前项目的进度也会拖慢。最宝贵的资源即用户体验设计师，时下已经表现出产能受限的状况，但她会被要求从实际项目工作中抽出时间来查看简历、筛选候选人和进行面试。因此，她用来完成设计工作的产能又降低了，而她的产能水平潜在地决定了整个项目的交付速率。这也部分解释了"弗雷德·布鲁克斯法则（Fred Brook's Law）"所描述的现象，向一个进度已经滞后的项目中加人，会导致项目进度进一步滞后。虽然布鲁克斯的观察结果描述得比较粗略,但我们已经可以对这种现象做出一个更为科学的解释。至少在过去的 35 年中,雇用更多的人只会放缓项目进度这一概念在软件行业中已经深入人心。

挖掘/保护举措
Exploitation/Protection Actions

相比立即跳到"突破"这一最后举措,花费大量时间和金钱而又拖慢问题解决的进度,不如先找到能够充分利用瓶颈资源能力的方法。例如,我们发现,SR-520 在高峰时段的吞吐量只发挥了潜在能力的 20%。那么,可以采用什么措施来提高吞吐量呢?想象一下,如果在上下班高峰期的道路吞吐量能够达到每小时 3600 辆的潜在能力,那还有必要建造一座新桥来取代现在的浮桥吗?如果花在交通上的时间能有效缩短到可接受范围内,华盛顿州的纳税人(比如我)应该会更愿意把缴纳的税金花在其他一些更为重要和紧迫的事情上吧,比如,为当地学校添置更多书籍等。要达到这个目标并非毫无可能!

那么该如何才能充分挖掘道路的真正潜力呢?问题根源在于人在驾驶车辆,他们的反应时间和采取的反应动作是高度可变的。当有汽车从 HOV 车道并入时,中间车道的车辆需要减速,为并入的汽车腾出空间。有些司机的反应比别人慢;有些人踩刹车比别人猛,因此,这些因素综合在一起,便会形成不可预测的车流堵塞。一些司机,会因为车道前方车速变化和自身所在车道的车速相比隔壁左车道车速慢,决定变换车道,并入左车道。HOV 车道的车流并入中间车道的效应,这时将再次发生。所有的车辆虽然速度已经放慢,但并不会真正影响吞吐量。最重要的是车辆之间的间距时间。理想状况是车辆之间能够保持 2 秒钟的间距时间,以使车流顺畅。但是,由于人的因素,车辆无法平稳地减速或加速,所以车辆之间的间隔时间会各有差异。每个人踩油门和刹车的反应时间各有差别,车辆的发动机、变速器和齿轮箱的反应时间也有差别。这些意味着车流在堵塞时,车辆间的间距差别会继续扩大。系统中的变异性对吞吐量产生了巨大的影响。

通过车辆控制的方法来解决 SR-520 的问题目前可能还仅是一种理想方案,虽然德国的一些汽车制造商已经在试验类似的系统。该系统会使用雷达或激光来判断车辆之间的距离，并保持交通顺畅平稳，从而消除 SR-520 中出现的变异性。这样的系统能够使由车辆组成的整个链条平稳地减速，同时保持车辆之间的间距。最终效果便是，车流仍然可以保持高吞吐量。但是，由通勤者自己驾驶私家车对于消除变异性而言还有局限性。如果期望使交通的变异性降到很低的水平，就不得不把这些车辆栓成一条链，并把它们放在轨道上。这也解释了在需要快速运输大量人群时，为什么高容量快速轨道交通（mass-rapid rails transport）会比汽车更高效。

好消息是，在办公场所中，我们对那些能力受限资源的变异性具备控制能力。在本书中，对于与增值工作相关的协调活动和事务成本，我们已经讨论了很多。如果用户体验设计师是能力受限资源，那么，可以最大限度地减少用户体验设计师需要做的非增值（浪费）活动，使她专注投入在增值工作上。

例如，在 2003 年时我的一个测试团队就成为了能力受限瓶颈。为了最大限度地充分利用他们的产能，我和业务分析师、项目经理一起寻找团队中存在的其他富余资源（slack resources）。我们把测试团队从填写工时之类的繁文缛节性的活动中解放出来，他们自己也暂停了对未来项目的规划活动。我们还批准由业务分析师来制订未来的迭代测试计划和项目测试计划，这样，测试人员就可以专注于手上正在进行的项目测试任务。

另外一种方法会更好些，但我当时没有考虑要这么做，就是为那些必须由专业测试团队来测试的需求制定风险属性（risk profile）。那些不满足风险属性中定义的标准的需求，可以转由其他职能区域中具备业余测试能力的人，例如，业务分析师来完成。这种通过风险属性来进行"分流"的技术，是一种可以用来优化瓶颈利用率同时又不会影响项目风险管理的好方法。

从长远考虑的一种修复方法，可能是在自动化测试方面进行大量投资。请注意前一句的关键词——投资。如果你发现自己提到了"投资"，那么这时你谈论的是一种突破举措。增加资源来提升产能不是唯一的突破方法。自动化天然便是一种可以实现突破的好办法。在过去十年中，敏捷软件开发社区一直都在极力倡导自动化测试。通常，可以认为自动化是一种突破策略。但是，自动化还有一个很棒的副效应，而且也减少了变异性：那些可重复的任务和活动通过自动化可以精准地重复运行。因此，自动化降低了过程中的变异性，可能有助于提高另外一处瓶颈资源的利用率。

接下来，为了确保最大限度地挖掘我们的用户体验设计师这一能力受限资源，所要做的是要确保她能够顺畅完成当前手上的工作。如果用户体验设计师报告说，某些外部原因使她无法前进，项目经理和（必要情况下）整个团队就应该集中全力一起快速解决这个问题。在问题识别、升级处理和解决方面具备强大的能力，是一个组织能够有效挖掘能力受限瓶颈资源所必不可少的。

如果有好几个问题对当前工作造成阻塞，那么阻碍能力受限资源（在案例中，这个资源即是用户体验设计师）的那个问题应该最优先得到解决。因此，为了能够做到有效、高效地管理问题，需要清楚了解能力受限资源瓶颈在哪里，并在需要时将解决该处问题置为最高优先级。

看板系统所提供的透明度，有助于团队感知到能力受限瓶颈资源的位置，以及阻碍了该处流动的问题所造成的影响。当项目中的每个人都能感知到瓶颈处的障碍所造成的系统级影响时，项目团队会很乐意地聚在一起尽快解决问题。高级管理层以及那些能够从准时发布中获益的外部干系人，在理解了他们付出的时间将会带来的价值以及迅速解决问题带来的好处时，会更愿意在项目上付出更多的时间。

因此，培养能够通过看板系统透明地跟踪和报告项目状况的组织级能力，对于提高组织效能而言至为关键。透明度能够带来对瓶颈和障碍的可见性（visibility），从而提升团队对可用产能的利用水平，通过使团队专注于维持稳定的流动来不断交付有价值的工作。

一种常用来确保能力受限资源得以充分利用的技术，是确保该资源一直处于忙碌状态的技术。如果能力受限资源由于上游一个预料之外的问题而无事可做，则这是个巨大的浪费。例如，由于家中有病人要照顾，需求分析师请了几周假不在岗。这时，约束忽然就转移到别的地方了。当团队在等待新需求出来时，用户体验设计师处于空闲状态。如果上游的活动本身就具有很高的易变特性，那该怎么办呢？这对于需求讨论和开发是很常见的。因此，工作的到达速率可能是不规则的。可能有许多原因会导致能力受限资源暂时因工作短缺而变得空闲无事。避免这种空闲时间最常用的方法是，采用工作缓冲区来保护瓶颈资源。该缓冲区的目的是吸收新工作进入队列的到达速率的变异性，在本例中，便是为用户体验设计师而设置。缓冲区增加了系统中的 WIP 总数。从精益的角度看，增加工作缓冲区，即意味着增加了浪费和拉长了前置时间。但是，这种方法具有能够保证通过能力受限资源的工作流平稳并提高交付速率的优点，因此，这么做通常是一种更合算的选择。尽管前置时间有轻微的拉长，WIP 数量有轻微的增加，但是可以完成更多的工作。

使用缓冲区可确保瓶颈资源不会出现空闲时间，这种做法常称为"瓶颈保护"或"保护举措"。在考虑突破瓶颈之前，应该先努力追求最大化利用瓶颈和保护瓶颈，确保其可用产能已被最大限度地充分利用。

在 SR-520 公路的交通管理案例中，真正的吞吐量比其潜在能力的 20%还要少，这种情况在知识工作，如需求分析和软件开发中，也是相当常见的现象。通过充分挖掘瓶颈产能，我们完全有可能看到最高达 4 倍的交付速率提升。

在第 4 章微软公司的案例中，并没有花费任何金钱或者采用任何突破瓶颈的方法，而是通过采用更充分挖掘和更好保护瓶颈资源的措施，消除了系统中的变异性，产生了 2.5 倍的改善提升。

服从举措
Subordination Actions

一旦决定充分挖掘和保护能力受限资源，就需要采取一些具体措施来达到目标——使系统中的其余事情都服从于这一举措——以确保充分挖掘瓶颈的方案能够高效工作。

让我们重温下幻想的未来世界中神奇的交通系统。这次，我们决定不采用在华盛顿湖上造新的跨湖大桥的方案。相反，我们决定在高峰期通过 SR-520 公路的交通工具安装一种新的速度管理系统，在高速公路上堵车的那 7 公里路段，这种系统会通过使用雷达和无线通信来协调管控车流的速度，这个新系统会像巡航控制系统一样，代替司机踩踏油门和刹车，而税收补贴政策会鼓励市民在车辆上安装该系统。一旦有足够多的车辆安装了这种系统，他们就可以打开这种系统，而那些还没安装该系统的车辆，就只好找到另外一条路线或避开高峰期通过跨湖大桥。结果，车流更为流畅，从而更为充分地挖掘了瓶颈的通行能力。我猜测，有了这样一个系统，如果能够有效运行，将能回收失去的 50%的通行能力，或者换成另外一种计算方法，能够把高峰期通过 SR-520 的吞吐量提升 2.5 倍。

那么在这个案例中，我们做了什么改变呢？我们让司机控制速度的权力服从于总体目标，通过能够提高通行吞吐量的方法来获得更短的通行时间。这就是服从举措的精髓。为了提升瓶颈资源的利用率，其他东西都需要做出改变。

对于那些熟知约束理论的人来说，有一点认知是相当反直觉的，即改善瓶颈效能所需要的变化通常并不发生在瓶颈处。此前，一位敏捷开发社区的知名人士在审阅我第一本书的手稿时提出意见，他认为，使用约束理论作为一种改善方法，会导致团队中的每个人都想成为瓶颈资源的一部分，因为这样他们能够获得所有管理层的关注。这是一个很容易出现的认知错误。

具有反直觉性的地方是，大多数的瓶颈管理举措，并不作用在瓶颈处。许多专注于减少失败负载的改变，便是为了使瓶颈处的交付速率最大化。作为一条一般规则，那些期望能够充分挖掘瓶颈产能从而最大化交付速率和使项目交付时间最小化的改善举措，需要在整个价值流中寻找，通常这些大部分并不发生在瓶颈处。

17.2 非即时可用资源
Non-Instant Availability Resources

严格说来，非即时可用资源并非瓶颈，但是，它们看起来很像是瓶颈，我们可以采取的应对举措也和应对瓶颈资源的做法很类似。开车时，我们需要在红灯前停下车，通过这个例子，大家能够很容易就理解非即时可用的概念。在红灯前停下来，车辆无法沿着街道继续往前开，这时车流的中断并不是因为道路的通行能力有限，而是由于交通规则允许另外一条路上的车流先通过这条路的交叉口。

沿袭本章中华盛顿州的交通主题，普吉特海湾的轮渡系统是一个更好的例子。这几个轮渡系统把吉赛普（Kitsap）和奥林匹克半岛（Olympic Peninsulas）与西雅图市区连接在一起。共有 3 个这样的轮渡，2 个是连接西雅图到布雷默顿（Bremerton）和班布里奇（Bainbridge）的，我最喜欢拿来举例的轮渡，是连接埃德蒙兹（Edmonds）东侧和金斯敦（Kingston）西侧的处在 SR-104 公路上的那个。在地图上，这条轮渡航线显示为 SR-104 公路的一部分。通常它被标记为"收费"，而不是明确说明"到这里你得上船摆渡"。开车到达此处时，才可以感受到这个轮渡，这时便是一个非即时可用的路段。

开车到达轮渡时，需要先付费，然后在一个等候区等候。等待时间大概需要 30 分钟，因为渡轮需要花 30 分钟时间渡过普吉特湾；之后渡轮还需要花 10 到 15 分钟时间卸下车辆,在返航前又需要花差不多的时间载上全部新的车辆。通常轮渡公司会投入两艘渡轮,因此每艘渡轮的运输时间差不多是 50 分钟一趟。在高峰时间,可能会投入 3 艘渡轮,把每次摆渡的等待时间控制在 35 分钟左右。

大多数时候,渡轮每趟都会满载,但是这个系统并不是能力受限资源。车辆需要在一个等候区——这个等候区其实是一个缓冲区——等待摆渡(批量转移)到对岸,这并不意味着轮渡是一个能力受限资源,而是表明它是一个非即时可用资源。轮渡每小时运输一到两次,每次运输能力大概是 220 辆汽车。

在高峰期,比如周五下午,轮渡系统确实变成了一个能力受限瓶颈。当发生这种情况时,车辆的到达速率超出了轮渡每小时约 300 辆车的运输能力。车辆开始积压,排队超出了等候区。在这些高峰时段,经常可以看见车辆向后朝埃德蒙兹或金斯敦绵延 2 英里。这时没办法,车辆只好排队等候。通过增加新渡轮的方式来突破约束并不容易实施。渡轮设有班次的时间表和调度设计,目的是提供一项合理水平的服务,把时间控制在合理范围内。增加超出所需的能力需要多花很多钱,这需要华盛顿州的纳税人来为此买单。

转回到软件开发和知识工作上,非即时可用资源问题一般是共享资源或者需要多任务工作的问题。众所周知,事实上并不存在能够真正多任务工作这一说法。我们所能做的,只是频繁地进行任务切换。如果需要在三件事上并行工作,则需要先在第一件事上忙碌一阵子,然后切换到第二件事上,再到第三件事。如果有人等着我们完成第一件事,但是我们正好在做第二件事,那么,从那个人(和第一项任务)的角度看,我们当时就处于非立即可用状态。

我观察到的另一个非立即可用问题的例子,是构建工程师身上发生的状况。公司有个规定,只有配置管理团队的人,才能够构建代码并将代码更新到测试环境中。这个规定是一种特定的风险管理策略,根据以往的历史经验,开发人员经常会由于粗心而在代码构建时破坏测试环境。多个项目间一般会共享同一个测试环境,因此,一次失败的构建会造成很大的影响。当时,技术部门还不具备好的流程级协调能力,只要其中涉及多个重叠的 IT 系统,一个团队和项目很可能会对另外一个项目团队造成很大影响。了解技术层面上代码在多个项目间发生了什么变化的职能,便被赋给了配置管理部门。这些专业岗位称为构建工程师。构建工程师负责了解某次软件构建过程中发生的变化所造成的系列影响,避免测试环境遭遇破坏而不可用,进而影响所有项目的顺畅流动。

看板方法:科技企业渐进变革成功之道

一般来说，会专门从配置管理团队的共享资源池中为一个项目指派一名构建工程师。但是，单纯为一个项目构建代码和更新测试环境所需的工作负荷，不需要构建工程师一整天都投入在上面。事实上，构建工程师每天在这项任务上的投入，一般都不超过一两个小时。因此，构建工程师被要求以多任务方式进行工作。他们要么同时被分派到多个项目上，要么要承担其他职责。

拿 Corbis 公司的 Doug Burros 例子来说，他是被分配给持续性工程活动的构建工程师。他另外还被分配了两项职责：负责构建新环境及维护现有环境。他还是全权负责维护系统当前配置的配置管理工程师。该项工作内容包括为操作系统和数据库服务器打补丁和升级、为中间件打补丁和升级、维护系统配置和网络拓扑，等等。他每天大约安排一个小时时间来完成每天的构建任务。一般，他会在每天上午 10 点到 11 点这个时间段来做这件事。如果开发人员下午发现需要做一次测试环境构建，那么他们就只好等到第二天了。这时构建工程师便是非即时可用资源。工作会形成阻塞，由于持续性工程使用看板系统来运转，所以很快工作就会沿着整个价值流形成积压，导致许多其他团队成员空闲下来无事可做。

应对非即时可用资源导致的流动问题的举措，和处理能力受限资源的举措是非常类似的。

挖掘/保护举措
Exploitation/Protection Actions

首先要意识到 Doug 是一个非即时可用资源，并且观察可能造成的影响。由于看板的 WIP 限制定义得十分严格，当他无法马上响应时，工作便会开始积压。由于 Doug 是流的一个变异性根源，正确的一项举措是在 Doug 的工作步骤前设置缓冲区。缓冲区大小的设置是个关键，既要设定得足够大以使工作能够继续流动，又不能太大使 Doug 成为一个能力受限瓶颈资源。我和他讨论过构建活动的特征。不出意外的状况下，他在每天可用的一个小时内可以完成 7 个构建活动。因此，我们就在看板系统中把缓冲区的 WIP 限额设为 7。我们把这个缓冲区加入到了价值流中，在卡片墙上新增了一列，称为待构建（build ready）。这样一来，我们把系统中的 WIP 总数提高了大概 20%，但这么做达到了效果。尽管构建活动可能无法立即启动，但是，这时上游活动在当天就能够继续保持流动了。结果是交付速率上有了显著增加，前置时间变短，尽管 WIP 提高了。另外一种可选方案，当时我们并没有想到，是让 Doug 把一个小时分为两段来工作，每段半个小时，而不是一次一个小时完事。这两个时间段可以在一天里分成一段在上午，一段在下午。这会使流动变得顺畅，达到的效果是，在非即时可用瓶颈前的缓冲区的压力减小了。也许，这时缓冲区大小可以减小为 2 或 3 个，那么，全部 WIP 只需要增加 10%即可，而且工作项流经系统的前置时间也会变得更短。

作为一条一般规则，当遇到非即时可用问题时，要思考如何改善可用性。终极方案是将一个非即时可用资源变为一个即时可用资源。

服从举措
Subordination Actions

如前面所讨论的，服从举措一般需要在价值流中进行一些策略改变，以最大限度地充分挖掘瓶颈能力。对于作为非即时可用的构建工程师，在采取服从举措时可以采用哪些方案呢？

第一件事情是对要求 Doug 承担三项不同职责这样的规则进行反思检查。这是最优的选择吗？我和他的经理对此进行了讨论。看起来，在他的团队中，工程师喜欢并且也需要工作多样化（diversity of work），以此来保持对工作的持续兴趣。另外，要求团队成员完成系统构建、系统维护和构建工程，可以让所有成员都保持具有一个通用的技能集，这样能够保障人力资源的灵活配置。这样做，可以为管理人员提供更多的选择，以避免由于高度专业化而出现能力受限资源瓶颈。另外，这也是团队成员从职业发展和保持履历内容丰富方面考虑的期望。他们不希望自身技能变得过于狭窄。因此，要求团队成员只在像构建工程这样一个单一领域工作，是大家所不期望的。

另外一个可选项，也许是放弃多任务并行的做法，把 Doug 专门投入在持续性工程团队中。这样他便会有很多空闲时间来响应构建任务。他会坐在那里等待工作的到来，就像消防站里的消防员一样，坐在那里等着有电话打进来要求去救火。使 Doug 作为一个时刻待命的随时可用资源当然可以消除流动的问题，但是这是一种合理的选择吗？

当时预算很紧张，向配置管理团队增加人手来处理 Doug 手头在做的系统构建和维护工作的成本太高，也许这种方案根本就不可行。我需要向老板申请预算来招聘另外一个人，而这么做的目的，是让 Doug 能够大部分时间处于空闲状态。这是对风险管理所做出的一种好的权衡策略吗？

为了确定方案，我们需要对持续性工程活动的延期成本和招聘一个新人的成本以及其他可以维持流动的方案的成本进行比较。现实状况是，在持续性工程队列中，很少有工作项从战略意义上评估存在巨大的延期成本。因此，让某个人一直有空闲时间等着任务到来以快速响应进而优化流动，并不是一种好的方案。很明显，为工作增加一个缓冲区来维持流动的挖掘举措，是最便宜也是最好的方案。

但是，对于 Doug 无法立即响应的问题所展开的辩论，起到了引导团队成员来讨论"只允许构建工程师来进行代码构建和环境更新是否是一条合适规则"的作用。我们对是否可以取消这条规则，允许开发人员也能进行代码构建和更新测试环境进行了讨论。最终这种方案被否决了，因为组织中还没有其他可靠方法来对多个项目间的技术风险进行协调。另外一种方案，为该项目提供一个专用测试环境的提议，由于成本原因以及在中短期内也不现实，最终也被否决了。每个人认识到了构建工程师和配置管理团队的价值所在。

突破举措
Elevation Actions

但是，通过设置缓冲区和增加 WIP 来解决问题，还只是一个权宜之计，治标不治本，这并没能彻底解决问题。可以认为，这只是一种战术性的修复方法——虽然是一种有效的战术性修复方法，但是确实只是一种战术性修复而已——并且这个调整也是需要付出成本的。由于看板系统暴露了非即时可用资源瓶颈，所以团队可以对引起这个问题的原因和解决方案进行充分的讨论，整个讨论最后不可避免地会落到"由人来执行代码构建任务，是否是一个正确做法？"这一问题上。可以使构建过程自动化吗？答案是肯定的。尽管投资会比较大，需要配置管理上投入相当一部分开发产能和项目协调上的开销，另外，还需要临时雇佣一些自动化领域的专家来帮忙创建系统，让自动化构建系统能够顺利运行起来。

整个工期大概需要 6 个月，需要额外 2 名为期 8 周的外包人员。总的财务成本大概是 6 万美元。但是，最终达成的结果便是不再需要 Doug 来专门负责执行构建任务。开发人员有任何需要的时候，都可以立即进行构建。这时，就可以取消缓冲区，降低系统中的 WIP 数量。这反过来也进一步缩短了前置时间。

自动化是突破非即时可用资源瓶颈的终极方法。增加产能，即招聘另一名工程师的做法，并非好的选择。

除了自动化之外，还需要走通另外一条路——使测试环境虚拟化。在 IT 行业中，虚拟化已经司空见惯，但是那时的测试环境还是在纯物理机上进行部署的。组织并设有虚拟化基础设施，但是花些时间实现虚拟化部署，可以更容易地配置和恢复测试环境。这样做可以降低构建坏测试环境所造成的影响。用风险管理的术语，这是一种风险缓解（risk mitigation）策略。这也有利于使用专用测试环境来降低（reducing）或消除（eliminating）构建破坏另外一个项目的配置所造成的影响。

因此，采用缓冲区是一种从战术上充分挖掘瓶颈能力的短期策略，而自动化则是追求突破瓶颈的一种长期策略。

那么在我们所举的从埃德蒙兹到金斯敦的轮渡案例中，又该采取什么方法来实现突破呢？华盛顿州正在考虑两种方案。一种方案是使用更大、效率更高的一套新渡轮来取代目前的旧渡轮。但是，华盛顿州建造浮桥具有丰富的经验。在华盛顿湖上已经有两座跨湖浮桥，其中包括 SR-520 公路上的那座，它可能是世界上此类浮桥中最长的了，另外一座浮桥跨越胡德运河，位于 SR-104 公路上。目前正在考虑的最有可能的方案，是建造一座新的打破纪录的浮桥，该桥将作为 SR-104 公路的一部分，横跨普吉特海湾来彻底取代轮渡服务。规划中的这座桥，不但会解决交通高峰期的能力受限问题，还会解决轮渡所造成的非即时可用资源问题。大桥一旦落成，将会促进吉赛普和奥林匹克半岛经济更快的发展。也许，50 年后会另外有人专门写一本书来讨论，为什么 SR-104 公路上横跨普吉特海湾的大桥在上下班高峰时段会成为一个瓶颈和能力受限资源的问题。

总　　结

- 瓶颈约束和限制了工作的流动。

- 有两类瓶颈：能力受限瓶颈——无法完成更多的工作；非即时可用瓶颈——由于可用性的限制（但通常是可预测的）导致处理能力有限。

- 可以使用约束理论的五步聚焦法来管理瓶颈。

- 增加瓶颈能力的管理举措，称为"突破举措"。

- 一般来说，对能力受限资源采取的瓶颈突破举措，和对非即时可用资源采取的瓶颈突破举措是不同的。

- 突破举措，可能涉及增加资源、采用自动化，或者改变策略使此前非即时可用资源转变为即时可用资源。

- 突破举措，通常需要花费资金和时间来实施。通常认为，突破举措是在过程改进方面的战略性投资。

- 通常情况下，过程瓶颈的效能表现，远低于其潜在能力，即其理论上的能力约束水平。

- 通过挖掘和保护举措，瓶颈处的交付速率可以提高到其理论上可以达到的能力约束水平。

- 通常情况下，采用保护举措需要在瓶颈前增加 WIP 缓冲区。对于能力受限资源或非即时可用资源，这么做都是有效的。

- 挖掘举措通常涉及策略变更，以控制瓶颈资源的工作状况。

- 可以将服务类别（class of services）作为一种瓶颈挖掘举措。

- 服从举措，指的是为了能够达到充分挖掘或保护瓶颈资源的目的，在价值流中其他地方进行改变的举措。服从举措通常都表现为策略变更。

- 挖掘、保护和服从举措一般都易于实施且成本较低，因为它们主要涉及的是策略变更。因此，通过充分挖掘瓶颈以最大限度地提高瓶颈的交付速率，可以视为是战术性的过程改进。

- ❖ 尽管充分挖掘瓶颈能力具有战术特性，但是其中的收益可能是非常显著的，往往可以达到 2.5 倍的交付速率提升，同时前置时间还会随之下降，而且短期内也无需为此付出成本。

- ❖ 在使用突破举措之前，首先应该考虑使用挖掘举措。

- ❖ 实施一个战术性的瓶颈挖掘和服从举措计划时，可以从一个更长远的视角来规划战略性变革，以真正突破瓶颈约束。

第 18 章
精益的一种经济学模型
An Economic Model for Lean

浪费（或者日语中的 muda）是精益方法（和丰田生产方式）中的一个隐喻，是指那些没有为最终产品增加价值的各种活动。在知识工作者身上使用浪费这一隐喻，看起来是有问题的。为了完成那些增加价值的工作，常常要完成一些必须或者基础性的任务与活动，而将这些任务和活动视为浪费或成本，可能让人很难接受。例如，对于大多数团队而言，每日站立会议是协调团队所需的最基础性的活动。这些会议并没有直接给终端产品增加价值，因此，从技术上分析，它们是"浪费"，但是对于许多敏捷开发实践者而言，他们十分难以接受这种观点。与其大家七嘴八舌地争论到底什么是浪费什么不是浪费，还不如去寻找另外一种异议更少、更容易让大家产生共鸣的范式和语言。

18.1　重新定义"浪费"
Redefining "Waste"

沿着唐纳德·赖纳特森（Donald G. Reinertsen）等引领的方向，我也采纳以经济学语言来对此进行解释，在这个过程中我以成本（cost）来指代这些"浪费性"活动。我将这些成本抽象地分为三大类：事务成本（transaction costs）、协调成本（coordination costs）和破坏负载（failure load）。图 18.1 对此进行了描述。

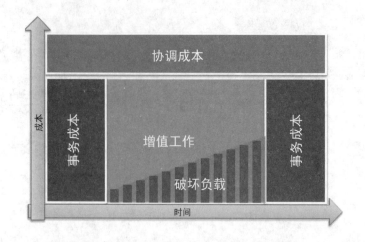

图 18.1　精益软件开发的经济学成本模型

图 18.1 所示的是按时间维度展示的一个迭代或项目中产生增值的若干活动。围绕这些活动的是事务成本和协调成本。原本可用于增值活动的产能，可能会用于那些破坏负载工作。所谓的破坏负载，是指返工活动，或者那些为了修复早前的不良实现而提交到看板系统中的需求开发工作。

后续会详细讨论每种成本，我会通过一个简单真实的例子来解释这些成本——就拿给家里的栅栏刷油漆这件事举例。我的家在西雅图市，为了防止家里栅栏的木头朽烂，我需要给栅栏刷上油漆。

18.2　事务成本
Transaction Costs

栅栏共有 21 片。每刷好 1 片栅栏的油漆，就相当于交付了一部分客户价值。当 21 片栅栏的双面全部都刷好油漆时，就意味着交付了全部的客户价值。

在开始刷油漆前，我首先要购齐所需的全部材料。因此，我需要先跑一趟家得宝商店（Home Depot）采购材料。另外还要在栅栏上做些准备工作，如做些修理工作，做些打磨抛光的工作，还需要修剪掉一些妨碍刷油漆的植物和灌木丛。这些活动，都不能称为产生增值的活动。客户并不关心我要跑趟商店采购的事情，客户也不会关

心这个活动需要消耗的时间。事实上，这些事情很讨厌，因为它会导致项目开始和结束时间上的延迟。总之，这些活动都会导致客户价值的延迟交付。

项目中，在启动带来增值的工作之前，有些必须进行初始准备活动。

可能还有其他一些活动。比如，可能需要做些计划，也可能需要做些估算，设置一些预期值；客户也许还需要为这个项目报价，并确定交付日期（在这个案例中，我妻子便是项目的客户）。

真正开始刷油漆的时候会发现，栅栏正反面共 42 片，是无法一次性刷完的。我刷油漆的速度大约是每小时 4 片栅栏。因此，这个活就可以分为 6 个片段来逐段完成。对应到软件开发中，相当于所谓的迭代（iteration）或冲刺（sprint）。对应到制造业中，就相当于所谓的批次（batch）。当我开始要对一批栅栏刷油漆时，也还要做一些初始准备活动。首先，我要换上工作服；然后，要从仓库里搬出油漆、刷子和其他工具，把它们搬到当天刷漆的工作地点；最后，我才能开始刷油漆。

简而言之，不管是项目还是迭代，都需要做一些初始准备活动。

刷了几个小时油漆之后，我也许想休息一下，也可能到了吃午饭的时间。但我不能直接丢下工具马上去吃饭。首先，我要盖好油漆罐的盖子，搁好油漆，还要清理刷子，或者把刷子放到一个有水的罐中，防止刷子在我休息时变硬。然后，我自己也要洗干净手，换下工作服。做完这些之后，我才可以去吃午饭。

当整个项目完成时，也许还会剩余一些油漆，那些还没打开的油漆还可以把它退回商店拿回一些退款。因此，我还得再跑一趟家得宝商店。

不管是迭代还是项目，都有一些清理活动要做。

用经济学术语来说，这些准备活动和清理活动都可以归为事务成本。每一项增值活动，都会有相应的事务成本。客户也许看不到产生事务成本的这些活动，因为他们大多认为这些活动没有带来价值，最多也只会以模棱两可的态度看待这些活动的意义。客户也许会被迫为这些活动付款，但他们肯定很不乐意这么做。在叫水管工上门修理洗衣机或洗碗机的时候，是不是经常碰到水管工要收 90 美元上门费的情形？这就是事务成本。你应该会期望费用低一些吧？你肯定会选那些不需要付上门费的水管工吧？这些事务成本并没有带来额外增值。这些成本也许是必需的，但是，用精益方法的术语来说，它们是浪费。

因此，这两种类型的浪费都是事务成本，进一步可以细分为：初始准备成本或者称为前端（front-end）事务成本，以及清理扫尾成本或者称为后端（back-end）事务成本。

如果以此来思考软件开发活动，则可以发现，所有的项目都有一系列初始准备活动，如项目规划、资源规划和人员招聘、预算制定、工作估算、风险规划、沟通规划、设备采购，等等。大多数项目也有清理成本和其他相关的后端事务成本，如向客户交付产品、拆除项目环境、回顾、审计、用户培训，等等。

每个迭代也有事务成本，包括迭代规划、待办项列表选择（或确定需求范围），或许还包括工作估算、预算制定、资源安排和环境搭建等。在后端，迭代也有事务成本，包括集成、交付、回顾和环境拆除等。

18.3 协调成本
Coordination Costs

当两个人或更多的人一起试图达成一个共同目标时，就需要协调。人类之所以发明语言和沟通系统，就是因为彼此之间需要协调行动。当和朋友们约好在周五晚上一起喝酒、吃饭、看电影时，这其中就会产生协调成本。为了安排好一次社交活动所需的全部电子邮件、文字短信和电话，都是协调成本。

因此，项目中任何涉及沟通和日程安排的活动，都会产生协调成本。当项目团队成员抱怨说，由于要写各种邮件而无法从事增值工作（如分析、开发或测试）时，他们正在做的便是一系列协调活动：阅读和回复电子邮件的动作都是协调活动。当他们抱怨因一直在开会而无法从事增值工作（如分析、编码或测试）时，这些会议也是协调活动。

任何形式的会议也是协调活动，包括敏捷社区偏爱的一些会议，如每日站立会议等，除非安排这些会议的目的是产出可交付的客户价值。如果三名开发人员站在白板前对将要实现的代码进行设计建模，这就不是协调活动，这是一种增值活动。这种活动之所以是增值活动，是因为这个过程能产出有用的信息，这些信息能够推进团队朝交付具有完整客户价值的功能这一方向前进。

如果把软件和系统开发活动视为一种不断获取信息的过程，在这个过程的起点时刻不具备任何信息，且当可用功能完全满足客户需求和意图时，则可以认为信息已经完整，那么，那些在起点和终点之间不断获得的信息，正是推动我们不断向前、朝完成满足客户需求的可用功能方向不断前进的增值信息。

如果团队成员开会是为了创建增值信息，如进行设计、测试、分析或者写一段代码等，那么这些会议就不是协调成本，而是一种增值活动。

但是，如果团队成员开会是为了讨论状态、任务分配或计划安排，以协调彼此间的行动和可交付物的流转，那么，这样的会议便是一种协调成本，应该视为是一种浪费。这时，需要去寻求那些能够减少或消除这些协调会议的方法。

因此，如果能够完成同样的协调工作，5 分钟的站立会议要比 15 分钟的站立会议要好，同理，15 分钟的站立会议要比 30 分钟的站立会议要好。

可以思考如何通过寻找到其他更好的协调方法，来减少协调活动。

一种途径是授权团队成员，以自组织（self-organize）的方式开展活动。在命令-控制型的管理文化中，开会的目的是提前将任务分配给个体，这样的会议是一种浪费。让团队成员自己领取任务是一种更好的方法。自组织方法通常能够降低项目中的协调成本。但是，这样的方法要求在过程中具备开展工作所需的信息。看板方法中的技术，如对价值流进行可视化跟踪，利用卡片墙、电子工具以及相关报告可视化工作内容，都提供了协调所需的信息，促成项目中进行自组织和降低协调成本。通过服务类别、使用不同颜色的卡片以及在卡片墙上使用不同的泳道来对不同服务类别进行可视化呈现，对不同的服务类别采用一系列不同的规则等，这些做法能够支撑自组织的计划安排和自动进行优先级排序。有时，这也称为"自我加速（self-expediting）"（这里我将它和艾利•高德拉特用于缓冲管理的一个术语关联起来了）。

一般来说，如果能够让越多的信息对团队中的知识工作者保持透明，就越有可能实现自组织，也就越少需要进行协调活动。可以让工作内容、流程及风险管理相关规则等方面上的透明性来替换协调活动。可以通过更为广泛地使用透明性来减少浪费。

18.4 如何识别一项活动是否是成本
How Do You Know if an Activity Is a Cost?

我发现，有很多人在正确识别浪费活动上会遇到一些困难。例如，我发现敏捷方法的拥护者们可能会认为每日站立会议是一种增值活动。我不赞同这种观点。客户并不关心团队是否要举行站立会议。客户对团队的要求就是团队能够如期达成他们的目标，能够高质量地交付成果。团队是否要通过举行每日站立会议来达成这种交付能力，根本不在客户的关注范围内。

那么该如何来识别属于浪费的事务成本或协调活动呢？

我认为可以这样自问，"如果这个活动真的是增值活动，那么，我们愿意更多地开展这个活动吗？"

如果去问那些认为每日站立会议是增值活动的 Scrum 的拥护者们，是否愿意每天举行两次站立会议或者每次将时间从 15 分钟延长到 30 分钟，那么他们肯定会回答"不！"

"那好，如果站立会议真的是增值活动"，我回答，"那么更多地开展这个活动会是一件好事啊！"

通过这个酸性测试（acid test），真正的增值活动和事务成本或协调成本之间的差异当下立判。很显然，开发更多的客户需求是增值活动。如果你愿意开发更多的客户需求，客户也愿意买单。很显然，计划则不属于增值活动。客户并不愿意为更多的计划活动买单，如果可以，客户巴不得这些活动能省则省。

因此可以这样自问，"我愿意更多地做这件事情吗？"也可以拿同样的问题挑战别人和他们在做的事情。如果答案是"不"，那么要考虑该如何使花在这些活动上的时间和精力越少越好，考虑该如何更高效地完成这些活动，从而缩短活动时间、降低频度或减少次数。

有时，要判定一项活动是属于事务成本还是协调成本，可能会有点难度。有些活动看起来两者皆是。在传授看板方法的过程中，我发现学员中一直存有这种困惑。如同我在课堂上给学员们的建议一样，我也建议大家不要把太多的精力花在辨别这两者的差异上。重点是要能够识别出那些没有带来增值因而属于浪费的活动，并将减少和消除这种活动作为持续改进行动计划的一部分。

18.5 破坏负载
Failure Load

破坏负载，指的是那些如果早前的交付具备更好的质量而本可避免的请求。例如，大量的服务台呼入电话给企业带来了很大成本。如果软件技术产品或服务的质量能够更高、更直观易用、更符合客户意图，那么客户的电话呼入就会少很多。这样，企业就能够减少呼叫中心的座席数量，从而降低成本。

既然有大量的服务台呼入电话，无疑会从中产生大量的产品缺陷处理工单（defect ticket）。在选择项目或迭代功能范围的时候，业务上必须在开发新创意还是修复产品缺陷这两者之间做出选择。产品缺陷并不仅限于软件中的错误，还包括易用性问题和其他非功能性方面的问题，如性能低下、在一些负载和网络状况下没有响应等诸如此类的问题。针对非功能性需求方面的产品缺陷的修复，看起来可能像是新功能开发——也许是设计了新的界面——但它其实不是，它是破坏负载。之所以要设计新的界面，是由于前一次发布中存在易用性上的缺陷。

破坏负载没有创造新的价值，它交付了在前一次交付中本该交付但却没有交付的剩留价值。但是，延迟发布的补偿性的产品服务功能，不可能带来比那些在早期发布中本该成功交付的内容所包含的更多价值。尽管有些延迟发布是由于市场上的变异性或不可预测性引起的，但还是可以发现有不少不足是由于先前发布版本中存在的问题所导致的。也许产品中的一个问题会导致某些功能无法使用。由于这个原因，潜在客户可能会选择停用产品、推迟采购或者转向选择其他竞争产品。

有必要再次澄清，是的，虽然破坏负载仍然能够带来增值，但是，重点是要认识到，破坏负载所带来的增值是先前本就该交付的价值。降低破坏负载，可以减少延迟交付的机会成本。降低成本，就意味着可以更快地获得更多的收益。降低破坏负载，意味着能够有更多产能用于新功能开发。降低破坏负载，在业务上便能通过提供更多的产品来获得更大的用户群体。降低破坏负载，还能够带来其他更多的选择。降低破坏负载，可能还可以缩减团队规模，从而降低直接成本（direct costs）。

总　结

- 浪费主要可以分为以下三种抽象类别：事务成本、协调成本和破坏负载。

- 浪费是一种隐喻。

- 浪费这一隐喻无法为所有人所接受，因为浪费常常也是必需的，尽管它们没有带来什么额外的增值。因此，我使用一种经济学成本模型来代替浪费这一隐喻。

- 可以通过询问"如果可以，我们愿意更多地开展这项活动吗？"的方式来判别一项活动是否真的属于浪费。如果答案是否定的，那么这项活动就是某种形式的浪费。

- 事务成本可以分为两种类型：初始准备活动和交付清理活动。

- 协调成本指的是那些任务分配、计划安排等活动引起的开销，或者是那些为了使两人或更多人朝同一产出目标工作所需的协调工作引起的开销。

- 破坏负载是一种新型的增值工作，但是其中的增值是由于交付了先前没有成功交付的价值，如先前软件中的缺陷、设计或实现上的不足，从而导致客户接纳度低、没有实现预期的关键功能、服务台呼入和服务请求攀升等情况。

- 破坏负载占用了本可用于开发创新性新功能的产能，这些新功能中包含更多的客户价值，能够带来更多的营收回报。

- 将想法更快速地转化为可向客户交付的可用代码，能够最大化潜在价值，最小化浪费。

第 19 章
变异性的根源
Sources of Variability

自 20 世纪 20 年代早期以来，人们就已经对工业过程中的变异性（variability）展开了研究。沃尔特·休哈特（Walter Shewhart）是该领域的先行者。他的研究成果和技术成为质量保证运动的基础，同时也成为丰田生产方式和六西格玛方法的基础要素，这两种方法都十分重视质量和持续改进。威廉·爱德华兹·戴明（W. Edwards Deming）、约瑟夫·朱兰（Joseph Juran）和大卫·钱伯斯（David Chambers）吸纳并进一步研发休哈特的技术。他们的工作成果启发了瓦茨·汉弗莱（Watts Humphrey）和卡耐基梅隆大学软件工程研究所（SEI）的创立者们，他们相信对变异（variation）展开研究和寻求系统性降低变异的方法，将会对软件工程领域带来巨大的好处。

休哈特、戴明和朱兰发表了许多文献，研究变异性，包括将其用作一种管理技术，或者作为过程改进的基础。另外，他们在定量评估方法领域也发表了很多文献。这种定量评估方法称为统计过程控制（statistical process control，SPC），统计过程控制成为研究变异性及其应用方法的一种主流技术。在写作本书时，有些使用看板方法的团队正开始尝试 SPC。但是，关于 SPC 的应用属于一个比较高阶的主题，只有高成熟度的团队才有可能会涉及应用 SPC。我将在后续的相关书籍中专门对该主题进行阐述。在本书中，暂先以最常规的术语和最简单的形式来讨论变异。

休哈特将影响过程效能的变异分为两种：内源性变异和外源性变异。

内源性变异，指的是那些在运作过程中处于系统内部的可控变异。在面向软件工程和 IT 系统运维的看板方法中，我们将整个系统视为一个处理过程，该过程通过一组策略定义，来管控系统的运行方式。个体成员、团队或管理者能够直接改变这些策略。这些策略的变更，将会改变系统的运行方式和效能。所以，过程定义的一次变更，即代表着一次影响内源性变异的变更。休哈特给出了一个更加深刻的定义，他将这些在系统内部生成的变异称为机会致因变异（chance-cause variations）。机会（chance）一词暗示这种变异具有随机性，而且这种随机性是系统设计的直接结果。但这并不意味着这些随机性是均匀分布或遵循标准正态分布的。内部策略的变更改变了过程设计，而过程的改变会影响各种变异的平均值、范围和分布形态。

举一个常见例子来说明，棒球比赛中使用一个命中率指标（称为"击球率"）来体现击球手在垒前击中投手投球的水平。不同的击球手的击球率是不同的，一般处于 0.100 到 0.350 这个范围内。在某天，一名击球手也许达不到他的平均击球率水平。这是由许多因素决定的，如投球手人选、其他击球手的表现以及投球情况等。

假设我们可以改变棒球比赛的规则，比如，改成投手投出 4 个好球击球手就出局，那么，我们就改变了击球手和投手的对战方式。结果，击球手的平均成绩就会上升。由于这个比赛规则的改变，所以一些优秀选手的击球率可能可以超过 0.500。这个例子说明，改变系统设计规则，便会改变系统内部机会致因变异。

用和软件开发相关的例子来解释，一个内部机会致因变异可以是每行代码、每个需求、每个任务或每个单位时间内产生的 bug 数。可以通过改变工具和过程，如坚持使用单元测试、持续集成和同行代码评审等，来改变 bug（或者缺陷）率的平均值、范围和分布。

团队以一组策略来定义工作过程，这个过程定义即代表软件开发的协作性博弈规则。这个博弈规则决定了内源性变异的根源和数量。有趣的是，字面上看虽然是"机会致因"，但是事实上，这种变异直接处在团队和管理活动的控制之下，可以通过改变策略、变更过程、影响内部变异根源，来控制机会致因变异。

外源性变异指的是那些发生在团队和管理活动可以管控范围之外的事件。它们具有随机性，这些事件包括来自其他团队、供应商、客户方面，还有保险业将之称为"上帝行为（acts of God）"的随机事件，例如，由于罕见的暴雨引发的大洪水，导致服务器集群两周断电不可用。对于外源性变异，需要采用一种不同的管理方法。无法通过改变策略来直接影响它们，但是有一种过程可以用于高效地处理外源性变异。与此直接相关的知识体系便是问题和风险管理。

休哈特将外源性变异命名为"可归因变异"。使用"可归因"这个术语的意图是想说明，人们（或者一个群体）能够很容易地指出问题原因所在，合理解释整个现象发生的来龙去脉，比如，"这是由于这场大暴雨导致服务器机房被淹。"可归因变异无法由团队或者管理活动直接控制，但是它们能够提前预测，通过制订计划和设计过程来从容应对该类变异。

19.1 变异性的内部根源
Internal Sources of Variability

软件开发和项目管理过程，以及组织成熟度、团队中个体的能力，共同决定了变异性内部根源的数量和变异程度。

为了避免混淆，切不能将看板方法视为一种软件开发生命周期过程或者项目管理过程。看板方法是一种变革管理技术，当使用该技术时，要求对现有过程进行改变，如增加 WIP 限额等。

工作项规模
Work Item Size

用于分解需求和将之条目化以便投入开发的分析方法，自身具有一定程度的变异性。工作项大小是其中的一个维度。在极限编程方法的早期文献中，将用户故事解释为一个有待实现的用户所需特性的概要描述，并且描述内容是写在一张索引卡片上。其中唯一的约束，便是索引卡片的大小。一个用户故事需要完成的工作量，按照这些早期文献描述，时间可以短到 0.5 天，长到 5 周。几年后，伦敦敏捷社区中出现了一个编写用户故事的模板：

> 作为一名<用户>，我希望有一个<特性>，以便于<交付一些价值>

使用这个模板极大地促进了用户故事编写的标准化。这个方法的创建者之一，

Tim McKinnon 在 2008 年的时候跟我说，根据他已经收集的数据表明，平均每个用户故事的工作量为 1.2 天，变异的分布范围约在 0.5 天到 4 天。

极限编程方法中的这个例子说明，通过要求团队根据一个给定模板对用户故事编写进行标准化，能够降低方法中存在的机会致因变异。通过这个方法，Tim 改变了规则。最初的规则是要求团队成员以概述方式在索引卡上编写故事，而新规则要求他们在继续使用索引卡片的同时，需要遵循特定的格式。很显然，这些变化是内部管理者可以直接影响和控制的。对于系统而言，这些变化发生在内部，即用户故事的大小是由机会致因变异所控制的。

工作项类型的混合
Work Item Type Mix

若所有的工作均被无差别对待，或许还被称为单一类型，那么其在规模大小、工作量、风险和其他因素上的变异将会很大。将工作分为不同的类型区别对待，能提高可预测性。

例如，在极限编程社区中有一种做法，使用不同的类型来定义不同规模的用户故事。这些用户故事的类型名称包括"史诗（epic）"和"沙粒（grain of sand）"等。一个史诗故事，是一个比较长的故事，需要好几人好几周的时间来开发；而一个沙粒故事，则是一个很短的故事，一名开发人员或者两名开发人员结对在几个小时内便能完成。通过采用"史诗"、"故事"和"沙粒"这种分类命名方法，现在我们拥有了三种类型的用户故事。对于每种类型的故事，其变异范围会比将所有工作统一按照一种类型来处理的变异范围要低。

在一个典型的软件开发部门里，可能有多种类型的工作。新的客户价值项开发工作，可能会命名为"特性"、"故事"或者"用例"。如前所述，这些工作项，可以根据规模大小或业务域类型或风险属性进一步划分。也许还有些维护工作，如"重构"、"架构改造"或单纯的"升级"，软件操作系统、数据库平台、编程语言、应用编程接口（API）或者服务架构会随着时间的增加而不断改变，代码库也会根据这些变化相应地不断更新。

通过使用这些区分不同类型工作项的技术，我们能够改变变异性的平均值和分布，提升系统中每种类型工作的可预测性。

另外一种提升可预测性的策略，是根据类型来分配 WIP 限额的。例如，我在 Corbis 公司的一个系统维护团队，在任意时间只能有 2 个 IT 维护工作项，这就限制了用于 API 和数据库升级上的产能。当类型根据规模大小或所需工作量来划分如"史诗故事"、"常规故事"和"沙粒故事"时，这种策略是特别有用的。根据每种类型来分配特定产能，系统的响应能力便更有保障，系统的可预测性也变得更高。

设想一个使用看板的团队，约定了如下 WIP 限制规则：2 个史诗故事、8 个常规故事、4 个沙粒故事。2 个史诗故事正在进行中。队列中有 1 个常规故事空缺，但是，在当下的待办项列表中，还没有符合条件的故事可以立即拉入开发，这时，团队可以选择开始 1 个史诗故事或 1 个沙粒故事，或者坚持根据类型来分配产能的原则，允许出现空闲时间。

如果团队选择开始 1 个史诗故事，几天后，在待办项列表中出现了 1 个常规故事，但这时还无法开始常规故事的工作，这将拓宽常规故事前置时间的分布范围。

先开始 1 个小些的沙粒故事，会是一个更好的选择。因为这种情况下，在另外 1 个常规故事已就绪可以开始工作之前，这个沙粒故事可能已经完成。这种情况下，不会造成不良影响，又带来了提高交付速率的好处。但是，如果不巧，团队无法做到在 1 个常规故事可以开始工作前完成沙粒故事，那么，常规故事的前置时间分布将会相应地受到影响，尽管这种影响不会像前面的史诗故事那么糟糕。

通常，不能为了提升交付速率，以降低可预测性和提高风险作为代价。因为相比交付速率而言，业务负责人和高级管理层更看重的是可预测性。可预测性能够带来信任并维持信任——信任是一条核心的敏捷原则——牺牲可靠性来提升交付速率，是得不偿失的做法。

服务类别的混合
Class-of-Service Mix

结合第 11 章描述的服务类别，我们可以预期到，这些不同类别的工作项混合也会影响变异性。如果一个组织中屡屡出现大量的加急请求，这会使其他事情变得混乱不堪。前置时间的平均值和分布的变异会显著提高，这将降低整个系统的可预测性。

加急请求本质上属于外部变异，下一节将对此进行详细阐述。

如果其他服务类别的请求都是相当稳定的，那么，这些服务类别工作项的前置时间应该相当可靠。变异的平均值和分布应该可度量，并且从度量结果上看，应该保持在某个常量水平上。这就带来了可预测性。如果待办项列表足够大，并且列表中各种服务类别的工作项混合得比较合适，是可以达到这种效果的。为每种服务类别都设置 WIP 限额，将能够减低变异的平均值和分布，使系统变得更具可预测性。

如果请求是变化的，例如，只有一些固定交付日期类工作项，并且这些工作项还具有季节性，那么就需要采取些措施来控制这些请求：按类型来设置 WIP 限额的规则就需要季节性地改变，以预测请求的变化，或者与各个服务类别相对应的拉动策略，也要季节性地进行调节，以应对请求到达的波动。

设想一个团队的 WIP 限额为 20，其中分配了 4 个固定交付日期类工作项，10 个标准类工作项，6 个无形类工作项。可以采取要求严格遵循这些限制规则的策略，或者也可以把规则放松些，允许当固定交付日期类工作项因季节性原因暂时数量不足时，可以用标准类工作项或者无形类工作项来填补出现的空缺。在一年中的不同时期，这些策略规则可以进行切换，以提高整体输出的经济性，确保系统有相当稳定的可预测性。

不规则的紊流
Irregular Flow

内源性变异和外源性变异都会导致工作流的不规则性。拉入和流过看板系统的每个工作项是不同的：除了自身一些特性的差异，还有在规模大小、复杂性、风险状况和所需工作量上的关系。这些天然存在的随机性，会导致流动的不规则性。只要一直坚持使用 WIP 限制来强制约束在制品，看板系统就能够较好地应对这种随机性。但是，来自其他因素导致的更大的变异性，如工作项规模大小、请求到达的模式、工作项类别的多样化、服务类别的多样化，以及其他外部因素，要求看板系统能够消化流中的起伏波动。这时，就需要增加额外的缓冲区。这将导致 WIP 限额增大——当系统中存在更多变异性时，WIP 限额增大会导致前置时间变长，但是，更为平滑的流动可以降低变异性。因此，提高 WIP 限额来使流动平滑的做法，会增加平均前置时间和缩短前置时间的变异范围。通常，这也是管理者和业务负责人更为期望获得的产出效果，并且，客户更看重的是可预测性，而非以变化无常来换取一些更短的前置时间或者更高的交付速率。

返工
Rework

返工，不管是发布前被修复的内部缺陷，还是本可把所耗产能用于开发新客户价值项上的产品缺陷，都会影响变异性。如果缺陷率已知，并且常常进行度量，表现相当稳定，那么，这个系统的问题还能够十分妥当地解决。从经济性上讲，虽然这个系统尚不经济，但是，是一个可靠的系统。如果缺陷率无法确切估计，则会导致缺乏可预测性。缺陷造成的计划外返工将会拉长前置时间，提高变异的分布，显著降低交付速率。看起来，要针对某个特定缺陷率如每个用户故事 8 个缺陷进行规划，是十分困难的，除非能够知道或者能够预测这些工作项的规模大小和复杂性。追求高质量、将缺陷率水平降到极致，是降低因缺陷带来的变异性的最好策略。

改变软件开发生命周期过程能够对缺陷率产生显著影响。使用同行评审、结对编程、单元测试、自动化测试框架、持续（或者极其频繁的）集成，以及减小批次规模、清晰定义架构、精心设计低耦合高内聚的代码，将显著降低缺陷。这些能够直接显著地改变缺陷率水平和间接提升系统可预测性的变革，都处于职能经理和团队能够直接管控的范围之内。

19.2　变异性的外部根源
External Sources of Variability

变异性的外部根源，来自于那些不在软件开发过程或项目管理方法控制的区域。这些变异性部分来自于业务或价值流中的其他部分，如供应商或客户。其他外部根源包括不易被预测或控制的自然事件，例如，设备的一部分因为天气而无法正常工作。

需求模糊
Requirements Ambiguity

写得模糊不清的需求、定义有问题的业务计划、缺乏战略规划远景或缺乏任何其他上下文情境信息，这些情况会导致团队成员无法进行决策，因而也无法完成工作。由于无法做出决策，工作项会变成阻塞状态，所以需要有些新信息来澄清模糊之处，以使团队成员能够做出高质量的决策，使在制品可以流向完成状态。

为了降低这种阻塞造成的影响，团队和直接管理者需要落实一种如第 20 章所描述的高效的问题管理和解决过程。

随着团队和组织成熟度的提升，可以展开深入讨论，进行根因分析和消除（root-cause analysis and elimination）。因需求模糊产生的阻塞，可以通过直接改变需求分析过程和提升需求人员的能力与技术水平来解决。对此状况进行度量，需要其他部门和管理者的合作，业务部门也需要具备不断改进的意愿。

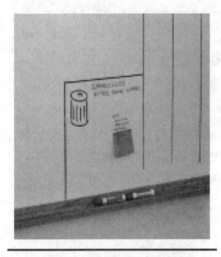

图 19.1 带有回收站的看板

2007 年在 Corbis 公司时，我们通过一个渐进的过程来达成这种效果。首先，我们实施了一个看板系统，其中包括一个可视化板以及一个电子跟踪系统，由此带来了很高的透明度。业务人员对软件开发活动的参与也越来越活跃，并对观察整个过程的效能表现产生了浓厚兴趣。系统会产出一份报告，展示未解决问题的个数和处于阻塞状态的工作项个数，以及平均解决时间，如图 12.6“问题和受阻工作项报告”所示。

如果需求在通过验收测试前被认为并非是业务方真正所需而被退回的，则团队会在板上专门开辟出一个回收站区域贴上该需求对应的卡片，如图 19.1 所示。管理团队会要求提供一个电子板报告，说明哪些工作项进入了看板系统但未能正常流出看板系统（见图 19.2）。

Rejected and Canceled Work Items

Report generated 4/27/2007 4:14:05 PM by CONTINUUM|DavidA; Last Warehouse update: 4/27/2007 3:31 PM

List Bugs, CRs and PDUs either Rejected or Canceled

ID	Work Item Type	Title	Dept	GTM Related	Business Priority	Submitted Date	Approved Date	Closed Date	Reason
2458	Bug	A lacinia leo justo vitae massa			1-Expedit	4/5/2007		4/5/2007	Overtaken by Events
2470	CR	Quisque vitae lacus sodales urna	Creative Services	Not Related to GTM		4/5/2007		4/5/2007	Overtaken by Events
1463	CR	Donec posuere malesuada sodales	Media Services	Not Related to GTM	2-High	11/26/2006		4/12/2007	Released
1443	CR	Pellentesque a. Duis et felis	Customer Experience	Not Related to GTM	2-High	11/26/2006		4/12/2007	Released
2703	CR	Semper turpis facilisis duis	HR	Not Related to GTM		4/26/2007		4/26/2007	Canceled

图 19.2 “关于退回和取消的工作的报表”展示了几个月中废弃的工作项

透明度、报告以及让大家感知到模糊需求造成的影响和成本，这三者联合起来的最终效果是，业务方开始改变他们的行为。浪费报告表明，最初每月因低质量需求所导致的该类工作项有 5 个到 10 个，到第 5 个月时，该类工作项降低到 0 个。业务方由此感到，只要更为细心，就可以避免造成产能浪费。他们主动参与合作，使系统的整体产出表现更上一层楼。综合效应是，因低质量需求或者定义不当的上下文信息导致的可归因变异，被从根因层面上得以消除。

尽管软件开发团队通过各种措施努力提供更大的透明度和可感知性，但是，他们的行动并未直接影响需求开发过程。问题管理和解决过程提高了问题的可感知性，缩短了解决问题的时间，但也只不过起到了缓解阻塞造成的影响的作用，它们对平均前置时间和变异分布的影响较低。最终，由于透明度和各种报告的综合效果，引发了外部的过程变化，从而从根因层面消除了问题。

这也表明，系统内部的一些举措会间接对外部可归因变异造成影响。

加急请求
Expedite Requests

之所以产生加急请求，是因为一些外部事件，如预期外的客户订单或因为公司内部过程中的一些障碍，如缺乏沟通导致后期才发现有一些重要需求被遗漏。根据定义可以看出，加急请求属于可归因变异，因为加急请求的原因是很明确的，因此也都是可以明确"归因"的。

在工业工程中，加急被认为是不好的现象，它会影响其他请求的可预测性。加急请求提高了平均前置时间和变异性的分布，降低了交付速率。Corbis 公司 2007 年收集的证据表明，工业工程的这一发现也适用于软件开发过程。即使加急请求能够创造价值，加急请求也是不期望发生的。

应该尽量减少和避免加急请求。通过提高交付速率、使用自动化技术和增加资源，能够增加富余产能，从而改善响应能力。缩短前置时间、提升透明度、提高组织成熟度，能够减少需要加急处理的情形。在做得不错的看板团队中，很少出现加急请求。事实上，在 Corbis 公司，2007 年总共只有 5 个加急请求出现。

对于质量低下的需求描述，我们期望过程的透明度及在交付速率、前置时间和准时交付率方面的高质量信息展现能够影响上游的行为。我们期望这些请求能够被准确定义，以使大家能够尽早高效地理解这些需求，使之能够作为一种常规标准服务类来处理，而不是作为一个加急请求来处理。

触发这种变化的一个方法，是对任意时刻被处理的加急请求数量进行限制。在 Corbis 公司，这个限定值是 1。通过限制业务方随心所欲地使用加急请求，可以强迫上游人员，如销售人员或者市场人员，尽早发掘商机和高效评估这些商机需求。如果销售人员是根据佣金提成来付薪或者根据产出的营收来计算业绩，那么无法进行加急请求处理无疑会损害他们的利益。之所以无法加急请求处理，是因为加急请求的 WIP 限额已经满了，那么将来就会更加努力收集足够充分的信息并及时提交请求，以满足将之作为一个常规服务类来处理的要求。这又是一个内部举措能够间接影响可归因变异的例证。对系统内部的一个设计改变，通常会影响系统的内部机会致因变异，同时还有个次级效应，即它对外部可归因变异也会造成影响。

处理不规则紊流
Irregular Flow

如前所述，机会致因变异和可归因变异都会导致工作流动的不规则。影响流动的可归因变异都会导致工作项受阻塞，如需求模糊、环境或共享的专家资源的可用性，都是导致工作阻塞的常见原因。

解决工作项阻塞，要求组织在问题管理和解决方面具备很强的纪律性和能力，第 20 章将会对此进行阐述。有两种方法可以用于处理受阻工作项问题。

第一种方法会使流动变得平滑，但是，这种方法是一种以牺牲前置时间以及可能还包括牺牲质量为代价的方法。可以通过增大全局 WIP 限额，增加缓冲队列或者允许放松 WIP 限制规则来改善流动，例如，可以以"每个人 3 件工作"来替换原来"平均每个人 1.2 件工作"的做法。WIP 值变大，意味着当有些工作被阻塞时，团队成员可以先转向其他工作项。对于不太成熟的团队，我推荐这种做法。这种做法很简单，但效果方面也不会产生极具戏剧性的显著变化。前置时间会变长，但是在很多领域这可能不是问题。变异的分布范围会变大，因此，前置时间的可预测性也会降低；但是，通过采用看板系统，仍然可以达到提高可预测性的效果。使用提高WIP 限额这种方法的最大缺点是，触发讨论和实施改善的张力降低甚至消失了，结果组织便失去了进行改善的压力，即采用这种方法会丧失看板方法的催化剂效应。

第二种方法是，坚持不懈地提升问题管理和解决的能力，随着团队的不断成熟，逐渐转向根因分析，通过采用专门的改善措施来预防将来可能发生的可归因变异将来会造成问题。在这种方法中，WIP 限制、缓冲区大小、工作规则约束等都会变紧，当有工作阻塞时，会导致工作流停止，那些在受阻工作项上工作的成员变得无事可做，这种状况便会引发大家对阻塞问题的感知和关注。这样一来，大家可能就会聚到一起努力解决这个问题。根据观察，这有利于鼓励那些有空闲时间的团队成员对根因和可能的过程改善进行思考，减少或消除重复出现该类问题的可能性。事实表明，保持 WIP 的强限制和追求不断提高的问题管理和解决能力，可以在组织中创建出一种持续改善的文化。我是在 2007 年的 Corbis 公司第一次看到这种现象的，但是后来，在 2009 年也涌现了其他一些报告，在一些公司如印第安纳波利斯州的 Software Engineering Professionals 公司和英国的 IPC Media 公司及 BBC 公司也报告了类似现象。现在已有充足证据表明，看板方法确实有助于创建一种专注于持续改善的文化。在这些案例中，有些共同的过程元素，包括加强 WIP 限制、标识受阻工作、停止生产线（stop the line）、创建富余时间、将追求问题管理与解决能力作为一项组织原则。这些过程元素综合在一起，让组织能够聚焦于根因分析，在逐步渐进式引入改善来降低可归因变异的同时，也在更广的范围内创建了一种持续改善的文化。

环境可用性
Environment Availability

环境可用性是一个相当典型的可归因变异问题，会对流动、交付速率和可预测性产生显著影响。环境不可用常会导致整个工作流产生阻塞。看板系统能够使问题的影响变得透明可见，因 WIP 强限制而出现的空闲时间，有利于各方协同解决资源不可用问题。上游伙伴如开发人员和测试人员帮助系统维护人员恢复环境的这种行为，常称为"聚焦（swarming）"现象。"聚焦"现象，指的是团队成员齐心协力一起解决问题的行为。看板方法的设计鼓励团队聚焦于前置时间、交付速率和整个价值流内的流动性。价值流上下游的团队因同一个目标凝聚在一起，能够激发"聚焦"行为的发生。当有空闲时间的成员主动帮助解决那些对他们造成影响的问题的时候，其实，每个人都是受益者，尽管这些问题可能并不在他们直接的工作领域或职责范围内。

其他市场因素
Other Market Factors

2008 年 10 月，随着雷曼兄弟的轰然倒塌和金融领域发生一系列悲惨事件，一些领先的金融中心，如在伦敦和纽约的一些银行和投资公司，开始取消或大规模调整开发中的 IT 项目。这主要是因为世界已经发生了天翻地覆的变化，它们需要为生存而战。忽然间，他们必须高度重视自身及市场的流动性。那些华而不实的产品能否及时交付已经不重要了，市场已经不能对投资再漫不经心了。2008 年秋天，金融企业关心的是生死存亡的问题，能不能活下去还得靠运气。

这是一个极端严重但是十分真实的案例，这个案例表明，进行中的项目组合和需求可能会发生天翻地覆的剧烈变化。应对这些变化往往会分散团队精力，导致交付速率的严重下滑，前置时间急剧增加，（通常）质量下降，可预测性也荡然无存，这种情况会一直持续到团队成员能够从外部市场的随机性变化对项目内部工作产生的影响中恢复回来为止。

显然，这类事件是可归因变异，需要通过使用风险管理策略来应对。关于可归因变异或事件驱动的风险管理，已经有相当多的知识体系对此进行了专门阐述。不管是否使用看板方法，把构建强大的风险管理能力作为提高组织成熟度这一整体目标的一部分，能提高软件工程组织的可预测性，但是，当风险被很好管理的时候，应用看板方法会表现出更高的可预测性，这将在整个系统中构建更深的信任感。

看板系统还有很多其他有助于风险管理的元素。WIP 限制能够降低风险，因为在任一时刻，只有少量工作处于进行中状态。根据工作项类型和服务类别来配置 WIP 限额，有利于管理风险和消化可归因变异。其他策略正在不断涌现，看来有必要写下一本关于看板方法的书，本书会包含进一步发展看板方法和更好进行风险管理的高级技术。

我已经展示了关于使用看板系统进行风险管理的材料，这些材料是在 2009 年一次技术大会上讨论看板方法时产出的。

安排协调活动的难度
Difficulty Scheduling Coordination Activity

另外一个会导致工作阻塞和流动不规则的可归因变异根源，是来自于协调外部团队、干系人和资源方面的挑战。对这种协调挑战的一种常见应对策略，是定期召开会议。在有些场景下，这种策略十分有效，但是并不是什么场合都能适用的。

工作流可能会因为一个要求审核或签字的治理规则约束而中断。执行审核或签字职责的人可能无法立即找到或难以安排相关日程。

在第一种情况下，应该通过可见性和透明度来提升对这种可归因变异的感知，以引起大家的注意。通过将这类工作项标为受阻状态，可以增强该类阻塞问题根因的可见性，管理者、团队、价值流中的利益干系人会察觉到这类协调性问题造成的影响。

这种感知会引发能够改善这种状况的行为改变。

另外一种策略是检查治理管控规则，确定是否每个点确实都需要进行评估、批准、审计或检查。假设可以根据一些风险属性，将工作分为两类来决定是否需要召开这些会议，那么工作项类型和服务类别就可以派上用场。之后，就可以使用工作项类型和服务类别的 WIP 限制规则来确保流动的稳定平滑性。

总　　结

- 沃尔特·休哈特于20世纪20年代开始研究工业过程中的变异，W·爱德华兹·戴明、约瑟夫·杜兰和大卫·钱伯斯在20世纪中后期对该领域有了进一步发展。

- 对变异的研究及其统计分析方法，是丰田生产方式（因此也是精益）和致力过程改进的六西格玛方法的共同核心。

- W·爱德华兹·戴明和约瑟夫·杜兰的工作成果启发了卡内基-梅隆大学软件工程研究所的工作及能力成熟度模型（现在称为能力成熟度模型集成，或CMMI）。

- 休哈特将变异根源分为两类：一类变异来源于过程或系统的内部，一类变异来源于过程或系统的外部。

- 内部变异也称为机会致因变异。

- 外部变异也称为可归因变异。

- 在软件开发生命周期的价值链里，存在许多机会致因变异的根源。典型的例子包括工作项规模、工作项类型、服务类别、不规则紊流和返工。

- 要列出可归因变异根源，典型的例子包括需求模糊、加急请求、环境可用性、不规则紊流、市场因素、人员因素和来自对协调活动进行调度的挑战等。

- 对于机会致因变异，可以通过改变定义软件开发生命周期和项目管理过程的系列规则和策略来控制。

- 对于可归因变异，可以通过利用问题管理和解决能力以及风险管理能力来应对。可以通过利用根因分析和消除能力来降低或消除可归因变异。

- 与强大的事件驱动的风险管理结合，看板系统能够产出更好的经济效益。

- 看板方法也提供了其他方法来管理风险，如按服务类别与工作项类型来设置WIP限额，使用风险属性来将工作分为不同类型或类别进行相应处理等。

- 关于使用看板方法进行风险管理的相关策略措施，目前还正在研究中，在将来的一本书中将会包含该方面的主题。

第 20 章

问题管理和升级策略

Issue Management and Escalation Policies

在看板系统中，当有工作因任何原因而受到阻塞时，在卡片墙上，通常会在受阻工作项卡片上贴附一张粉色便签，以此来标识阻塞状态，并注明受阻原因。这种做法已经成为一种约定俗成的惯例。在电子化系统中，可能有其他方式，比如，这时卡片会显示红色边框来标识工作项受到阻塞。电子化系统最好还要具备允许用户对阻塞原因分别进行跟踪的特性，或者支持将阻塞问题作为第一级别的工作项而进行跟踪，并将之与相应客户价值项关联起来的特性。只有解决了这些问题项，才能够保障客户价值。

在写作本书时，我已经注意到，有些第一次尝试看板的实践者会把这些受阻项视为瓶颈。这是错误的。受阻项可能堵塞管道和限制流动，但是正如第 17 章所描述的，它并非瓶颈：它既不是产能受限资源（capacity-constrained resource），也不是非即时可用资源。如同瓶颈处的软木塞并不是瓶颈一样，如果想恢复瓶颈处的流动，只需移除那里的软木塞即可。

将受阻工作项视为瓶颈是一种危险的错误想法，因为它将导致错误的问题解决思路。对于受阻工作项，应该从消除特别致因变异（special cause variations）角度来考虑，而不是将之作为瓶颈来对待。但是，对这两者期望达成的最终结果是类似的。在这两种情况下，不管真的是瓶颈，还是只是受阻工作项，我们都需要解决其中的问题来改善流动。

为了解决工作项的阻塞，组织需要培养出能尽快恢复流动性的问题管理与解决能力，以及能防止问题重复发生的根本致因分析与解决能力。后一种能力，在第19章中讨论消除特别致因变异时已经讨论过。本章将聚集于讨论前一种能力。

20.1 对问题的管理
Managing Issues

单单将受阻工作项标识出来进行跟踪还不够理想。许多早期敏捷软件开发工具只具备这种功能。尽管知道在某个工作项、故事、特性或用例上产生了阻塞是一种有用的信息，但根据我对全球诸多团队的观察，单知道有工作项受阻并无法引导团队培养出强大的阻塞移除能力。

对受阻原因需要单独进行跟踪，尽管是一个破坏负载工作项，但仍要将之视为是一个第一级别的工作项，这是一个基本要求。可以为这个管理目的专门创建一种工作项类型——问题项（Issue）。对问题项使用粉色便签（见图20.1）来跟踪，并且还要为它们分配跟踪号、负责解决该问题的团队成员（通常这个人会是项目经理）。

当在一项客户价值项上工作的团队成员无法前进时，他应该将此工作项标识为受阻，在其旁边贴上一张粉色便签来说明受阻原因，并在电子跟踪工具中创建一个问题工作项。这个问题工作项应该和受影响的工作项链接在一起（见图20.1）。这里有些例子：如需求模糊，但当前无法找到知道需求细节的人员来澄清需求；需要搭建环境，但负责环境搭建的工程师当前不在岗；需要一名专家参与，但是他在休假，或生病了或因其他原因，目前人不在办公室。

如第7章中所讨论的，应该把维持流动作为每日站立会议的主要目标来讨论。因此，会议应该聚焦于讨论受阻塞的原因和问题解决的进度，会上应该主要关注粉色的便签。会上要询问的是：谁在负责解决这些问题？当前问题解决的进展状况如何？需要将这些问题升级来解决吗？如果需要，升级到谁那里？

应该鼓励有空闲时间的团队成员主动去跟踪问题，了解要解决的问题，主动援手解决问题，去恢复系统的流动性。具有很强自组织能力的团队会很自然地这么去做。团队成员会主动去帮助解决问题。在团队的自组织能力没有涌现之前，项目经理也许需要分配问题给团队成员。

图 20.1　粉红色的阻塞问题（或障碍）项贴在受到影响的变更请求（change request）工作项上

和其他所有的工作项一样，问题工作项也要被跟踪。跟踪内容可以包括：开始时间和结束时间，以及指向所有受影响的客户价值工作项的链接。要指出的是，一个问题项可能会导致多于一个以上的客户价值工作项受阻。这也是为什么要将问题作为独立的工作项来跟踪，并使用问题项这一专门的工作项类型来区别对待的原因。在选择用于跟踪看板系统的电子工具时，一定要选择那些能够支持将问题作为第一级别工作项来跟踪的工具，或者选择那些比较灵活的电子化工具，它应该能够很好地支持自定义，可以由用户自己来创建专门的问题工作项类型，并可以定义采用粉色（或红色）来显示问题工作项卡片。

20.2　问题升级
Escalating Issues

当团队无法仅凭自身力量解决问题，或者需要外部力量来解决问题但外部力量无法获得或者没有响应时，就需要将问题升级到更为资深的管理者或其他部门来解决。

问题升级对于组织培养出强大的问题解决能力而言十分重要。如果缺乏这种能力，要维持流动和从阻塞中恢复流动将会很成问题。

为了获得好的问题升级能力，首先需要将问题升级的策略或过程编写成文。在第 15 章中，讨论了以协作性的方式开发组织级策略的威力。同样也可以以那种协作性的方式来开发与问题升级相应的组织策略，并在参与到价值流中的各个部门间对此达成一致的约定。大家都应该清楚问题的升级规则，规则本身也要易于理解，应该通过文档（或 web 站点）清晰地描述这些规则，并且全体成员都可以访问和阅读这些规则。其中关于如何升级问题以及应该将问题升级至何处等方面的说明，应该十分清晰确切，不能模棱两可。花些时间清楚定义升级路径，编写相应的升级规则，团队就可以清楚了解该向何人提交问题，以使问题得以尽快解决。这样做节省了为找到该把问题升级到谁所耗费的时间，并为这些资深人员设置了期望，他们是整体流程的一部分。资深管理者要担负起解决问题的责任，这将有利于维持流动，最终能够使延迟造成的代价最小（或通过快速交付带来更好的回报）。

20.3 问题跟踪和报告
Tracking and Reporting Issues

前面已经提到，需要将问题作为第一级别的工作项，使用专门的工作项类型来跟踪。使用粉色或红色的卡片或便签来对问题进行可视化呈现（见图20.2）已经成为一种惯例。开始日期、结束日期、分配的团队成员、问题描述、指向受阻客户价值

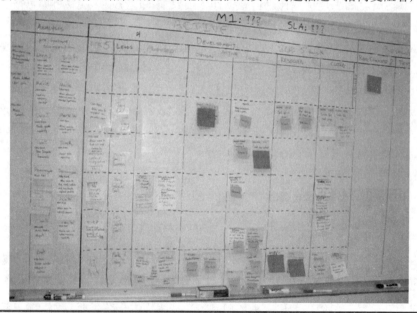

图 20.2　几个产生阻塞的问题影响了多项特性

工作项的链接,包含这些信息是对一个问题跟踪系统的最基本要求(见图 20.3)。问题解决的历史记录、接手人员的历史记录、升级路径说明、预计解决问题所需时间、影响面,以及建议用于预防将来再次发生此类问题的根因解决方法等,可能也是对跟踪有用的信息。

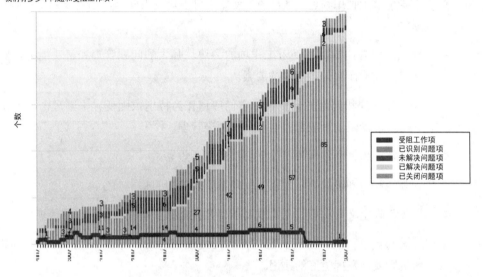

图 20.3　受阻工作项和问题的累积流图

尽管墙上的粉色卡片提供了强烈的视觉效果以呈现当前到底有多少个工作项受阻,但是还有其他一些有用的方法可用于跟踪和报告问题。问题和受阻工作项的累积流图,针对于组织在管理和解决问题上的能力水平,提供了一种一目了然的可视化信息指示器,受阻工作项的曲线走势可以表明组织在根因分析和解决问题上的能力是否正不断提高,进而为消除可归因变异(assignable-cause variations)提供更多机会。当前问题项、分配的成员、状态、预计解决时间、受影响工作项和潜在影响等字段构成的表格式报告,也已被证明对于大型项目的日常管理十分有用。

这些报告应该在每次的运营回顾会上展示,并专门分配时间来讨论问题管理与解决和根因分析与解决方面的发展趋势,以及组织级的能力成熟度。组织要能够感知到受阻工作项带来的破坏负载效应。这可以为组织带来关于改进机会的客观决策,让组织能够把精力和资源投入到从根源上解决问题,消除特殊致因变异,进而从中获得投资回报收益。

总　　结

- 看板系统应该包含一个第一级别的工作项、问题项,用来跟踪导致其他客户价值工作受阻的问题。

- 在卡片墙上使用粉色(或红色)便签来可视化受阻问题,已经成为一种惯例做法。

- 粉色的问题便签贴在受阻工作项的旁边。强大的问题管理和解决能力,对于维持流动而言是最基本的要素。

- 受阻工作项和问题并非瓶颈。它们应该作为特别致因变异来管理,而不是作为产能受限资源或非即时可用资源来管理。

- 应该将问题管理作为每日站立会议的主要焦点。

- 很强的问题升级能力,是强大的问题管理能力的基本部分。

- 应该清晰定义升级规则,写成文档,并让全体团队成员都了解这些规则。

- 当参与到价值流中的所有部门都对升级规则达成富有协作性的共识时,升级规则就能发挥更好的作用。

- 要使用电子化方式来跟踪问题。

- 一些基于电子化数据的报告,能够帮助组织进行大型项目的日常问题管理。

- 使用问题和受阻工作项的累积流图,可以呈现问题管理与解决和根因分析与解决能力的发展状况。

参考文献

Endnotes

1. Anderson, David J. Agile Management for Software Engineering: Applying the Theory of Constraints for Business Results. Upper Saddle River, NJ: Prentice Hall, 2003.

2. Beck, Kent. Extreme Programming Explained: Embrace Change. Boston: Addison Wesley, 2000.

3. Beck, Kent et al., "The Principles Behind the Agile Manifesto." http://www.agilemanifesto.org/principles.html.

4. Goldratt, Eliyahu M. What is this thing called The Theory of Constraints and How should it be implemented? Great Barrington, MA: North River Press, 1999.

5. Anderson, David J., and Dragos Dumitriu, "From Worst to Best in 9 Months: Implementing a Drum-Buffer-Rope Solution in Microsoft's IT Department," Proceedings of the TOCICO World Conference, Barcelona, November 2005.

6. Belshee, Arlo. "Naked Planning, Promiscuous Pairing and Other Unmentionables." 2008 Agile Conference, podcast. http://agiletoolkit.libsyn.com/index.php?post_id=400364.

7. Hiranabe, Kenji. "Visualizing Agile Projects Using Kanban Boards." InfoQ, August 27, 2007. http://www.infoq.com/articles/agile-kanban-boards.

8. Hiranabe, Kenji, "Kanban Applied to Software Development: From Agile to Lean," InfoQ, January 14, 2008. http://www.infoq.com/articles/hiranabe-lean-agile-kanban.

9. Augustine, Sanjiv. Managing Agile Projects. Upper Saddle River, NJ: Prentice Hall, 2005.

10. Highsmith, Jim. Agile Software Development Ecosystems. Boston: Addison Wesley, 2002.

11. The Nokia Test is attributed in origin to Bas Vodde, described here by Jeff Sutherland, who has adopted and updated it. http://jeffsutherland.com/scrum/2008/08/nokia-test-where-did-it-come-from.html.

12. Beck et al., "The Principles Behind the Manifesto." http://www.agilemanifesto.org/principles.html.

13. Jones, Capers. Software Assessment Benchmarks and Best Practices. Boston: Addison Wesley, 2000.

14. Ambler, Scott. Agile Modeling: Effective Practices for Extreme Programming and the Unified Process. Hoboken, N.J.: Wiley, 2002.

15. Chrissis, Mary Beth, Mike Konrad, and Sandy Shrum. CMMI: Guildelines for Process Integration and Product Improvement, 2d ed. Boston: Addison Wesley, 2006.

16. Sutherland, Jeff, Carsten Ruseng Jakobsen, and Kent Johnson. "Scrum and CMMI Level 5: A Magic Potion for Code Warriors." Proceedings of the Agile Conference, Agile Alliance/IEEE, 2007.

    Jakobsen, Carsten Ruseng and Jeff Sutherland. "Mature Scrum at Systematic." Methods & Tools, Fall 2009. http://www.methodsandtools.com/archive/archive.php?id=95.

17. Larman, Craig and Bas Vodde. Scaling Lean & Agile Development: Thinking and Organizational Tools for Large-Scale Scrum. Boston: Addison Wesley, 2008.

18. Willeke, Eric, with David J. Anderson and Eric Landes (editors) Proceedings of the Lean & Kanban 2009 Conference. Bloomington, IN: Wordclay, 2009.

19. Beck et al, Principles Behind the Agile Manifesto, 2001, http://www.agilemanifesto.org/principles.html.

20. Anderson, David J. "New Approaches to Risk Management." Agile 2009, Chicago, Illinois. http://www.agilemanagement.net/Articles/Papers/Agile2009-NewApproachesto.html.

致谢
Acknowledgments

每本书的出版都凝结着项目管理与协调方面的巨大努力，它的背后站着一整个团队，而作者真的只是其中的一小分子。如果没有 Janice Linden-Reed 和 Vicki Rowland 的敬业奉献，没有他们的宝贵付出，本书将不可能和大家见面。我想在此感谢他们，是他们极大的耐性与坚持，使得本书终能如期付梓（免致巨大的延期成本）。

我要感谢 Donald Reinertsen 鼓励我尝试看板方法，并且还为我提供了一个公开谈论看板方法的早期论坛。我还要感谢他在本书前言中的褒赏之词，以及他通过缔造精益软件与系统联盟来打造健康蓬勃社区的努力。

我要感谢 Karl Scotland、Joe Arnold、Aaron Sanders，还有 Eric Willeke、Chris Shinkle、Olav Maassen、Chris Matts 以及 Rob Hathaway。他们早期对看板的热情与应用直接催生了现在这个欣欣向荣的社区，并使看板方法在全球得以广泛传播。没有他们的支持，就不会有对本书手稿的需求，看板方法也将鲜为人知——只在美国西北部太平洋沿岸几家公司使用，而非现在的盛况。事实上，从柬埔寨全员仅五人的新创公司，到荷兰已有三百年基业的保险公司，到大型的巴西石油公司、阿根廷外包服务商，抑或伦敦、洛杉矶和纽约的传媒公司，以及世界各地其他许许多多的公司，每个地方都有团队在使用看板这一激动人心的新方法。采用看板方法已成为一种现象，而要是没有 2007 年 8 月在华盛顿特区"2007 年敏捷大会"上那场幸运的思想碰撞，这一切都不可能发生。

如果没有大批手稿审阅者的用心评论与建设性反馈，本书的实用性和可读性也将大打折扣。在此我想特别感谢 Daniel Vacanti、Greg Brougham、Christina Skaskiw、Chris Matts、Bruce Mount、Norbert Winklareth，并再次感谢 Janice Linden-Reed 此间的贡献。他们每一位都对某版或多版早期书稿做了至关重要的认真评阅，使得书稿内容得以充分重构，变得更为易读、易懂，使得看板方法能够成为对社区更有长远使用价值的工具。

此外，在 2009 年至 2010 年书稿构思写作之际，还有很多社区朋友贡献了让我深思的反馈与校订。在此感谢 Jim Benson、Matthias Bohlen、Joshua Kerievsky、Chris Simmons、Dennis Stevens、Arne Roock、Mattias Skarin、Bill Barnett、Olav Maassen、Steve Freeman、Derick Bailey、John Heintz、Lilian Nijboer、Si Alhir、Siddharta Govindaraj、Russell Healy、Benjamin Mitchell、David Joyce、Tim Uttormark、Allan Kelly、Eric Willeke、Alan Shalloway、Alisson Vale、Maxwell Keeler、Guilherme Amorim、Reni Elisabeth Pihl Friis、Nis Holst、Karl Scotland 和 Robert Hathaway。

感谢我不辞辛劳的办公室经理 Mikiko Fujisaki 让大卫·安德森公司（David J. Anderson & Associates, Incorporated）保持持续运转，不然我永远不可能有时间来写作本书。

感谢我的老朋友和同事 Pujan Roka 主动提出创作本书的封面和插画。Pujan 是一位出色的漫画家，同时也是一位独立出版作家，目前已出了两本了不起的管理类书籍。想更多了解 Pujan 和他的出版作品，请访问 http://www.pujanroka.com/。

整个社区对看板方法及实施的慷慨热情也带来了将书稿译成更多当地语言的善举。我想感谢 Jan Piccard de Muller、Andrea Pinto、Eduardo Bobsin、Arne Roock、Masa Maeda 和 Hiroki Kondo，他们已在为本书的法语、葡萄牙语、德语、西班牙语和日语译本奋战。我深信他们的努力会助益看板方法在全球的推广采用，并能在各自所在的地区扩大社区规模，提升人们对看板方法的热情。

我还要感谢 Nicole Kohari、Chris Hefley、David Joyce、Thomas Blomseth、Jeff Patton 和 Steve Reid 为本书提供的相关图片。

最后我还想感谢我的好朋友 Dragos Dumitriu，他现在供职于 Avanade。还有我在 Corbis 时的团队成员：Darren Davis、Larry Cohen、Mark Grotte、Dominica

Degrandis、Troy Magennis、Stuart Corcoran，以及 Rick Garber、Corey Ladas 和 Diana Kolomiyets。没有他们，看板不可能实现。他们实施及使用看板方法的实践，为我们创造了值得学习思考的素材与案例，让我们得以在使用中改进方案来适应更多更新更具挑战的情形。没有他们，就不会有这本书，不会有看板社区，不会有越来越多能够根据行业和用户群体的自然需求做到敏捷、快速、持续交付高质量软件的开发者组织，也就不会有高度满意的客户。

我们的看板之旅还在继续，希望这本书能够将你带入这场探索之旅。

大卫·J. 安德森（David J.Anderson）
"看板"传道之旅中，于欧洲某地
2010 年 10 月

索引 Index

A

活动[activites]
    并行[concurrent,76]
    识别浪费活动[identifying wasterful,217-218]
    次序无关的活动[unordered,77]
临时交付[ad hoc deliveries,100-102]
临时进行优先级排序[ad hoc prioritization,110-112]
会后交流[After Meeting,85]
敏捷大会[Agile Conference,9]
敏捷联盟[Agile Alliance,9]
敏捷开发[Agile development]
    更好的经济产出[better economic outcomes,6]
    阻塞的工作项[blocked work items,238]
    优化业务价值 [business-value-optimization,34]
    卡片墙[card walls,16]
    生态系统[ecosystems,18]
    增量式变革[incremental change,18]
    问题管理和升级[issue management and escalation,90]
    大型项目[large projects,152-153]
    方法[methods,53]
    原则[principles,152]
    可用代码的生产率[production rate of working code,3]
    项目管理[project management,179]
    质量[quality,26]
    规则节奏[regular cadence,93-94]
    更迅速地掌握 Scrum[Scrum faster, 170]
    可持续步调[sustainable pace,3]
    团队和隐性知识 [teams and tacit knowledge,32]
《软件工程的敏捷管理》(大卫·安德森著) [Agile Management for Software Engineering(Anderson),6,191,204]
敏捷宣言[Agile Manifesto,25]
敏捷方法[Agile methods]
    极限编程[Extreme Programming,94]
    特性驱动开发[Feature Driven Development,34]
    Scrum[Scrum,94]
敏捷建模[Agile Modeling,26]
敏捷项目领导力网络(APLN) [Agile Project Leadership Network(APLN),9]
Agile Zen 在线看板系统 [Agile Zen,74]
APLN，参看"敏捷项目领导力网络(APLN)" [APLN,See Agile Project Leadership Network(APLN)]
基于实践的评估方法 [assessments,practice-based,19]
可归因变异[assignable-cause variations,223,228,231-232]
分配时间[assigned time,146]
美国电报电话公司(AT&T)[AT&T,197]
自动化[automation,201]
    分类筛选[triage,88]
自动化[autonomation,8]
人物头像[avatar,73]

B

待办项列表，减小待办项列表规模
  [backlog,reducing size of ,88-89]
待办项列表梳理规则[backlog purge policy,45]
BBC 全球[BBC Worldwide,231]
阻塞的工作项[blocked work items,237]
  问题升级[escalating issues,239-240]
  问题管理[managing issues,238-239]
  问题跟踪和报告[tracking and reporting
    issue,240-241]
瓶颈[bottlenecks,6,8,69,198]
  缓冲[buffer,117-118]
  开发人员[developers,45]
  消除瓶颈[eliminating,6]
  识别瓶颈[identifying,6,7]
  改进机会[opportunities for
    improvement,190-194]
  交付速率[throughput,33]
  消除瓶颈的方法[ways to eliminate,6]
弗雷德·布鲁克斯[Brooks, Fred, 128,200,203]
布鲁克斯法则[Brooks's Law,200]
缓冲[buffers,69-70]
  瓶颈[bottlenecks,117-118]
  维持平衡[maintaining balance,117]
  缓冲的大小[size,117-118]
资金消耗率[burn rate,98]
优化业务价值[business-value-optimization,34]

C

节奏，交付[cadence, delivery,94]
能力成熟度集成模型 (CMMI)[Capability
  Maturity Model
  Integration(CMMI),51,169,176]
  组织创新和部署(OID) [Organizational
    Innovation and Deployment(OID),52]
产能分配[capacity allocation]
  根据请求进行分配[according to
    demand,71-72]
  公平[fair,43-44]
  风险分摊[spreading risk with,18]
  在制品/进行中工作[work in progress,122]
能力受限资源 [capacity-constrained resources]
  突破举措[elevation actions,199-200]
  挖掘举措[exploitation,200-203]
  保护举措[protection actions,200-203]
  服从举措[subordination actions,203-204]
  透明度[transparency,202]
  变异性[variability,201]
CAR，参看"根因分析和解决(CAR)"
  [CAR,See Casual Analysis and
  Resolution(CAR).]
卡片墙[card walls]
  完成的活动[activities performed,67]
  敏捷软件开发[Agile software
    development,16]
  瓶颈[bottlenecks,69]
  缓冲[buffers,69-70]
  服务类别[classes of service,157-158]
  分栏[columns,67-68]
  完成的工作[completed work,69]
  并行[concurrency,76]
  协调[coordination,81-83]
  绘制[drawing,67-70]
  进行中的工作[in-progress work,69]
  输入队列[input queue,69]
  管理共享资源[managing shared
    resources,158-159]
  拉[pull,81-83]
  等待队列[queues,69-70]
  泳道[swim lanes,156-157]
  两层卡片墙[two-tiered,155-156]
  可视化控制[visual control,81-83]
  工作项卡片组成[work item card
    anatomy,72-74]
原因分析和解决(CAR)[Casual Analysis and

Resolution(CAR),53,170]
大卫·钱伯斯[Chambers,David,221]
机会致因[chance cause,222]
变革，变化，变更[change,6]
    实施变革[implementing,44]
        变化越小越好[little as possible,65]
        使最初影响最小化[minimizing initial impact,52]
        减小采纳阻力[reducing resistance to adopting,52]
        维护看板系统[system maintenance,56]
变革发起者[change agent,23,38]
变革管理[change management]
    能力[capability,169-170]
    问题[problems,19]
    探索成功变革的方法[search for successful,5-7]
变更请求[Change Requests,70-71]
变更请求[change requests]
    生命周期[lifecycle of ,38]
    重新进行优先级排序和重排计划[reprioritized and rescheduled,39-40]
    投资回报率(ROI)计算[return-on-investment(ROI) calculation,39]
    粗略量级(ROM)估算[rough order of magnitude(ROM) estimates,40]
服务类别[classes of services,58,125]
    分配[assigning,135-136]
    业务影响[business impact,126]
    产能[capacity,136-138]
    定义[definitions,126-131]
    加急类[Expedite Class, 101,127-128]
    固定交付日期类服务[Fixed Delivery Date Class,128-129]
    无形类服务[Intangible Class,130-131]
    大型项目[large projects, 157-158]
    价值优化[optimizing value,20]
    策略[policies,126,131-134]
    标准类[Standard Class,129-130]
    用法[usage,136]
    变异性[variability,225-226]
CMMI，参看"能力成熟度模型集成(CMMI)"[CMMI. See Capability Maturity Model Integration(CMMI).]
代码审查[code inspections,26]
协作[collaboration,52,60,61]
    病毒式传播[viral spread of ,58]
并行，应对方法[concurrency, coping with,76]
持续改进[continuous improvement,33,51]
协调[coordination]
    会后交流[After Meeting,85]
    卡片墙[card wall,81-83]
    每日站立会议[daily standup meetings,84-85]
    对活动进行调度安排的困难[difficuly scheduling activities,232-233]
    电子化跟踪[electronic tracking,83-84]
    问题升级[escalation,89-90]
    识别浪费的活动[identifying wasteful activities,218]
    问题记录审查[issue log reviews,89-90]
    拉动[pull,81-83]
    队列填充会议[queue replenishment meetings,85-87]
    降低成本[reducing costs,100]
    发布规划会议[release planning meetings,87-88]
    贴纸代理[sticky buddies,90]
    跨地理位置的同步[synchronizing across geographic locations,90-91]
    分类筛选[triage,88-89]
    可视化控制[visual control,81-83]
协调成本[coordination costs]
    交付[delivery,95-96,101]
    优先级排序[prioritization,105-107]

浪费[waste,216-217]
交付节奏[delivery cadence,93]
问题和阻塞工作项报告[Issues and Blocked Work Item report,228]
社会资本[social capital,59]
贴纸代理[sticky buddies,90]
合作性博弈[cooperative games,110]
软件技艺势利眼[craftsmanship snobbery,31]
关键链[Critical Chain,191]
文化变革[cultural change,60-61]
组织文化演进[cultural evolution of organizations,17]
累积流图[cumulative flow diagram,27-28]
客户满意度[customer satisfaction,17]

D

最后期限[deadlines,3]
缺陷[defects,30]
  分类[classifying,88-89]
  缺陷类别[classes of ,125]
  原位修复[fixed in situ,97]
  修复[fixing,25-26]
  测试[testing,26]
交付[delivery]
  临时交付[ad hoc,100-102]
  协调成本[coordination costs,95-96,101]
  效率[efficiency,98-99]
  随需交付[on-demand,100-102]
  事务成本[transaction costs,96-97,101]
交付节奏[delivery cadence,93]
  临时交付[ad hoc deliveries,100-102]
  达成一致[agreeing on,99]
  协调成本[coordination costs,95-96]
  交付效率[efficiency of delivery,98]
  随需交付[on-demand deliveries,100-102]
  事务成本[transaction costs,96-97]
请求[demand]

根据请求分配产能[allocating capacity according to ,71-72]
请求分析[analysis,70-71]
根据交付速率进行平衡[balancing against throughput,24-25,32-33]
平均到达速度[mean rate of arrival,71]
季节性[seasonal,71,138]
分布状况[spread of ,71]
请求分析[demand analysis,70-71]
请求驱动的优先级排序[demand-driven prioritization,86-87]
W·爱德华兹·戴明[Deming,W.Edwards,18,221]
  改进机会[opportunities for improvement,193-194]
  渊博知识体系[System of Profound Knowledge,192]
设计模式[design patterns,26-27]
数字白板[Digital Whiteboard,83]
领域专用语言[Domain Specific Languages,26]
鼓-缓冲-绳[Drum-Buffer-Rope,7,17,190,194]
准时交付率度量[due date performance metric,134-135,144]
准时交付率[due date performance,46]
扎格斯·杜米特[Dumitriu,Dragos,37-38,110-112]

E

规模经济[economy of scale,98]
效率[efficiency]
  交付节奏[delivery cadence,99-100]
  优先级排序[prioritization,108]
  优先级排序节奏[prioritization cadence,109-110]
电子化跟踪[electronic tracking,74-75]
提升员工满意度[employees,improving satisfaction,172]
获得授权的工作者[empowered workforce,52]
升级[escalation,89-90]

估算[estimation,41]
事件驱动的风险管理[event-driven risk,232]
加急类服务[Expedite class of services,101,127-128]
    相关规则条款[policies,131-132]
加急请求及其变异性[expediting requests and variability,229-230]
清晰定义的过程规则[explicit process policies,40-41]
极限编程[Extreme Programming,94,223-224]

F

从失败中学习[failure, learning from,23]
破坏荷载[failure load,218-219]
    度量[metrics,148]
FDD,参看"特性驱动开发(FDD)"[FDD.See Feature Driven Development(FDD)]
特性小组[Feature Crews,181]
特性驱动开发(FDD)[Feature Driven Development(FDD),21,25,179]
流动[flow]
    效率度量[efficiency metrics,146-147]
    度量和管理[measuring and managing,17]
Flow.io [Flow.io, 74]
Fog Bugz [Fog Bugz, 74]

G

六西格玛[Six Sigma,194]
《目标》（高德拉特著）[The Goal(Goldratt),190]
艾利·高德拉特[Goldratt,Eli, 6-7,24,190,199,217]
戈登·帕斯克奖[Gordon Pask Award,9]
Greenhopper for Jira[Greenhopper for Jira,74]

H

高成熟度[high-maturity,175-176]
哈勃天文望远镜[Hubble Telescope,97]
瓦茨·汉弗莱[Humphrey,Watts,38,212]

I

增量式变革[incremental change,8]
增量式过程改进[incremental process improvement,8]
输入节奏[input cadence,42-43]
无形类服务[Intangible class of service,130-131]
    相关规则条款[policies,133-134]
问题[issues]
    升级[escalating,239-240]
    管理[managing,238-239]
    报告[reporting,240-241]
    跟踪[tracking,240-241]
问题和阻塞工作项报告[Issues and Blocked Work Items report,145-146,228]

J

J 曲线效应[J-curve effect,121]
Jira[Jira,74]
卡珀斯·琼斯[Jones,Capers,25]
约瑟夫·朱兰[Juran,Joseph,221]
及时生产[just-in-time,8]

K

改善（持续改进）过程[kaizen(continuous improvement) process,8,11,51]
    组织层面的专注能促进改善[organizational focus fostering,166-167]
改善文化[kaizen culture,51-52,57]
看板系统,定义起点和终点[Kanban System,defining start and end point,66]
看板系统[Kanban systems,15]
    好处[benefits,176]
    变革管理[change management,19,170]
    服务类别[classes of service,135,136]
    公司文化和看板系统[company culture and ,194]
    鼓-缓冲-绳和看板系统[Drum-Buffer-Rope

and , 7-8]
涌现过程[emergence of ,8-9]
职能设置[functions,67]
目标[goals,171-176]
改善文化[kaizen culture,57]
服务水平[level of service,179-181]
度量[metrics,141]
模型[models,17-18]
优化过程[optimizing processes,53,65,171]
可预测性[predictability,141]
《敏捷宣言背后的原则》[Principles Behind the Agile Manifesto,94]
优先级排序[prioritization,56,173-174]
拉动机制[pull mechanisims,7,15,107]
使用原因[reasons to use,16-17]
成功秘诀和看板系统[Recipe for Success and , 35]
识别看板实施[recognizing implementation,17-18]
富余时间[slack,172-173]
社会资本[social capital,61]
社会学变革[sociological change,57-58]
启动步骤[steps to start,177-178]
系统设计与运营[system design and operation,174-175]
培训程序[training program,170]
意外效果[unanticipated effects of ,56-57]
在制品/进行中的工作 [work-in-progress,57-58]
Kanbandev 雅虎讨论小组[Kanbandev Yahoo! Group,9,26]
Kanbanery[Kanbanery,4]

L

大型项目[large projects, 151-152]
 应对规模变异性的另外一种方法 [alternative approach to size variability,157]

服务类别[classes of service,157-158]
将价值交付和工作项的变异性解耦 [decoupling value delivery from work item variability,153-155]
层次化的需求[hierarchical requirments,152-153]
输入队列[input queue,152]
管理共享资源[managing shared resources,158-159]
优先级排序节奏[prioritization cadence,152]
泳道[swim lanes,156-157]
系统集成[systems integration,158]
两层卡片墙[two-tiered card walls,155-156]
前置时间[lead time,29,46]
 提升可预测性[improving predictability,171-172]
 度量[metrics,142-143]
 变异性[variability,35]
领导力和团队[leadership and teams,5]
Lean Kit Kanban[Lean Kit Kanban,74]
精益生产[Lean manufacturing,191]
 看板系统和精益生产[Kanban system and,8]
 浪费[waste,213-214]
精益思想[Lean Thinking,98]
从失败中学习[learning from failure,23]
替换遗留系统[legacy-system replacement,55]
Limited WIP Society[Limited WIP Society,17,83]
限制在制品[limiting work-in-progress,17]
利特尔定理[Little's Law,29-30]
局部化改进[local improvments,52]

M

《改变世界的机器》（沃麦克、琼斯和丹尼尔斯合著） [The Machine That Changed the World (Womack,Jones,and Daniels),192]
管理[management]
 变革发起人[change agnet,23]
 体现管理的价值[demonstrating value of ,165]

优先级[prioritization,24]
  失败容忍度[tolerance of failure,52]
管理活动[managing]
  管理变革[change,23]
  定量管理[quantitatively,18]
  风险管理[risk,232]
《敏捷项目管理》(圣杰夫•奥古斯丁著)
    [Managing Agile Projects(Augustine),9]
度量[metrics,141]
  准时交付率[due date performance,144]
  破坏载荷[failure load,148]
  流动效率[flow efficiency,146-147]
  初始质量[initial quality,147]
  问题和受阻工作项图表[Issues and Blocked Work Items chart,145-146]
  前置时间[lead time,142-143]
  交付速率[throughput,144-145]
  跟踪在制品[tracking work-in-progress,142]
微软公司[Microsoft,37,101,197]
  Team Foundation Server [Team Foundation Server,74,83]
  XIT持续性工程团队[XIT Sustaining Engineering team,110]
最小可交付特性(MMF)[minimal marketable feature(MMF),153-154,181]
最小可交付发布(MMR)[minimal marketable release(MMR),154]
看板系统的模型[models,Kanban systems,17-18]
muda(浪费)[muda(waste),18]
多任务[multi-tasking,205]

N

Naked Planning 规划技术[Naked Planning technique,9]
诺基亚测试[Nokia Test,19]
非即时可用性[non-instant availability]
  突破举措[elevation actions,208-209]
  挖掘举措[exploitation,206-207]
  保护举措[protection actions,206-207]
  资源[resources,205]
  共享资源[shared,205]
  服从举措[subordination actions,207-208]

O

大野耐一[Ohno,Taiichi,8,19]
OID,参看"组织创新与部署(OID)" [OID,See Organizational Innovation and Deployment(OID)]
随需交付[on-demand delivery,101]
随需进行优先级排序[on-demand prioritization,110-112,118-119]
运营,透明度[operations,transparency,174-175]
运营回顾[operation review]
  会前准备[ante meeting,161-162]
  适宜节奏[appropriate cadence,164-165]
  早期案例[early example,166]
  邀请嘉宾[inviting guests,162-163]
  精益转型[Lean transition,164]
  主要议程[main agenda,163-164]
  组织层面的专注能培育改善文化[organizational focus fostering kaizen,166]
  设置业务基调[setting business tone,162]
  管理者的价值[value of managers,165]
改进机会[opportunities for improvement,189]
  瓶颈[bottlenecks,190-194]
  使看板方法和公司文化适配[fitting Kanban to company culture,194]
  精益生产[Lean manufacturing,192-193]
  降低变异性[reduction of variability,190-194]
  六西格玛[Six Sigma,193-194]
  约束理论[Theory of Constraints,189-192]
  丰田生产方式(TPS)[Toyota Production System(TPS),192-193]
  W•爱德华兹•戴明[W.Edwards Deming,193-194]
  消除浪费[waste elimination,190-194]
优化[optimizing,51]
  过程优化[processes,65,170-171,174]
  使用服务类别来优化价值[value with

classes of service,18]
组织创新与部署(OID)[Organizational Innovation and Deployment(OID),52-53,169,170]
组织[organizations]
　　提升组织成熟度和能力[accelerating maturity and capability,52-53,169-170]
　　组织的文化演进[cultural evolution of ,17]
　　高成熟度[high-maturity,175-176]
　　压力[stress,120-121]
OTA DM，参看"空中设备管理(OTA DM)[OTA DM,see over-the-air device management(OTA DM)]
OTA DM 团队[OTA DM team,27,29-31]
OTA 下载服务器，参看"空中(OTA)下载服务器"
　　[OTA download server. see over-the-air(OTA)download server]
输出边界[output boundaries,75-76]
空中设备管理[over-the-air device management(OTA DM),27]
空中(OTA)下载服务器[over-the-air(OTA) download server,27]

P

戈登·帕斯克奖[Pask,Gordon,Award,9]
PCS Vision[PCS Vision，95]
效能[performance]
　　影响因素[factors affecting,39-40]
　　渐进式提升方式[iterative approach to improving,6]
权限授予者[permission giver,18-19]
允许与众不同[permission to be different,19]
个体软件过程(PSP)方法[Personal Software Process(PSP) method,116]
规划游戏[planning games,110]
规划扑克[planning poker,109-110]
平台替换[platform-replacement,130-131]
规则条款[policies]

调整[adjusting,44-45]
服务类别[classes of service,126,131-134]
清晰定义[explicit,40-41]
分类筛选[triage,88]
可预测性[predictability]
　　消除变异性的根源，提升可预测性[improving by attacking sources of variability,24,35]
　　稳定节奏和可预测性[regular cadence and,108]
《敏捷宣言背后的原则》[Principles Behind the Agile Manifesto,4,25,94]
优先级排序[prioritization,24]
　　临时[ad hoc,110-112]
　　增进成熟度[building maturity,34]
　　协调成本[coordination costs,105-107]
　　请求驱动[demand-driven,86-87]
　　效率[efficiency,108]
　　频率[frequent,108]
　　影响[influencing,34]
　　管理[management,24]
　　随需进行[on-demand,110-112]
　　产品经理[product managers,41]
　　队列填充会议[queue replenishment meetings,85-87]
　　简化[simplifying,173-174]
　　事务成本[transaction costs,109]
优先级排序节奏[prioritization cadence,56]
　　达成共识[agreeing on ,107-108]
　　优先级排序的协调成本[coordination costs of prioritization,105-107]
　　通过更频繁节奏来提升效率[improving efficiency to increase,109-110]
　　输入队列[input queue,118]
　　大型项目[large projects,152]
优先级排序会议[prioritization meetings,107-108,112]
　　XIT 案例分析[XIT Case Study,111]

队列规模[queue size,118]
清晰定义的过程规则[process policies ,explicit,18,40-41]
过程[processes]
　　根据具体情况调整[adapted for each situation,5]
　　增量式改进[incremental improvement,8]
　　鼓励创新[innovation encouraging,18]
　　优化[optimizating,19,65,171]
　　可视化[visualization,66]
产品经理[product managers,42-44]
项目组合管理办公室（PMO）[program management office(PMO)]
　　投资组合管理[portfolio management governance,41,106]
程序经理[program manager,37]
项目[projects]
　　瓶颈[bottlenecks,6]
　　清理活动[cleanup activities,215]
　　约束因素[constraining factor,6]
　　协调成本[coordination costs,216]
　　特性范围[features in scope,27-28]
PSP/TSP，参看"软件工程研究所的个体软件过程/团队软件过程(PSP/TSP)"[PSP/TSP. see Software Engineering Institute's Personal Software Process/Team Software Process(PSP/TSP)]
拉式系统[pull systems,7,81-83]
　　鼓-缓冲-绳[Drum-Buffer-Rope,7]
　　看板系统[Kanban systems,15,107]
　　限制在制品[limiting work-in-progress,7]
　　Naked Planning 规划技术[Naked Planning technique,9]

Q

质量[quality]
　　敏捷宣言[Agile Manifesto,25]
　　方法[approaches,26]
　　代码审查[code inspections,26]
　　协作式分析和设计[collaborative analysis and design,26]
　　设计模式[design patterns,26-27]
　　专注质量[focusing on,24,25-27]
　　更高质量[higher,3]
　　质量提升[improving,26]
　　初始质量[initial,26]
　　现代开发工具[modern development tools,26-27]
　　质量下滑[poorer,29-30]
　　减少进行中的设计数量[reducing quantity of design-in-progress,27]
质量保障运动[Quality Assurance movement,193]
队列填充会议[queue replenishment meetings,85-87]
队列[queues,69]
　　事件驱动的决策[event-driven decision,118]
　　队列限额[limits,116-117]
　　队列填充活动[replenishment activity,137]
　　队列规模[sizes,117]

R

RadTrack[RadTrack,74]
快速响应团队(RRT)[Rapid Response Team(RRT),106-107]
实物期权理论(ROT)[Real Option Theory,189]
成功秘诀[Recipe for Success]
　　根据交付速率来平衡请求[balancing demand against throughput,32-33]
　　经常交付[delivering often,27-32]
　　专注于质量[focusing on quality,25-27]
　　实施方法[implementing,24-35]
　　看板方法和成功秘诀[Kanban and ,35]
　　团队采纳看板方法的管理指南[management guidelines for adopting existing team，24]

优先级次序[prioritizing,33-34]
减少在制品[reducing work-in-progress,27-32]
通过消除变异性根源来提升可预测性[sources of variability to improve predictability,35]
唐纳德·赖纳特森[Reinertsen,Donald,7-8,24,35,213]
发布[release,56]
 计划模板[plan template,87-88]
 规划会议[planning meetings,87-88]
 发布制造(RTM)[to manufacture(RTM),97]
发布[release,56]
 高质量发布[high-quality,56]
 事务成本和协调成本[transaction and coordination costs,56]
需求模糊[requirements ambiguity,227-228]
风险[risk]
 事件驱动的风险管理[event-driven,232]
 通过产能配置来分摊风险[spreading with capacity allocation,18]
风险管理[risk management,44-45,189,232]
风险属性状况[risk profile]
 能力和风险属性[capacity and ,71]
 需求[requirements,201]

S

Scrum[Scrum,19,53]
 每日站立会议[daily standup meetings,218]
 Scrum 团队[teams,94]
 站立会议[standup meetings,85]
SEI，参看软件工程研究所[SEI,see Software Engineering Institute(SEI).]
服务水平协议[service level agreement,134]
共享资源[shared resources]
 管理共享资源[managing,158-159]
 非即时可用[non-instant availability,205]
沃尔特·休哈特[Shewhart,Walter,193,221]

Silver Catalyst[Silver Catalyst,74]
六西格玛[Six Sigma,193-194,221]
富余时间[slack]
 持续改进[continuous improvement,33]
 促成改进[enabling improvement,172-173]
 变异性[variability,35]
社会资本[social capital,31,52,58-61]
社会规范[social norms,52]
社会学变革[sociological change,57-58]
《Sofatware by Numbers》（Denne 和 Cleland-Liang 合著）[Software by Numbers(Denne and Cleland-Liang),153]
软件交付，协调活动[software delivery,coordinating,95-96]
软件开发[software development,9]
 瓶颈[bottlenecks,45]
 缺陷过多[excessive defects,25]
 频繁发布[frequent release,32]
 看板系统[Kanban system,15-16]
 新需求[new requirments,32]
 降低变异性[reducing variability,35]
 软件工作跟踪系统[software work-tracking system,15]
 交付的事务成本[transaction costs of delivery,97]
 分类筛选[triage,88-89]
 变异性[variability,10]
 速度[velocity,34]
软件开发生命周期[software development lifecycle,7]
软件工程研究所(SEI)[Software Engineering Institute(SEI),52,221]
 能力成熟度模型集成(CMMI)[Capability Maturity Model Integration(CMMI),169)
 组织创新与部署(OID)[Organizational Innovation and Deployment(OID),169]
 个体软件过程/团队软件过程(PSP/TSP)

[Personal Software Process/Team Software Process(PSP/TSP),38]
Software Engineering Professionals 公司[Software Engineering Professionals(SEP),231]
软件工厂，参看软件产品线[Software Factories. See Software Product Lines.]
软件维护[software maintenance,55]
软件产品线[Software Product Lines,26-27]
标准类服务[Standard class of service,129-130]
 相关规则条款[policies,132-133]
站立会议[standup meetings,84-85,217]
 Scrum 方法拥护者[Scrum advocates,218]
统计过程控制(SCP)[Statistical Process Control(SCP),193-194,221]
贴纸代理[sticky buddies,90]
服从举措[subordination actions]
 产能受限资源[capacity-constrained resources,203-204]
供应链[supply chains,127]
可持续步调[sustainable pace,3-5]
泳道[swim lanes,156-157]
渊博知识体系[System of Profound Knowledge,192,193-194]
系统思考[Systems Thinking,18]

T

隐性知识[tacit knowledge,32]
Target Process[Target Process,74]
TDD，参看测试驱动开发(TDD)[TDD. see Test Driven Development(TDD).]
Team Foundation Server [Team Foundation Server,83,111]
团队[teams]
 活跃领导[active leadership,5]
 平衡请求量[balancing demand on,16]
 瓶颈[bottlenecks,6]
 增进成熟度[building maturity,34]
 协作式分析和设计[collaborative analysis and design,26]
 来自客户和价值链合作伙伴的承诺[commitment from customers and value-chain partners,180]
 约束因素[constraining factor,6]
 核心属性[core properties,17-18]
 特性驱动开发(FDD)[Feature Driven Development(FDD),27]
 修复缺陷[fixing defects,25-26]
 采纳看板的指南[guidelines for adopting,24]
 人头预算分配调整[headcount-allocation change,45]
 限制在制品[limiting work-in-progress,16]
 允许与众不同[permission to be different,19]
 规划游戏[planning games,110]
 角色和职责[roles and responsibilities,25]
 调度和优先级排序决策[scheduling and prioritization decisions,73-74]
 自组织[self-organization,217]
 社会资本[social capital,58]
 开发的可持续步调[sustainable pace of development,16]
 跨地理位置进行同步[synchronizing across geographic locations,90-91]
 测试驱动开发(TDD)[Test Driven Development(TDD),26]
 联系自身具体实际进行思考[thinking for themselves,19]
 独特的过程方案[unique process solutions,18]
 用户故事[user stories,94-95]
测试驱动开发(TDD)[Test Driven Development(TDD),26]
测试和缺陷[testing and defects,26]
约束理论[Theory of Constraints(TOC),6,18,24,199]
 能力受限资源(CCRs)[capacity-constrained resources(CRRs),199-204]
 关键链[Critical Chain,191]

鼓-缓冲-绳[Drum-Buffer-Rope,7]
挖掘[exploitation,200-203]
固定交付日期类服务[fixed delivery date class of service,128-129,132]
五步聚焦法[Five Focusing Steps,190,191-192]
识别瓶颈[identifying bottlenecks,7]
非即时可用资源[non-instant availability resources,206-207]
改进机会[opportunities for improvement,190-192]
持续改进过程(POOGI)[Process Of OnGoing Improvement,190-192]
思维流程(TP)[Thinking Processes(TP),190]
思维流程(TP)[Thinking Processes(TP),190]
交付速率[throughput]
　　根据请求量进行平衡[balancing against demand,24-25,32-33]
　　瓶颈[bottlenecks,33]
　　输入队列[input queue,118]
　　度量[metrics,144-145]
固定时间盒的迭代[time-boxed iterations,93-95]
TOC，参看约束理论(TOC)[TOC.see Theory of Constraints(TOC).]
接触时间[touch time,146]
丰田公司[Toyota,19,51]
　　改善文化[kaizen culture,8,51-52]
丰田生产方式(TPS)[Toyota Production System(TPS),191,192,213,221,234]
　　看板系统[kanban system,8,11]
　　muda(浪费)[muda(waster),18]
　　改进机会[opportunities for improvement,192-193]
TPS，参看丰田生产方式(TPS)[TPS. See Toyota Production System(TPS)]
事务成本[transaction costs]
　　交付[delivery,96-97,101]
　　识别浪费活动[identifying wasteful,218]

优先级排序[prioritization,109]
降低事务成本[reducing,100]
浪费[waste,214-216]
透明度[transparency]
　　能力受限资源[capacity-constrained resources,202]
　　运营和系统设计[operations and system design,174-175]
　　在制品/进行中工作[work-in-progress,57-58]
分类筛选[triage,88-89]
信任[trust,34]
　　协作[collaboration,60]
　　频繁发布增进信任[frequent release building,31-32]
　　看板系统和信任水平[Kanban and,17]
　　定期交付[regular delivery,100]
　　小而频繁的表现[small gestures,31]

U

用户故事[user stories,94-95,181]

V

价值[value]
　　将价值交付和工作项的变异性解耦[decoupling from work item variability,153-155]
　　使用服务类别进行优化[optimizing with classes of service,16]
增加价值的信息[value-adding information,216-217]
价值流[value stream]
　　根据请求分配产能[allocating capacity according to demand,71-72]
　　工作项卡片组成详解[anatomy of work item card,72-74]
　　并行[concurrency,76]
　　定义起点和终点[defining start and end point,66]

请求分析[demand analysis,70-71]
绘制卡片墙[drawing card wall,67-70]
电子化跟踪[electronic tracking,74-75]
输入与输出边界[input and outpu boundaries,75-76]
绘制价值流图[mapping,65]
次序无关的活动[unordered activities,77]
工作类型[work types,66-67]

价值流映射[value stream mapping]
 每日站会后的会后交流[daily standup after meeting,83]
 运营回顾会的会前准备[operations review ante meeting,161-162]
 每日站立会议[daily standup,84-85]
 优先级排序会议[prioritization meetings,107-108,112]
 队列填充会议[queue replenishment meetings,85-87]
 发布规划会议[release planning meetings,87-88]
 周会[weekly meetings,108]

变异性[variability,69]
 消除变异性的根源[attacking sources,24,35]
 行为改变[behavioral changes,24]
 能力受限资源[capacity-constrained resources,201]
 服务类别混合[class-of-service mix,225-226]
 安排协调性活动[coordination activity scheduling,232-233]
 变异性的影响[effects of,35]
 环境可用性[environment availability,231]
 加急请求[expediting requests,229-230]
 外部根源[external sources of,222-223,227-233]
 内部根源[internal soures of ,223-227]
 不规则紊流[irregular flow,226,230-231]
 问题记录审查[issue log review,89-90]
 前置时间[lead times,35]

市场因素[market factors,231-232]
糟糕的策略选择[poor policy choices,35]
降低变异性[reducing,35]
需求模糊[requirements ambiguity,227-228]
返工[rework,226-227]
富余时间[slack,35]
变异性的根源[sources of,221-223]
工作项规模[work item size,223-224]
工作项类型混合[work item type mix,224-225]
进行中的工作/在制品[work-in-progress,35]

变异[variations]
 可归因变异[assignable-cause,228,231-232]
 机会致因变异[chance-cause,222,224,230,234]
 外部根源[external sources of,222-223]
 内部根源[internal sources of,222]
 变异的分布[spread of,71]

VersionOne[VersionOne,74]
可视化控制[visual control,81-83]
可视化控制系统[visual control systems,16]
可视化信号系统[visual signaling system,152]
Visual Studio Team System[Visual Studio Team System,111]
工作流可视化[visualizing workflow,17,38-39,67-70]

W

浪费[waste]
 协调成本[coordination costs,216-217]
 破坏荷载[failure load,218-219]
 改进机会[opportunities for improvement,190-194]
 重新定义浪费[redefining,212-213]
 事务成本[transaction costs,213-216]
浪费的隐喻[waste metaphor,212]
浪费活动，识别浪费的方法[wasteful activities,identifying,217-218]

瀑布方法[waterfall,54]
周会[weekly meetings,108]
杰克·韦尔奇[Welch,Jack,192]
唐纳德·惠勒[Wheeler,Donald,35]
工作项[work items]
 阻塞[blocked,237-238]
 错误（未逃逸的缺陷）[bugs(un-escaped defects),70-71]
 变更请求[change requests,70-71]
 服务类别[classes of service,125-134]
 已完成[completed,69]
 绘制卡片墙[drawing card wall,67-70]
 流动[flow of,67]
 根据来源来命名[naming for sources,67]
 根据延期成本进行优先级排序[prioritizing by cost of delay,18]
 产品缺陷[production defects,70-71]
 产品文本变更[production text changes(PTC),70-71]
 规模大小和变异性[size and variability,223-225]
 规模大小[size of,67]
 类型混合和变异性[type mix and variability,224-225]
 价值交付和变异性[value delivery and variability,153-155]
工作项卡片[work item cards,72-74]
工作任务限额[work tasks limits,115-116]
工作流[workflow,152]
 瓶颈前的缓冲[buffer bottlenecks,117-118]
 在制品/进行中的工作[in-progress,69]
 看板系统[Kanban systems,107]
 处理次序[order performed,67-68]
 队列限额[queue limits,116-117]
 不设限额区域[unlimited sections,120]
 可视化[visualizing,17,38-39,67-70]
工作者/劳动力[workforce,4,52]
在制品/进行中的工作[work-in-progress]

瓶颈前的缓冲[buffer bottlenecks,117-118]
产能分配[capacity allocation,122]
卡片墙[card wall,69]
质量控制[controlling quality,30]
工程就绪（输入）队列[engineering ready(input) queue,56]
固定规模[fixing size,32]
初始质量[initial quality,30]
输入队列大小[input queue size,118-120]
前置时间[lead time,29]
限额[limits,7,15,17,41,69,121-122,152,181-182]
OTA 下载团队[OTA download team,30]
数量[quantity,29]
队列[queues,116-117]
降低在制品[reducing,24,27-32]
组织压力[stressing organization,120-121]
隐性知识[tacit knowledge,32]
跟踪度量[tracking metrics,142]
透明度[transparency,57]
工作流中不设置 WIP 限额区域[unlimited sections of workflow,120]
变异性[variability,35]
工作任务[work tasks,115-116]
工作场所文化[workplace culture,51]

X

XIT 可持续工程团队[XIT Sustained Engineering team,39,110]
 交付的一致性[consistency of delivery,46]
 提升生产效率[improvement in productivity,46]
 随需进行优先级排序[on-demand prioritization,119]
 优先级排序的协作性合作博弈[prioritization collaborative cooperative game,111]

关于作者
About the Author

大卫·J. 安德森(David J. Anderson)领导着一家专注于提升技术企业绩效的管理咨询公司。他拥有近 30 年的软件开发行业经验，曾在 Sprint、摩托罗拉、微软、Corbis 等公司管理软件开发团队以敏捷方法进行项目开发。他是公认的在软件开发中引入看板过程的首位实施者，当时是 2005 年。他参与创建了特性驱动开发（feature driven development）方法，是敏捷运动的领军人物之一。他是敏捷项目领导力网络(Agile project leadership network, APLN) 的创始人之一，也是《相互依赖宣言(Declaration of Interdependence)》的创建签署者之一，同时还是精益软件和系统联盟(lean software and systems consortium)的创始成员。他为几个精益/敏捷开发相关的在线社区带来了稳健的风格。他是《软件工程的敏捷管理：应用约束理论获得商业成功》一书的作者。最近，通过与微软公司和 SEI 公司合作的几个项目，大卫专注于通过整合敏捷和精益方法来创建一个面向组织成熟度的 CMMI 增强合成模型。他是《CMMI 和敏捷：何不同时拥抱两者！(CMMI and Agile:Why not embrace both！"》的作者之一。他住在美国华盛顿州的 Sequim 小镇。

其他看板相关资源

大卫·安德森公司 David J. Anderson and Associates
http://www.djaa.con

The Limited WIP Society
http://www.limitedwipsociety.org

"看板开发"雅虎讨论小组
http://finance.groups.yahoo.com/group/kanbandev/

Kanban101
http://www.kanban101.com